国家重点档案专项资金资助项目

抗日战争档案汇编

# 武汉沦陷前城防战备档案汇编

湖北省档案馆 编

五洲传播出版社

图书在版编目（CIP）数据

武汉沦陷前城防战备档案汇编 / 湖北省档案馆编 . 北京：五洲传播出版社，2025. 6. --（抗日战争档案汇编）. -- ISBN 978-7-5085-5339-9

Ⅰ. K265.063

中国国家版本馆 CIP 数据核字第 2025NP3670 号

**武汉沦陷前城防战备档案汇编**

---

**编　　者**：湖北省档案馆

**出 版 人**：关　宏

**责任编辑**：王逸凡

**装帧设计**：北京禾风雅艺文化发展有限公司

**出版发行**：五洲传播出版社

**地　　址**：北京市海淀区北三环中路31号生产力大楼B座6层

**邮　　编**：100088

**电　　话**：010-82005927，82007837

**网　　址**：www.cicc.org.cn, www.thatsbooks.com

**印　　刷**：天津艺嘉印刷科技有限公司

**版　　次**：2025年6月第1版第1次印刷

**开　　本**：210 mm × 285 mm

**印　　张**：35.75

**定　　价**：572.00元

# 抗日战争档案汇编编纂出版工作组织机构

## 编纂出版工作领导小组

组　长　王绍忠

副组长　高　嵘　李洁鸿　林振义

## 编纂委员会

主　任　王绍忠

副主任　李洁鸿

顾　问　杨冬权　李明华　陆国强

成　员（按姓氏笔画为序排列）

王　宇　王　放　王海燕　方　旭　甘自强　田　红

田　峰　田富祥　代年云　白晓军　冯建华　伍　英

刘晓阳　孙秀梅　孙建军　苏雨新　苏树增　杜昕昱

李　军　李　晶　李世华　李宝玲　李莉娜　李海蓉

李家成　杨文丰　杨智友　谷　磊　张　军　张向军

张军勇　张秀丽　陆和兰　陈念芜　陈熙满　欧阳春

罗先东　周向阳　郑泽隆　赵舒龙　胡　勇　姜若宁

姚永军　聂文胜　夏　红　顾　俊　徐未晚　高建舟

常建宏　梁克昌　蒋宏灵　喻在岗　焦东华　童　鹿

曾德亚　谭荣鹏　潘　勇

## 编纂出版工作领导小组办公室

主　任　李莉娜

副主任　贾　坤　沈　岚

成　员（按姓氏笔画为序排列）

朱召师　李　宁　汪海涛　董书婷

# 湖北省抗日战争档案汇编编委会

# 总序

为深入贯彻落实习近平总书记「让历史说话，用史实发言，深入开展中国人民抗日战争研究」的重要指示精神，国家档案局根据《全国档案事业发展「十三五」规划纲要》和《「十三五」时期国家重点档案保护与开发工作总体规划》的有关安排，决定全面系统地整理全国各级综合档案馆馆藏抗战档案，编纂出版《抗日战争档案汇编》（以下简称《汇编》）。

中国人民抗日战争是近代以来中国反抗外敌入侵第一次取得完全胜利的民族解放战争，开辟了中华民族伟大复兴的光明前景。这一伟大胜利，也是中国人民为世界反法西斯战争胜利、维护世界和平作出的重大贡献。加强中国人民抗日战争研究，具有重要的历史意义和现实意义。

全国各级档案馆保存的抗战档案，数量众多，内容丰富，全面记录了中国人民抗日战争的艰辛历程，是研究抗战历史的珍贵史料。一直以来，全国各级档案馆十分重视抗战档案的开发利用，陆续出版公布了一大批抗战档案，对揭露日本帝国主义侵华罪行，讴歌中华儿女勠力同心、不屈不挠抗击侵略的伟大壮举，弘扬伟大的抗战精神，引导正确的历史认知，发挥了积极作用。特别是国家档案局组织有关方面共同努力和积极推动，「南京大屠杀档案」被联合国教科文组织评选为「世界记忆遗产」，列入《世界记忆名录》，捍卫了历史真相，在国际上产生了广泛而深远的影响。

全国各级档案馆馆藏抗战档案开发利用工作虽然取得了一定的成果，但是，在档案信息资源开发的系统性和深入性方面仍显不足。正如习近平总书记所指出的：「同中国人民抗日战争的历史地位和历史意义相比，同这场战争对中华民族和世界的影响相比，我们的抗战研究还远远不够，要继续进行深入系统的研究。」「抗战研究要深入，就要更多通过档案、资料、事实、当事人证词等各种人证、物证来说话。要加强资料收集和整理这一基础性工作，全面整理我国各地抗战档案、照片、资料、实物等……」

国家档案局组织编纂《汇编》，对全国各级档案馆馆藏抗战档案进行深入系统地开发，是档案部门贯彻落实习近平总书记重要指示精神，推动深入开展中国人民抗日战争研究的一项重要举措。本书的编纂力图准确把握中国人民抗日战争的历史进程、主流和本质，用详实的档案全面反映一九三一年九一八事变后十四年抗战的全过程，反映中国共产党在抗日战争中的中流砥柱作用以及中国人民抗日战争在世界反法西斯战争中的重要地位，反映国共两党「兄弟阋于墙，外御其侮」进行合作抗战、共同捍卫民族尊严的历史，反映各民族、各阶层及海外华侨共同参与抗战的壮举，展现中国人民抗日战争的伟大意义，以历史档案揭露日本侵华暴行，揭示日本军国主义反人类、反和平的实质。

编纂《汇编》是一项浩繁而艰巨的系统工程。为保证这项工作的有序推进，国家档案局制订了总体规划和详细的实施方案，明确了指导思想、工作步骤和编纂要求。为保证编纂成果的科学性、准确性和严肃性，国家档案局组织专家对选题进行全面论证，对编纂成果进行严格审核。

各级档案馆高度重视并积极参与到《汇编》工作之中，通过全面清理馆藏抗战档案，将政治、军事、外交、经济、文化、宣传、教育等多个领域涉及抗战的内容列入选材范围。入选档案包括公文、电报、传单、文告、日记、照片、图表等多种类型。在编纂过程中，坚持实事求是的原则和科学严谨的态度，对所收录的每一件档案都仔细鉴定、甄别与考证，维护档案文献的真实性，彰显档案文献的权威性。同时，以《汇编》编纂工作为契机，以项目谋发展，用实干育人才，带动国家重点档案保护与开发，夯实档案馆基础业务，提高档案人员的业务水平，促进档案馆各项事业的发展。

守护历史，传承文明，是档案部门的重要责任。我们相信，编纂出版《汇编》，对于记录抗战历史，弘扬抗战精神，发挥档案留史存鉴、资政育人的作用，更好地服务于新时代中国特色社会主义文化建设，都具有极其重要的意义。

抗日战争档案汇编编纂委员会

# 编辑说明

武汉地处江汉平原，是平汉和粤汉铁路的交会点，水陆交通中心，战略地位十分重要。抗战前，武汉是仅次于上海的工商业大城市和全国第二大金融中心。一九三七年十一月国民政府部分机构由南京迁至武汉后，该地又成为中国实际的政治军事中心。日军早在占领南京后，就开始研究攻占武汉的作战，并寄希望以此一役达到结束战争支配中国的目的。同时，国民政府军事委员会制定了保卫武汉的作战计划，也制定了战略方针，以期抵抗消耗日军，以空间换时间，最后转变战争态势，进入抗战相持阶段。

湖北地方军事机关和湖北地方政府按照国民政府的统一安排，完善武汉城防战备，大致分为陆防和江防两个方面。湖北省档案馆馆藏民国档案以湖北省各级政府的档案为主，其中江防档案较多，另成一册，本书不再收录。陆防档案大致可以分为机构建设、战时防空、机场扩修、交通运输、城防工事、战时通信六个方面，涵盖了除江防以外武汉城防的大部分内容。

本书选稿起自一九三五年，迄至一九三八年。本书按照「主题—时间」体例编排，分别按时间排序。档案所载时间不完整或不准确的，作了补充或订正。档案时间只有年份、月份的排在该月末，只有年份的排在该年末。

选用档案均据本馆馆藏原件全文影印，未作删节，如有缺页，为档案自身缺页。档案标题中人名使用通用名，机构名称使用全称或规范简称，历史地名沿用当时名称。

本书使用规范的简化字。对标题中人名、历史地名、机构名称中出现的繁体字、错别字、不规范异体字、异形字等，予以径改。限于篇幅，本书不作注释。

由于时间紧，档案公布量大，编者水平有限，在编辑过程中可能存在疏漏之处，考订难免有误，欢迎方家斧正。

编　者

二〇二二年三月

# 目录

## 二、战时防空

**（三）其他机场**

## 四、交通运输

## 五、城防工事

## 六、战时通信

# 一、机构建设

## 湖北省防空学会章程（一九三五年三月）

### 湖北省防空學會章程

第一條　本章程依防空學會組織大綱訂定之

第二條　本會設會長一人由省政府主席兼任副會長一人由武漢警備司令兼任

第三條　本會會員分為當然會員研究會員其名額由會長定之

第四條　當然會員由左列各機關或團體人員中聘任之

一、省市黨部

二、駐鄂綏靖公署

三、湖北省政府

四、武漢警備司令部

五、駐鄂艦隊

六、駐鄂航空隊

七、兵工火藥廠

八、漢口市政府武昌漢陽縣政府

九、水陸公安局

十、各鐵路管理局

十一、各電報電話局

十二、各航空公司

十三、省市立醫院

十四、武陽漢商會

十五、武陽漢水電公司

十六、各救護團體

十七、其他有關之機關團體

第五條 研究會員就左列人員中聘任之

一、專家

二、與防空學術有關各科學學者

三、曾受防空訓練之人員

第六條 本會設總幹事一人處理本會事務由會長聘任或由會員中指定之

第七條 本會設總務研究設計宣傳四組每組設主任幹事一人幹事若干人由會長就會員中指定之

第八條 各組職掌如左

甲、總務組

一、關於會議紀錄事項

二、關於文書之撰擬收發及保管事項

三、關於經費募集事項

四、關於會計庶務事項

五、關於人事交際事項

六、不屬於他組事項

乙、研究組

一、關於防空材料之調查搜集事項
二、關於防空技術防空方法之研究應用事項
三、關於防空設備之審查改進事項
丙、設計組
一、關於培養防空人材之扶助事項
二、關於警報消防救護之訓練事項
三、關於防空區域內民眾之指導組織事項
四、關於防空演習事項
丁宣傳組
一、關於防空書報之編印事項
二、關於防空知識之普及事項
第九條　本會每兩個月開全體會員會議一次遇必要時由會長召集臨時會
第十條　本會事務會議由會長隨時召集職員行之

第十一條　本會遇推進會務須設各種專門委員會時得由會長遴選會員或加聘會外專家組織之

第十二條　本會得酌用辦事員雇員

本會職員除專任人員及辦事員雇員外均為無給職

第十三條　本會議事細則及辦事細則另定之

第十四條　本章程自公布之日施行

# 湖北省建设厅关于武汉防空筹备处成立并开始办公致内河航轮管理局的训令（一九三六年十月六日）

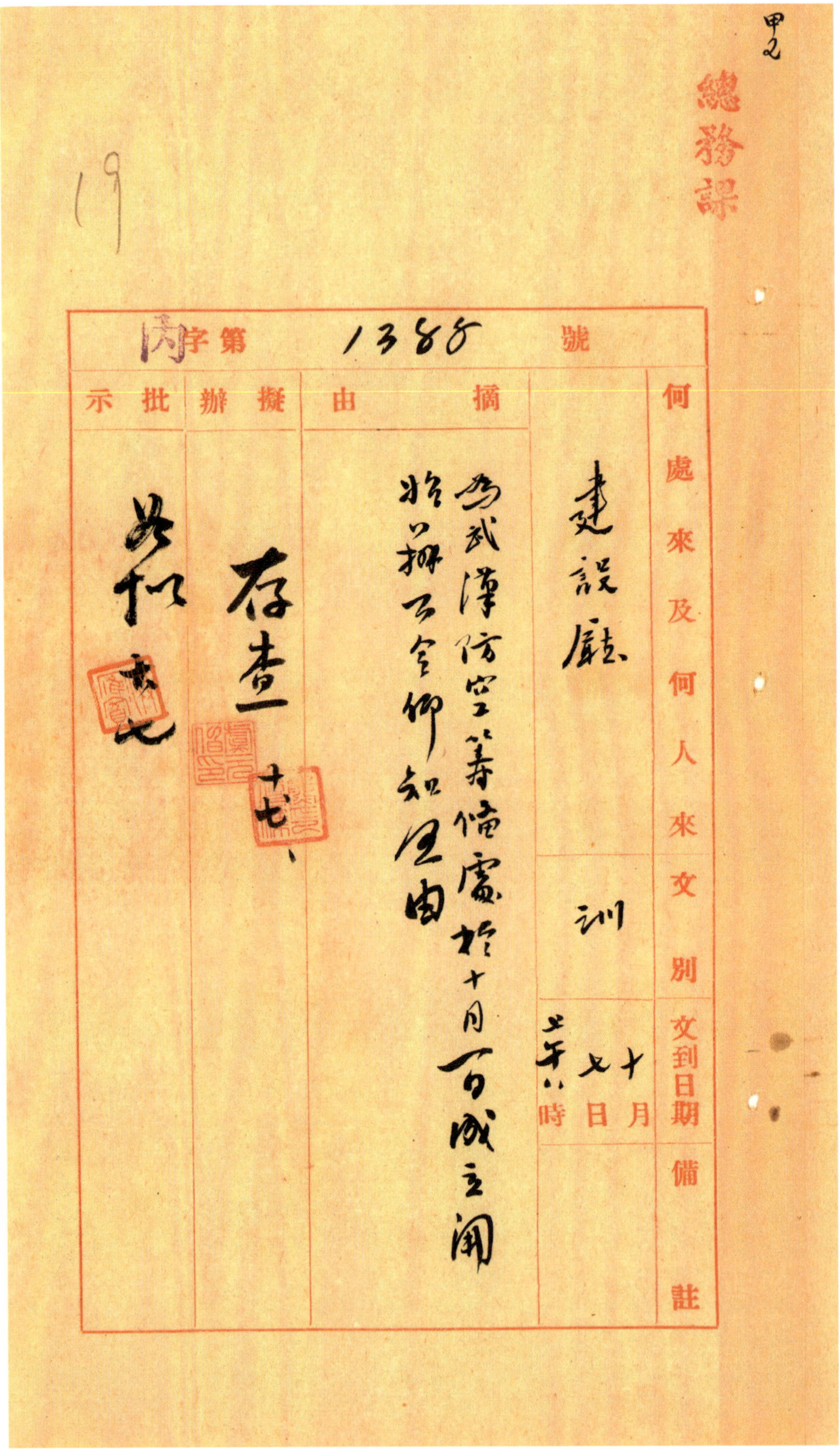

總務課

19

内字第1388號

| 何處來及何人來文別 | 文到日期 | 摘由 | 擬辦 | 批示 |
| --- | --- | --- | --- | --- |
| 建設廳 訓 | 十月七日八時 | 為武漢防空籌備處於十月六日成立開始辦公令仰知照由 | 存查 十七、 | 如擬 十七 |

# 湖北省政府建設廳訓令 省建一字第19355號

令 內河航輪管理局

案准武漢防空籌備處防字第一號公函開：

「案奉

國民政府軍事委員會委員長行轅八月二十一日委任令：委繼康、濟時、巨堂……等兼武漢防空籌備處正副處長等因，遵即籌備就緒，覓就漢口生成北里前湖北飯店房屋為處址，定於十月一日成立，開始辦公。除分別呈函外，相應函達查照，並希轉飭所屬知照為荷」！

等由；准此，除分行外，合行令仰知照！

此令

20

中華民國二十五年十月　日

廳長劉壽朋

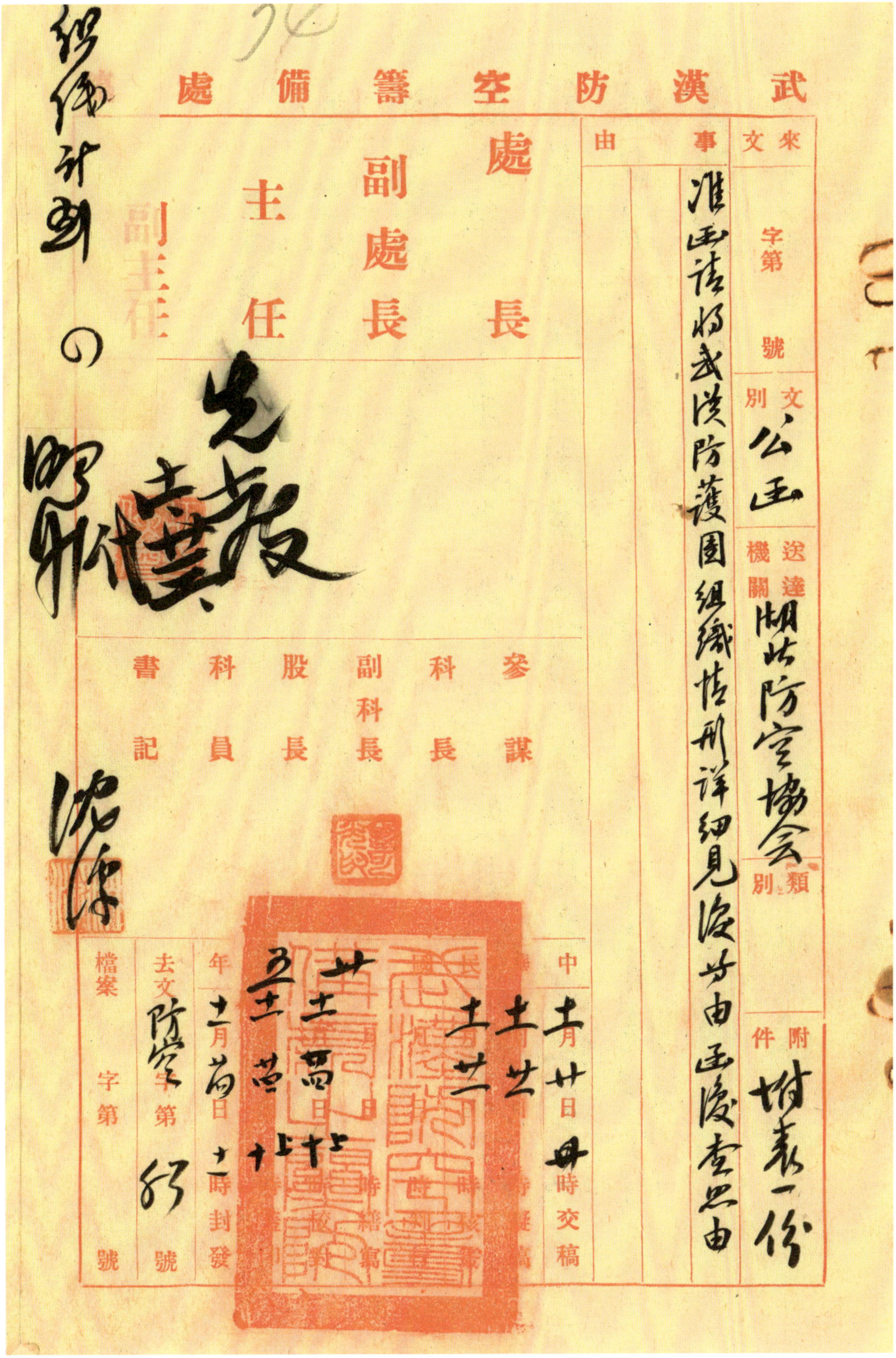
武漢防空籌備處

來文字第　號

文別：公函

送達機關：湖北省防空協會

類別

附件：附表一份

事由：准函請將武漢防護團組織情形詳細見復等由函復查照由

處長

副處長

主任

副主任

參謀　科長　副科長　股長　科員　書記

十一月廿日　時交稿

十一月廿一日　時擬稿

十一月廿一日　時核稿

十一月廿一日　時繕寫

十一月廿一日　時校對

十一月廿一日　時封發

去文防空字第　號

檔案字第　號

武汉防空筹备处关于武汉防护团组织情形致湖北省防空协会的公函（一九三六年十一月二十一日）

# 武漢防空籌備處公函

防具字第89號

案准

貴會總字第一八九七號公函，以奉

湖北省政府轉奉

國民政府軍事委員會令發防護團鈐記式樣，除

請將武漢防護團組織情形，分別見告，以便呈復

等由；准此，查本處籌辦武漢防空，所有積極部份，

業經擬訂計劃，逐步實施，關於消極防空，則係遵照

軍事委員會規定，組織防護團，以期永久設立，而固

空防，惟武漢情形特殊，對於組織方面，不能不略予變通，爰就三鎮市政區域之劃分，分組武陽與漢口兩防護團，其團長職務，擬由省會及漢市兩公安局局長分別擔任，並為應付事實及情形上之需要，分設湖北水上公安局及漢口特三區市政管理局，武漢大學（珞珈山），武漢分校，漢陽兵工廠等五直屬區團，分負各該地區內之一切消極防空勤務，並負平時水火或其他災害防護之責，本處業將防護團組織條例暨籌備經過情形，分別咨呈暨呈請各該主管機關鑒核，期依法組織，具報各在案。現查武漢兩防護團及各直属区团，尚未据报成立，准函前由，除俟各该团正式呈报组织到处，再行函知外，相应先将武汉各防护团名称表，暨筹备经过情形，函请查照呈请备案！

此致

湖北省防空协会

附防护团名称表一份

处长陈〇〇

副处长俞〇〇

金〇〇

计开武汉防护团及各区团名称一览表

漢口防護團々本部直轄第一至十六防護區團
武陽防護團々本部直轄第一至十二防護區團
直屬水上公安局防護區團
直屬特二區防護區團
珞珈山直屬防護區團
直屬武漢分校防護區團
直屬漢陽兵工廠防護區團

中華民國廿五年十二月廿一日

6

# 武漢防護團組織條例

第一條　為謀武漢三鎮消極防空業務之執行特就三鎮市政區域之劃分組織武陽（武昌漢陽）與漢口兩防護團其組織法悉依本條例規定之

第二條　除上列兩防護團外得按情形之需要經武漢防空籌備處之核准另行組織直屬區團隸屬武漢防空籌備處（湖北防空协会（奉軍委会指令修改））

各防護團直屬於武漢防空籌備處（湖北防空协会）（在演習或戰時則為防空司令部）或武漢防空最高機關担任各該地區之一切消極防空勤務並負平時水火或其他災害等防護之責

第三條　各防護團之下設若干區團如漢口防護團以漢口市公安局轄境為範圍並依十六公安分局及特三區警察署之地界分別組織十七個區防護團武陽防護團以省會公安局轄境為範圍分別組織十二個區防護團遇必要時得在漢陽設立武陽防護團支部以使指揮漢陽境內各

區防護團之行動

武陽及漢口防護團之組織系統如附表第一

第四條　防護團設團長一人承武漢防空籌備處或防空最高機關之指揮與監督綜理本團一切事宜並設副團長一人至三人輔助團長處理消極防空業務並組織防護團本部以統辦所管各區一切事宜其編製如附表第二

第五條　各區防護團設區團一人承防護團長之指揮與監督綜理各該區消極防空業務設副區團長一至二人以輔助之並組織區防護團本部以承辦本管一切業務其編製如附表第三直屬區防護團之編製與各區防護團同惟須直接受防空籌備處(或防空最高機関)之指揮與監督以實施其業務

第六條　各區防護團之下分設下列各班隊其團員以該區內之憲警人員為主幹會同童子軍及曾受國民軍訓之學生壯丁公務人員婦女團体清潔衛生機関民間醫師官民消防及各種技術人員共同編成之其分組及任務如左

7

(1)消防隊 以官民消防隊救火會保安公益會清潔隊及已受軍訓之公民編成之担任所在地之消防工作

(2)防毒隊 以學生童子軍衛生人員及曾受防毒訓練之民衆編成之担任所在地區之防毒及消毒工作

(3)救護隊 以衛生機関及民間醫師童子軍婦女團体等編成之担任所在地之救急輸送治療等工作

(4)交通管制隊 以軍警憲童子軍及曾受軍訓之公民等編成之担任所在地之交通管制指導行人之避難等工作

(5)避難管理隊 以憲警童子軍婦女團体及有関人員等編成之担任所在地避難所之選定設備管理及出入指導等工作

(6)工務隊 以管區内各機関團体之技術人員及曾受軍訓之學生壯丁等編成之担任所在地之電綫自來水管及道路等之修補工作

(7)警備隊　以軍警憲童子軍及各保甲長與曾受軍訓之公民等編成之担
任所在地之一切警備工作

(8)燈火管制隊　以警察童子軍電氣技術人員及曾受軍訓之公民等編成
之担任所在地燈火管制之指導執行及監督工作

(9)警報班　以警察童子軍及曾受軍訓之公民編成之担任所在地之一切警
報傳達工作

(10)配給班　以警察童子軍及區內壯丁與慈善團体等人員編成之担任所
在地戰時物品食料之分發及各隊防護器材之補給等工作

第七條　各區防護團所轄各班隊之編製因各區情形不同得由各該區團呈請各該
防護團本部隨時擬定呈報防空籌備處備查其編製暫定如附表第四
至第十三

第八條　各班隊團員額數不定均視地域之環境而異得由各該區團呈請各該

防護團本部決定之

第九條　各區團除分配於編製以內之人員外應隨時訓練民眾以備補充

第十條　本條例如有未盡事宜得由各防護團呈請防空籌備處或防空最高機

關以明令修改之

第十一條　本條例自公佈之日施行

# 武汉防空筹备处防空监视哨暂行服务细则（一九三六年十一月）

武漢防空籌備處防空監視哨暫行服務細則

第一章 通則

第一條 本細則依據

軍事委員會頒發之防空監視哨暫行服務細則並參酌本省情形訂定之

第二條 本省各防空監視哨執行職務除法令另有規定者外悉依照本細則行之

第三條 本省各防空監視哨配備地点及哨數並番號由本處依據全國防空監視哨組織條例第二條酌量擬定呈奉

軍事委員會核准備案後組設之

第四條 本省各防空監視支部(隊)(哨)組織完成後應即造表具報本處以便彙報

軍事委員會查核 報告格式如附表第一二三

第五條 防空監視哨員兵以曾受防空訓練之人員充任之承各該主管長官之監督指揮辦理職務內一切事宜

第六條　防空監視哨員兵服務須勤慎耐勞不得疎忽怠惰對于職務內應嚴守秘密事項尤不得稍行洩漏

第七條　防空監視哨員兵服務時間及其交代由各支部(隊)(哨)自定之

第八條　防空監視員兵服務交代時應即將交代情形暨服務經過事項報告直屬主任(隊)(哨)長查核

第九條　防空監視員兵服務時除因公派遣不得擅離職守又非萬不得已之事故(如婚喪疾病等)不得任意請假

第十條　防空監視員兵雖非值勤時如遇有非常事故應迅即自動集合沉着準備聽候長官命令

## 第二章　任務

### 第一節　主任(隊長)

第十一條　主任(隊長)承處長(支部)之命對本支部(隊)及所屬各監視隊(哨)負指揮監督之責

第十二條　主任（隊長）對于職務内一切事宜務細心處理勤慎將事以為所屬員兵之表率

第十三條　主任（隊長）對于本管區域内之地勢務隨時偵察以資熟悉並常注意通信與交通網狀况以便改進而資利用至有關防空事項更應隨時查報建議本處（或防空最高機關）以憑採納

第十四條　主任（隊長）為蒐集情報與報告材料應設法鼓勵所屬員兵之勤奮並隨時實行考查其有服務怠情或不合規定者應即糾正之

第十五條　主任（隊長）對所屬員兵以不妨礙服務為限須時常將左列事項作精神講話以促進各該員兵服務上之效率

一、防空監視勤務（應摘要講授之）

二、通信方法（關于防空之通信特種符号務使嫻熟）

三、長官命令（以使徹底明瞭意旨為度）

第十六條　主任（隊長）須時刻注意敵情對于鄰接支部（隊部）務常取聯絡互通

二、

情況而對于未有報告之監視隊(哨)有時反須告以敵情喚起其注意

第十七條　主任(隊長)接所屬隊部(哨所)之報告應即按左列要領從速轉報本處(支部)察核

一、支部(隊部)名稱　二、隊部(哨所)名稱　三、發現時刻

四、飛機識別及種類　五、飛機數目　六、飛行方向及高度

除前項隨時轉報外並須將重要事項記入週報表(附表第四)按週呈報備查

第十八條　支部(隊部)于每日正午應校正時計並对所屬各隊(哨)同時校正之

第十九條　主任(隊長)通常在支部(隊部)如因偵察或巡視必須離開時應指定相當人員暫為代理以重職守

## 第二節　哨長

第二十條　防空監視哨長受隊長(主任)之指揮監督配置本哨哨兵並以督率哨兵執行对空監視及通信勤務為專責

第二一條　配置哨兵須依左列各條件選定其位置

一、視界廣濶　二、通信便利

三、附近靜肅　四、聽音容易

第二二條　哨長為便利各該哨兵執行任務对于左列各項須特加指示使之嫻[illegible]

一、哨所名稱及番號　二、飛機國籍標誌及種類之識別

三、監視隊部及防空主管機關之位置　四、應特別注意視察之方向

五、與關係方面之通信联絡

第二三條　哨長須晝夜奮勉督率所屬哨兵嚴密視察上空注意敵機音響必要時須以望遠鏡自行視察發現之敵機判別其標誌及種類等以便確實報告

第二四條　當發覺敵機或敵機已離開哨所時哨長應迅速向監視隊長（主任）報告不得稍事遲延其報告要領如左

一、哨所名稱　二、發現時刻　三、飛機識別及種類

四、飛機數目　五、飛行方向及高度

三

如因夜暗或天候等關係不能判別前項各款情形時得僅就其能識別事　三
項迅速報告之
第二五條　哨長对所屬哨兵以不妨礙勤務為限應常举行防空監視上必要事
項之講解或練習之以增進其智識與能力
第二六條　哨長須將每日氣候及勤務分配情形通信狀況與其他人事等一切事
項逐日登記于防空監視哨勤務簿内以備考查
此項勤務簿由本處製發之
第二七條　哨長對于每日所得情報應登記于防空監視哨情報日記表内（附表第五）
並按月彙報轉呈查核
第二八條　哨長因故離開哨所時須指定適當人員暫理其職務
第三節　哨兵
第二九條　哨兵專任所在地區上空之直接監視及通信傳達以適時報告於直屬
哨所為其職責

第三十條 哨兵通常以二名為監視兵任直接对空監視以二名為通信兵任情報之傳達必要時得分别增加人数

第三一條 監視兵須時刻注意空中之現象及音響尤須注意應特别監視之方向在夜间聞有可疑音響應迅即報告又非奉有特别命令不得擅離哨地

第三二條 通信兵須確實注意監視兵之情報隨時記録傳達之無情報時不得自由使用通信器具並不得無故擅離職守

第三三條 哨兵在交班時間内如接替者未至時仍應暫行服務

## 第三章 通信

第三四條 各支部(隊)(哨)之報告及通信联络以利用當地所有之通信機関為原則必要時得臨時裝設電話由當地通信機関及地方政府担任之

第三五條 各支部(隊)(哨)对于當地之通信機関須預行協定通信所要事項以免臨時隔阂在必要時並得商定以不同径路之二個线路専供防空情報之傳遞

四

四

第三六條　通信以簡明為主不論電報電話除必要報告者外不得參雜其他事項或改用冗長之字句

第三七條　無論應用何種方法通信对于受信機関之名稱須依特定之簡略符號（附表第六）替代之以期簡捷

第三八條　使用電話報告時應先將特定之呼出符號（防空報告）四字告知对方通信所再將所欲通話機関之簡略符號告知之然後傳達情報事項

附註㊀　例如武穴獨立監視隊于上午八時三十分發現敵偵察機三架由南向北高度約三千五百公尺以電話向武漢防空籌備處（或防空最高機関）報告其方式如左

防空報告——　武穴獨立監視隊

要武漢防空籌備處

八時三十分

敵偵察機三架

方向南——北

高度三千五百

第三九條　使用電報〻告時應於防空監視情報〻告紙上（附表第七）冠以特定之防空符號「W」一字再將欲報告之事項用簡略符號逐一記入表內然後送達通信機關提前發出

附註㊀㊁　例如第五支部武勝關監視哨于上午七時二十分發現敵轟炸機九架由北向南高度約四千二百公尺以電報向花園支部報告其方式如左

W
8-5
U-2
0720
B-F
0009
12-6
4200

第四十條　利用電報電話傳達情報倘遇線路或通信器具正在修理故障或因其他特種關係致未能立刻發送須稍延緩時事後須由担任傳達情報人員將此項遲誤原因及其時間據實報告以憑查考

第四一條　當地之電報電話僅限于發送防空情報其他事項概不得借用又使用電話每次通話以五分鐘為最大限

五

第四二條　藉電報電話傳達情報而無確實可靠之顧慮時應即借用其他最有效之通信方法以資補助而求穩妥

## 第四章　飛機識別

第四三條　飛機國籍標誌及其種類識別法由本處（或防空最高機関）須發使用

第四四條　監視員兵对于各種飛機標誌應特予注意認識清楚以免觀測錯誤

## 第五章　附則

第四五條　各支部（隊）（哨）之設備事項由本處（或防空最高機関）（支部）（隊）指示辦理

第四六條　各支部（隊）（哨）服務狀況由本處（或防空最高機関）（支部）（隊）隨時派員視察之

第四七條　本細則如有未盡事宜得隨時呈請修改之

第四八條　本細則自公佈之日施行

中華民國二十五年十一月　日

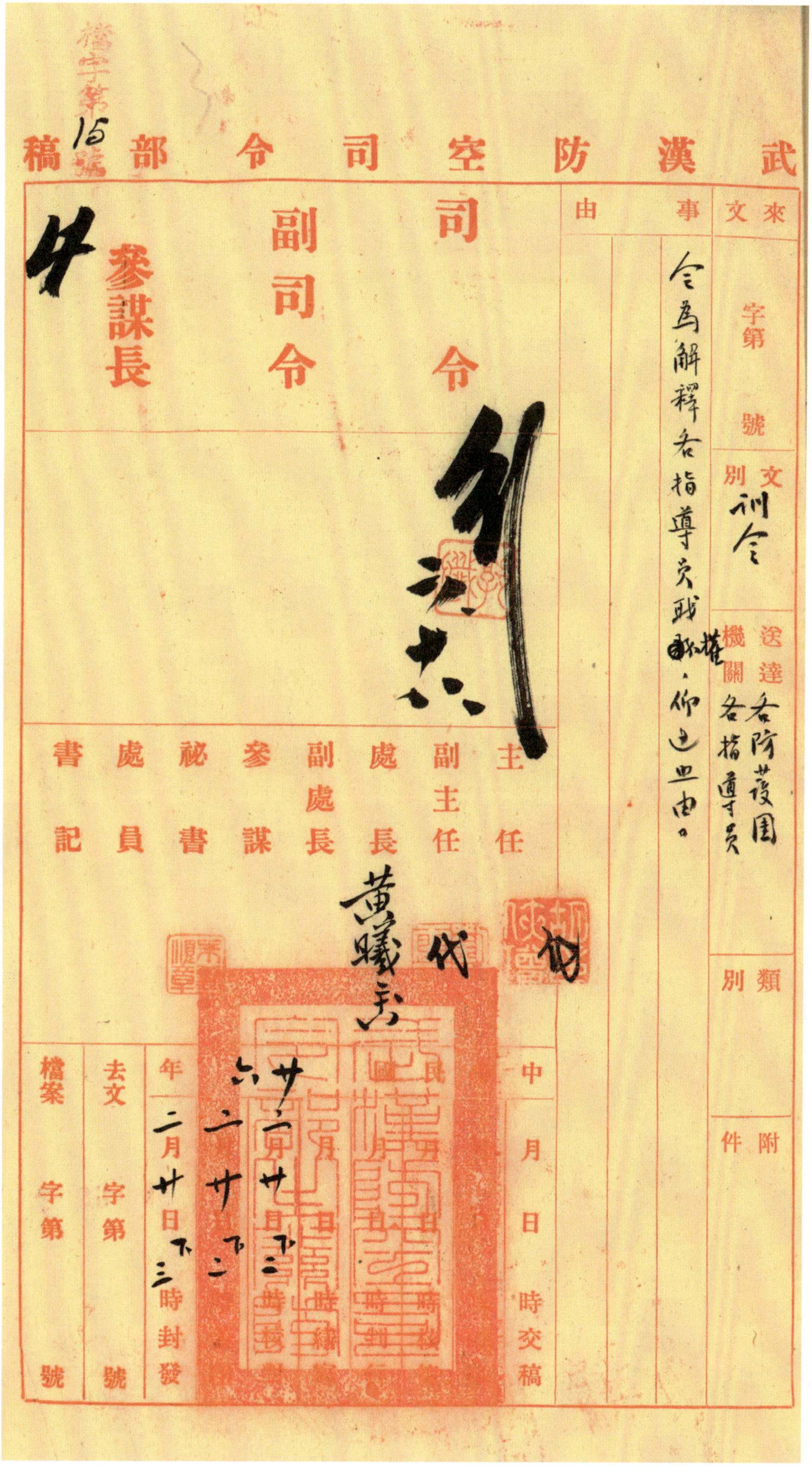


武汉防空司令部关于解释防护团各指导员职权致武阳、汉口防护团等的训令（一九三七年二月二十日）

# 武漢防空司令部訓令

防航字第 0002 號

武陽
漢口防護團

其他各防護團

各指導員

查各防護團，主辦消極防空，關係至為重要，本部為推進各防護區團工作起見，派遣指導員協助各區團長進行一切，並指導各班隊訓練與實施事宜。按照武漢防護團組織條例，各區團之本部編制表，并無指導員名額，是各指導員，均係直隸本部，并非各區團內部職員、各區團長、應與指導員密切合作、會商進行、以期組織訓練、如期完成、除分令外、合行令仰該團長、轉飭各區團長一体遵照！、該指導員遵照！、

此令。

司令郭〇

副司令嚴〇〇

金〇〇

# 武汉防空指挥部组织条例（一九三七年七月）

## 武漢防空指揮部組織條例

第一條　本部為鞏固武漢空防使利指揮各防空部隊組織之

第二條　本部定名為武漢防空指揮部（以下簡稱本部）

第三條　本部直屬武漢海陸空軍最高統帥機關並受湖北省政府之監督

第四條　本部在防空時有指揮在武漢担任防空工作之各部隊機關並與防空有關之交通公用各機關水陸警察局及監視隊哨所在地之各縣々長保安團々長使任防空業務之權

第五條　本部設指揮官一員由湖北省保安處副處長兼任綜理本部一切防空事宜

第六條　本部設參謀長一員由指揮官遴選關係機關之主管官兼任承指揮官之命

辦理本部一切防空事宜

第七條 本部下設四科及參謀秘書兩室其職掌如下

甲 參謀室

一、關於武漢防空實施計劃之擬訂及指導事項

二、關於奉 交審核及考查事項

三、關於人事事項

四、關於參謀一般業務事項

乙 秘書室

一、關於公文電報之翻譯事項

二、關於公文校對及印信之典守事項

三、關於普通及機要文件之撰擬及處置事項

丙　第一科

一、關於武漢積極防空之設計及配備事項

二、關於防空部隊之指揮調遣事項

三、關於敵機來襲時之處置事項

丁　第二科

一、關於敵機之種類數量威力及飛機場之廣狹設置之地點等調查事項

二、關於情報之蒐集事項

三、關於防空監視隊哨之組織及訓練事項

四、關於防空通信及警報之設施及處置事項

五、關於照測部隊之編組及配備事項

戊 第三科

一、關於防空消防、防毒、救護事項

二、關於燈火及交通管制事項

三、關於避難所之設置及重要地點之偽裝設備事項

四、關於工務之修復整理及配給補充事項

五、關於指導市民對防空防毒之設備事項

己 第四科

一、關於器材物品之設備保管事項

二、關於經理庶務事項

三、關於本部警衛及兵伕之管理事項

四、關於不屬於其他各科室事項

第八條　參謀室設參謀主任一員參謀四員均由正指揮官就富有防空經驗者調充之

第九條　秘書室設秘書主任一員秘書一員監印及電務員各一均由指揮官就關係機關職員調充之

第十條　各科設科長一員由指揮官就各關係機關之主管官調充並視事務之繁簡得酌設科員若干人均由指揮官就各關係機關防空專家調充分理各該科一切防空事宜

第十一條　各科室各設書記員一人并視事務之需要得酌設繪圖員及其他技術人員若干人均由指揮官就各關係機關之職員調充辦理文書之撰擬繪製圖

表及其他技術事宜

第十二條　各科室視事務之繁簡得酌設錄事若干人由指揮官委用并得酌設兵伕若干人

第十三條　本部職員除僱用者外概為無給職但得酌給交通費

第十四條　本部經費除防空建設經費臨時費另定外分為開辦費及經常費兩種開辦費定為四百六十元由省政府支給經常費月支一千六百元由省政府列入常年預算按月支給

第十五條　本部組織系統表如附表第一、編制及任務之分配如附表第二、開辦費預算書如附表第三、經常費預算書如附表第四、

第十六條　本條例如有未盡事宜得隨時呈請修改之

第十七條　本條例自呈奉　核准之日施行

附表第二

# 武陽防空指揮部編制及任務分配表

| | 職別 | 担任者員額 | 任務 |
|---|---|---|---|
| | 指揮官 | 一 | 綜理本部一切防空事宜 |
| | 參謀長 | 一 | 承指揮官之命辦理本部防空事宜 |
| 參謀室 | 參謀主任 | 一 | 承指揮官及參謀長之命辦理參謀一般業務 |
| | 參謀 | 四 | 承主任之命辦理上項事宜 |
| | 繪圖員 | 一 | 承主任之命及參謀之指導辦理繪圖事宜 |
| | 書記員 | 一 | 承主任之命及參謀之指導辦理本室文書事宜 |
| | 錄事 | 一 | 承書記員之命繕寫本室公文油印等事宜 |
| 秘 | 秘書主任 | 一 | 承指揮官及參謀長之命辦理機要文書事宜 |

| | | |
|---|---|---|
| 秘書 | 一 | 承主任之命辦理上項事宜 |
| 書監印員 | 一 | 承主任之命辦理本部印信典守事宜 |
| 電務員 | 一 | 承主任之命辦理本部電務事宜 |
| 書記員 | 一 | 承主任之命及秘書之指導辦理本室文書事宜 |
| 室録事 | 二 | 承書記之命繕寫本室公文油印等事宜 |
| 第科長 | 一 | 承指揮官及參謀長之命辦理本科一切積極防空事宜 |
| 科員 | 三 | 承科長之命辦理上項事宜 |
| 一書記 | 一 | 承科長之命及科員之指導辦理本科文書事宜 |
| 科録事 | 一 | 承書記員之命繕寫本科公文油印等事宜 |
| 第科長 | 一 | 承指揮官及參謀長之命辦理本科情報監視照測警報等事宜 |

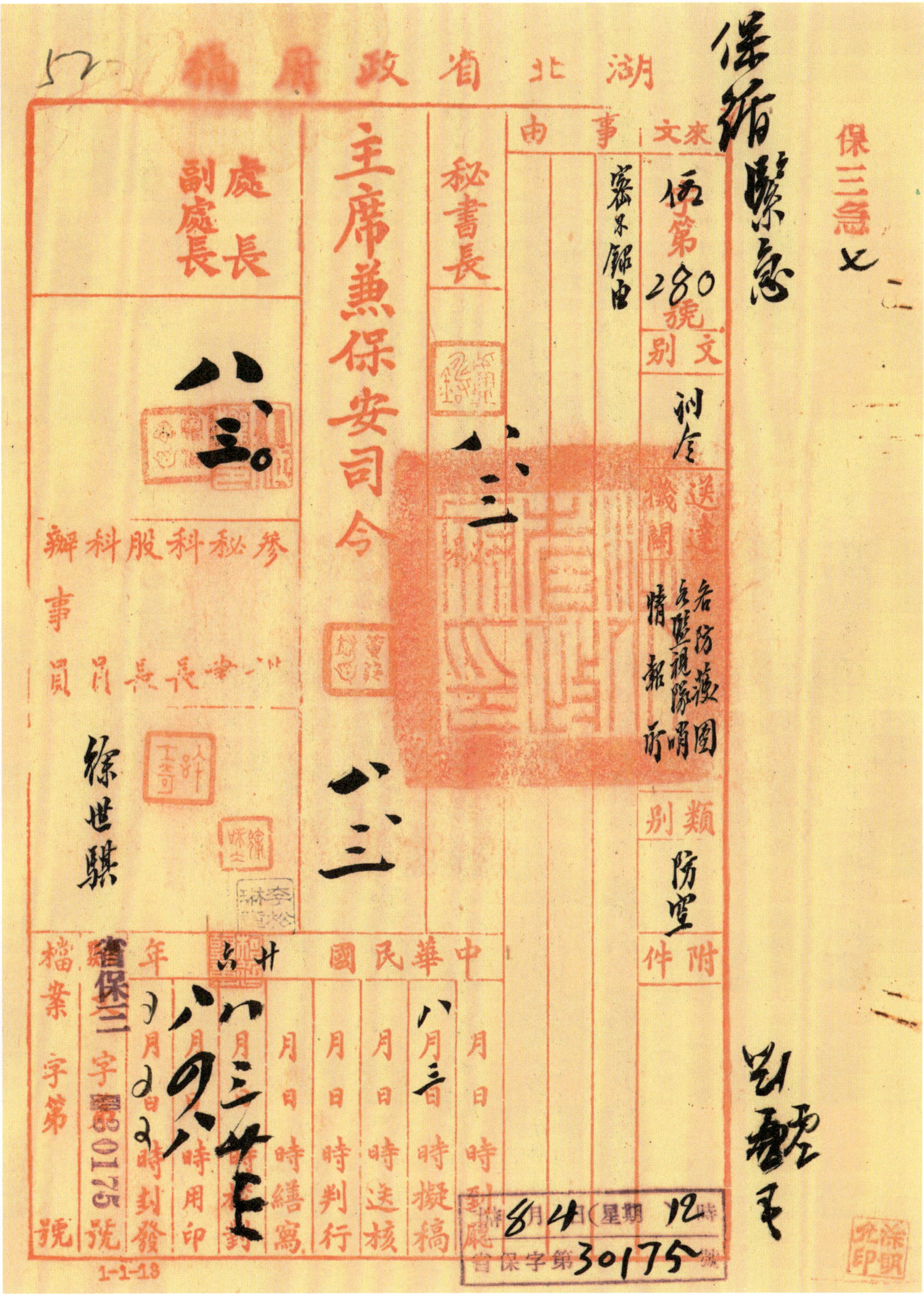
湖北省政府稿

保三急

來文 字第280號

文別 訓令

送達機關 各防護團 各監視隊哨 情報所

類別 防空

附件

主席兼保安司令

秘書長

處長 副處長

參事 秘書長 科長 股長 科員 辦事員

中華民國廿六年

檔案 字第 號

省保字第30175號

湖北省政府关于成立武汉防空指挥部办理一切消极防空事务及所有防空机关归该部指挥致各防护团、各监视队哨等的训令（一九三七年八月四日）

全銜 密令 省保三字第　號

令 各防護團
各監視隊哨（另易單）
情報所

查本省各防空機關部隊，自經本年演習結束後，均歸本府直接指揮統率。現在時局緊張，本府為適應非常需要起見，業經成立武漢防空指揮部，辦理一切消極防空事宜，所有本省各防空機關部隊，應逕受該部指揮統率，以一事權。除分行外，合亟令仰知照，並轉飭所屬一體知照。

此令。

主席兼全省保安司令黃〇〇

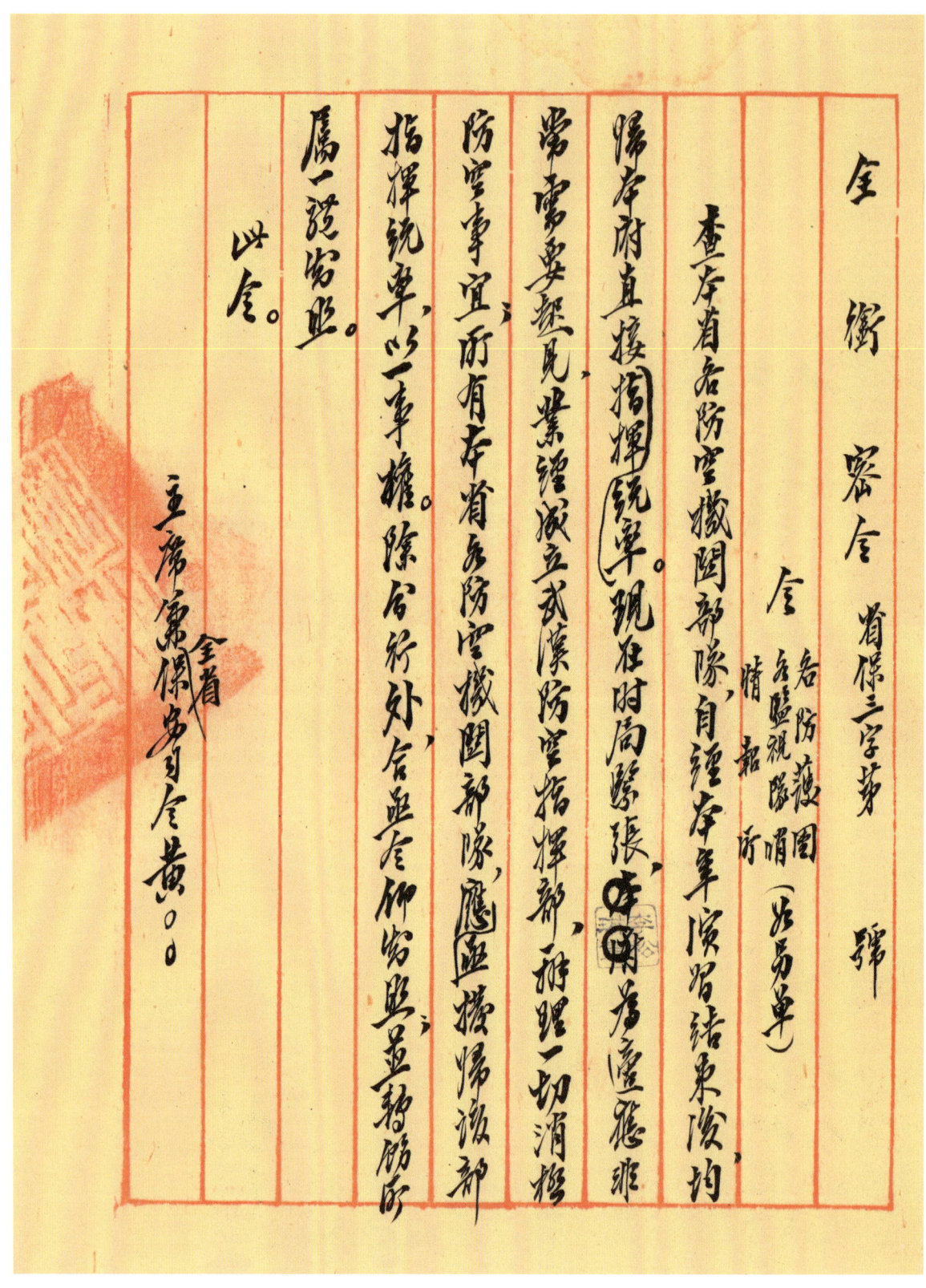

保安處處長丁〇〇

中華民國　　年　　月　　日

繕寫

校對　楊鴻遇

監印　郜元勳

計開

漢口防護團　武陽防護團　武漢公路防護團　漢口特三區防護團　水上警察局防護團　漢陽兵工廠防護團　漢陽火藥廠防護團　武漢大學防護團　第一情報支部（蒲圻專員）第二情報支部（大冶縣府）第三情報支部（浠水縣府）第四情報支部（宋埠區員）第五情報支部（花園區員）第六情報支部（寬市區員）第一獨立監視隊部（咸寧縣府）第二獨立監視隊部（武穴警察局）第三獨立監視隊部（團風區員）第四獨立監視隊部（長軒嶺區員）第五獨立監視隊部（孝感縣府）第六獨立監視隊部（長

江岸区点）第七独立监视队部（沙市警察局）第八独立监视队部（监利县府）第一独立监视哨所（郢城金牛县附）第二独立监视哨所（郢城金牛）防空情报所

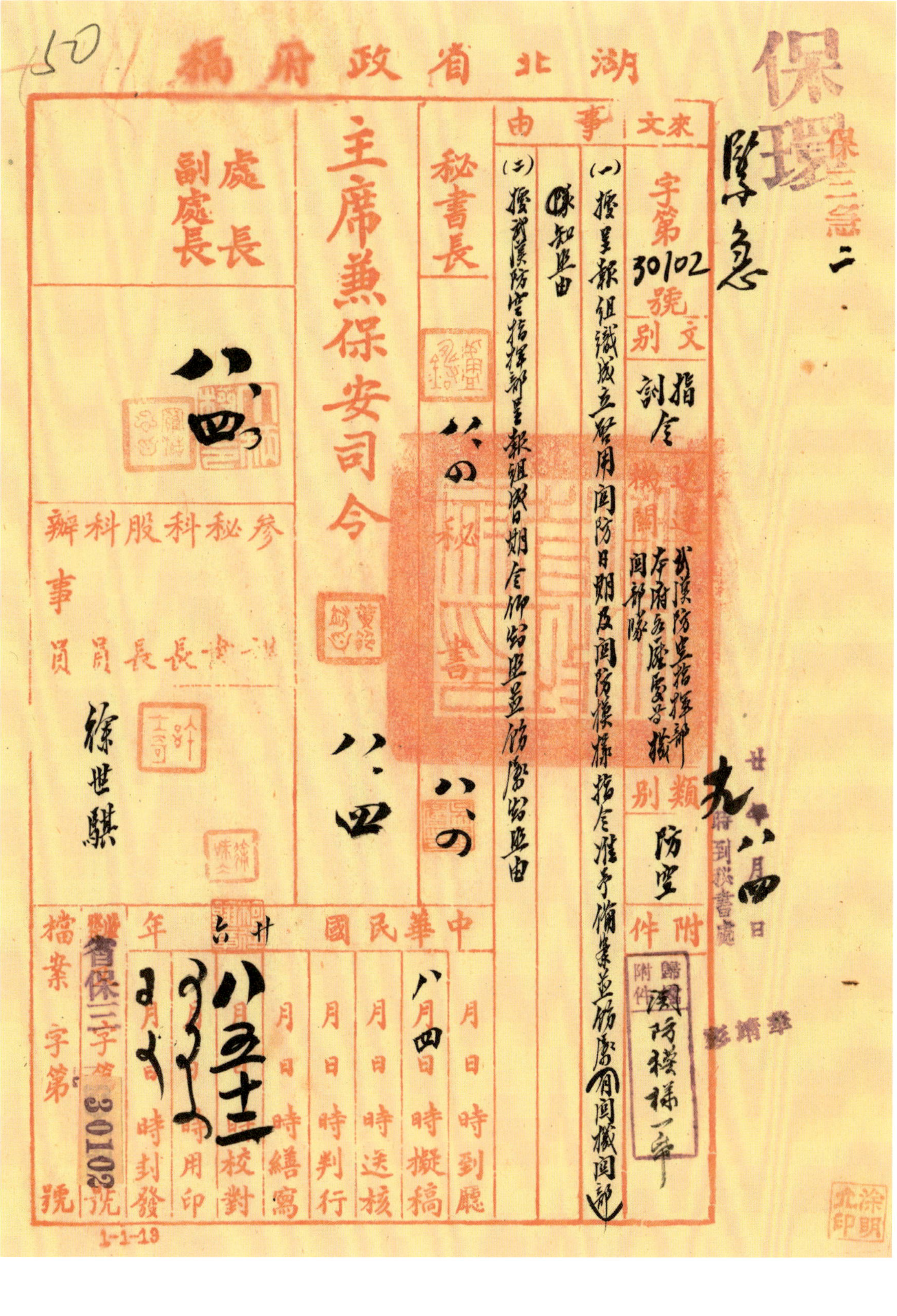

湖北省政府稿

來文 字第30102號

文別 指令 訓令

事由：
（一）據呈報組織成立暨用關防日期及關防模樣指令准予備案並飭屬（有關機關）知照由
（二）據武漢防空指揮部呈報組織日期令仰知照並飭屬知照由

送達機關：武漢防空指揮部 本府各廳處 ……

類別：防空

主席兼保安司令

秘書長

處長 副處長

參事 秘書 科長 股長 科員 辦事員

中華民國 廿六 年

月 日 時 到廳 擬稿 送核 判行 繕寫 校對 用印 封發

檔案 字第 號

湖北省政府关于武汉防空指挥部成立启用关防日期致武汉防空指挥部的指令及致各厅处、汉口市政府等的训令（一九三七年八月五日）

全衔 指令 省保三字第 号

令湖北省武汉防空指挥官罗浩忠

某年 呈称：为呈报遵于省会组成指挥部，启用关防，请鉴核备案，并饬有关机关部队知照由。

呈暨关防模样均悉。准予备案，并通饬所属各有关机关部队知照矣。关防模样存。

此令。

主席兼全省保安司令 黄〇〇

保安处处长 丁〇〇

全衔 训令 省保三字第 号

令本府各厅处、鄂东清剿指挥部、汉口市政府、保安团队暨指挥部、各区行政督察专员（兼保安司令）、省会警察局、武昌市政府、水上警察局

武漢警備旅、各保安團（四至十八團）
各縣縣長、

案據湖北省武漢防空指揮官羅洪悲呈稱：

「案奉 鈞府省保三字第六八七九號訓令：（三七三七卅五）

並已通飭所屬各有關機關部隊一體知照。」

等情，附賚湖北省武漢防空指揮部關防模樣一紙，據此，除指令准予備案，並分行外，合亟令仰知照，並轉飭所屬一體知照。

此令。

主席兼全省保安司令黃〇〇

保安處處長 丁〇〇

中華民國　年　月　日

繕寫

校對　高　培

監印　高元

国民政府军事委员会委员长武汉行营关于成立武汉防空司令部撤销武汉防空指挥部致湖北省政府的代电
（一九三七年八月十五日）

2151

國民政府軍事委員會委員長武漢行營快郵代電

武昌黃主席季寬兄密茲為嚴防武漢方面之敵机空襲與統一武漢方面之防空業務起見已令武漢警備司令郭懺遵照本會防秘奥電魁日成立武漢防空司令部在案至貴省府成立之武漢防空指揮部應即撤銷關于防空經費與人員分配各項除已令該司令與貴省府商洽辦理外特電查照并希將辦理情形見復為荷弟何成濬刪未鄂參印

鄂參戰字第2230號 共 字第 頁（共 頁）

年 月 日到

# 湖北省政府关于加派金巨堂为武汉防空副司令仍兼参谋长致秘书处的训令（一九三七年十月十二日）

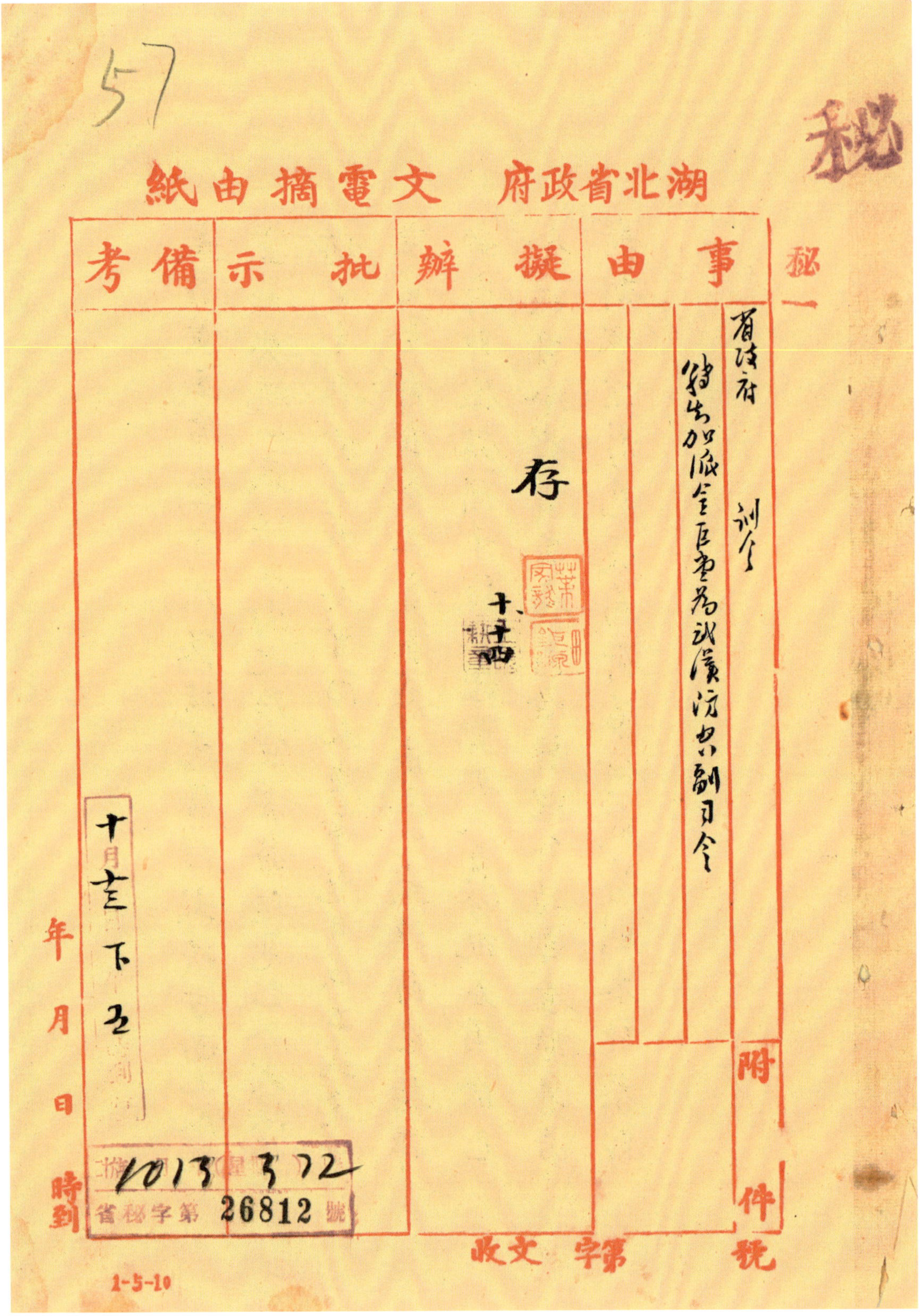
57

秘

湖北省政府文電摘由紙

秘一

事由：省政府 训令

转知加派金巨堂为武汉防空副司令

拟办：存

十、十四

批示：

备考：

附件

年月日时到：十月十三下五

1013 3 72

省秘字第 26812 號

收文字第號

1-5-10

（事由）准函知加派金巨堂為武漢防空副司令令仰知照由

湖北省政府訓令　省保三字第　號

秘書處

35365

令

案准武漢防空司令部二十六年十月四日防四字第二八號公函開：「案奉　武漢行營本年九月三十日鄂參人字第三九零三號訓令內開：『本行營呈請加派金巨堂為武漢防空副司令仍兼參謀長一案，現奉國民政府軍事委員會九月廿二日銓（二）字第二六五零一號指令開：「呈悉。准予備案，仰即知照。此令。」等因，奉此，合行令仰知照，並轉飭知照。此令。』等因，奉此，除分別函令外，相應函達查照為荷。」等由，准此，除分行外，合行令仰知照，並飭屬一体知照。

此令。

中華民國二十六年十二月拾貳日

兼代主席
全省保安司令 何成濬

保安處長 丁炳權

校對 高培

湖北省政府关于抄发防护团员及班（队）长补充办法致秘书处的训令（一九三七年十月十九日）

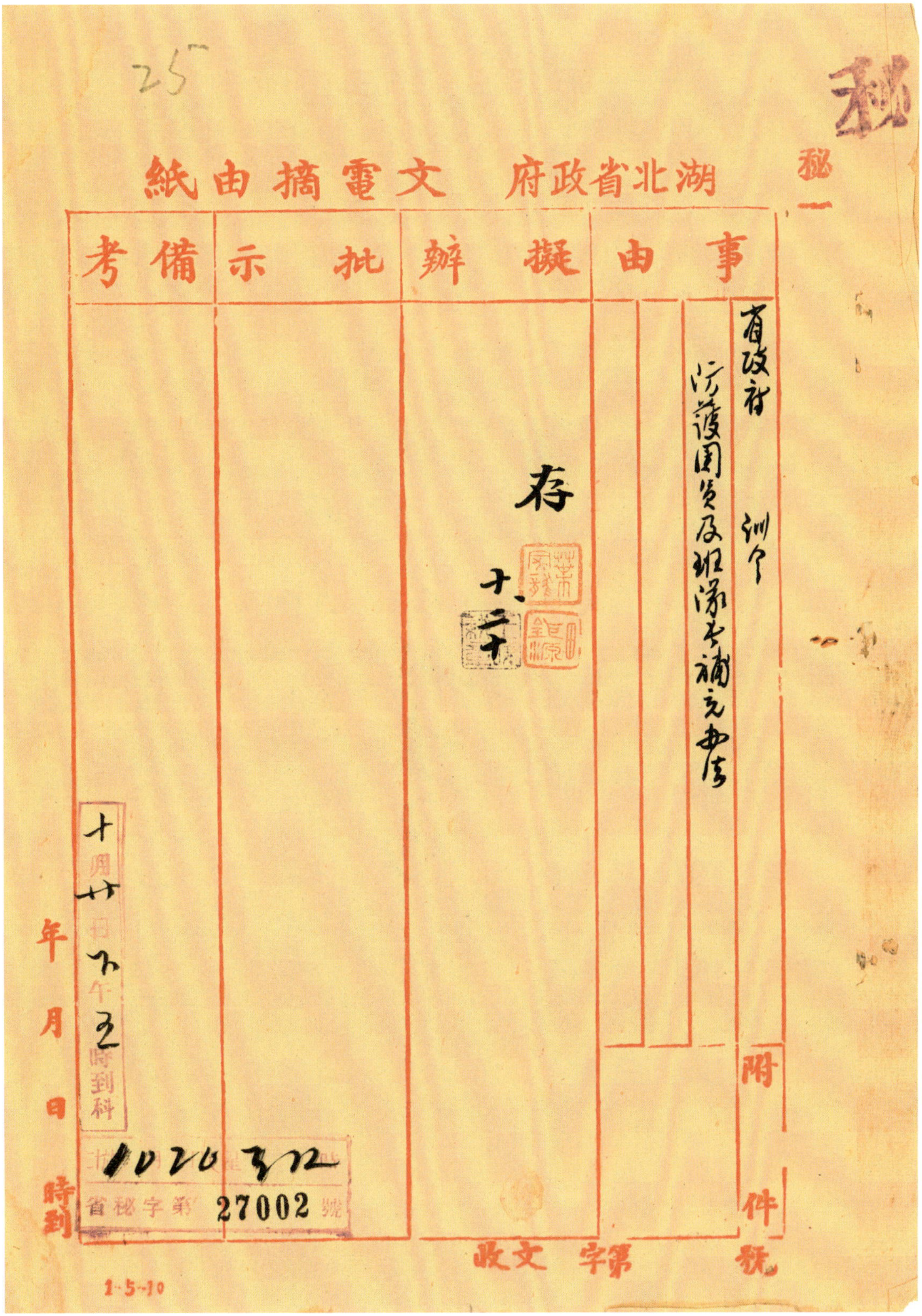

（事由）准武漢防空司令部代電抄發防護團班（隊）長補充辦法令仰知照由

# 湖北省政府訓令

省保三字第 36350 號

令秘書處

案准

武漢防空司令部元防三代電開：「查本部為充實各級防護團本身力量起見，特遵照國民政府二十六年八月十九日公佈之防空法，又參酌南京市防護團團員補充辦法，並武漢實際情形，擬具防護團團員及班（隊）長補充辦法，經呈奉武漢行營本年十月五日鄂參敎字第四零三七號指令准予施行在案。除分電外，特檢同前項辦法，電請查照，并希轉飭所屬一体知照為荷」等由，附辦法一份，准此。除分

行外，合亟抄發原辦法令仰知照！二

此令。

附抄發原辦法一份

中華民國二十六年十月　日

兼代主席
全省保安司令　何成濬

保安處長　丁柄權

校對　高塎

拾玖

# 附：武阳汉防护团团员及班（队）长补充办法

## 武陽漢防護團團員及班(隊)長補充辦法

一、本辦法依據

國民政府二十六年八月十九日公佈之防空法訂定之

二、武陽漢各級防護團團員及各班(隊)長之補充悉依本辦法行之

三、凡居住武陽漢三鎮之市民除因身体殘廢或有精神病或年齡及健康不適於服役或因担任公務及服常備兵現役不能中輟者外統有担任防護團員為防空服役之義務

市民防空服役除現充防護團團員人數外其餘皆為預備團員

四、武陽漢各級防護團團員離職時由各該班(隊)長就預備班隊團員中選充之其(遞)遺之缺額立即征調補充並呈報區團部備案

五、凡班隊長離職時由各該區團長就原班隊副班隊長升充之其(遞)遺副班隊長之缺就原班隊團員中選充之

六、正副班隊長及團員如有因故經批准給假時班隊長職務由副班隊長代理之副班隊長及團員則從緩補充必要時得依前條之規定補充之

七、正副班隊長及團員如有由本區轉移他區時應報由本區團核准通知該管區團編制班隊服務其所遺之缺依前列各條之規定補充之

八、本辦法如有未盡事宜得隨時呈請修改之

九、本辦法自奉准之日施行

# 武阳汉防护分团组织办法（一九三七年）

武陽漢防護分團組織辦法

甲 目的

本部為使武陽漢各機關學校工廠銀行商店等團体於敵機空襲之際能不受其災害而保持其工作效率起見特定本辦法辦理之

乙 要領

一、各分團應以本團体自身之力量組成之對於些小之災害能自行減滅而不仰給於區團之支援為原則

二、各分團之組織與設備應具區團同等之健全敏活機能與力量

三、各分團務能永遠存在不僅對於防空上可發生充分之力量即使對於任何事變均能應付裕如

丙 組織

四、各分團係以本團体二分之一至五分之一之人員組織之

五、凡在武陽漢之機關學校工廠銀行商店等團体以全部人員在六十名

以上即應組成分團

六、各分團之組織系統上設分團長（稱某機關或學校公司商店分團長）下屬警報警備消防防毒救護工務避難指導燈火管制等八班（各班之人數依團體人數之多寡定之）其詳細辦法參考本部印發之「各機關及學校應有之防空設備」小冊所述原則辦理之

七、各分團之組織由當地之區團負責指導辦理之但最高之軍政機關得囑本部派員指導之

丁　設施

八、警報上所需之音響警報器信號燈警備上所需之武器或戈矛木棒消防上所需之滅火機砂包太平缸抽水機防毒上所需之防毒衣具消毒藥品防毒室救護上所需之担架治療藥品工務上所需之煙幕罐偽裝網防空場燈火管制上所需之黑窗布黑燈罩統由各該團體自行分別籌辦之

九、以上所列各項物件之位置須依防空原則上之要求選定之其詳細設施統按本處印發之各機關及學校應有之防空設備小冊所列事項斟酌辦理之

戊　訓練

十、各團体所組之分團應自本月二十四日起至二十八日止授以必要之防空知識其教材由本部頒發之教官由各團体自行選派

己　預習

十一、各分團訓練完畢應自設情况定期預習以考察各級員工之活動情形但分團未預習前得將預習日期時間通知當地區團以便派員指導在最高之軍政機關可暫由本部派員指導之

庚　檢查

十二、各分團應於三月四日以前預習完畢自三月五日起軍事機關則由武漢行營派員會同本部稽查之行政機關則由　湖北省政府派

員會同本部派員抽查之學校工廠銀行商店及其他團体則由警察局

會同本部派員檢查之

辛 其他

十三、各區團應於本月二十一日以前將所属區團内應組分團之團体調查完竣於本月二十三日以前監督指導組織完畢（各机関學校同）

十四、各區團（各機関學校）於本月二十三日下午應將本年區所組之分團名稱地点人数及組織設備情形報部備查

十五、本方案如有未尽事宜得臨時增改之

（完）

# 二、战时防空

湖北省政府关于发布防空警报信号致秘书处的训令（一九三六年六月二十九日）

湖北省政府文電摘由紙

要次
秘一

| 事由 | 擬辦 | 批示 | 備考 |
|---|---|---|---|
| 本府訓令 令發防空警報信號仰知照由 | 送各室科查閱後歸卷 七、三 | | |

附件

年 月 日 時到

25 7 27

各秘字第 12076 號

1-6-10

收文 字第 號

湖北省政府訓令 省保三字第10781號

令本府秘書處

案奉

國民政府軍事委員會防二字第九一一號訓令內開：

「案據本會防空處處長黃鎮球呈稱：『查各種防空警報信號規定，於二十四年度京杭鎮聯合演習時，試用結果，其音響仍覺不易區別，茲將防空警報信號，重行釐定，伏乞鑒核示遵。』等情，並附防空警報信號一份，據此，查所呈尚屬可行，除指令照准暨分別函令外，合亟檢發防空警報信號五百份，令仰知照，並轉飭所屬一體知照為要。」

等因，附發防空警報信號五伯份到府，奉此，除分令並

呈復外，合行檢發防空警報二份，令仰知照，並轉

飭所屬一體知照，爲要。

此令。

附發防空警報信號二份。

中華民國二十五年六月　日

主席兼全省保安司令楊永泰

實抄

校對綦緝祖

附：防空警报信号（一九三六年五月）

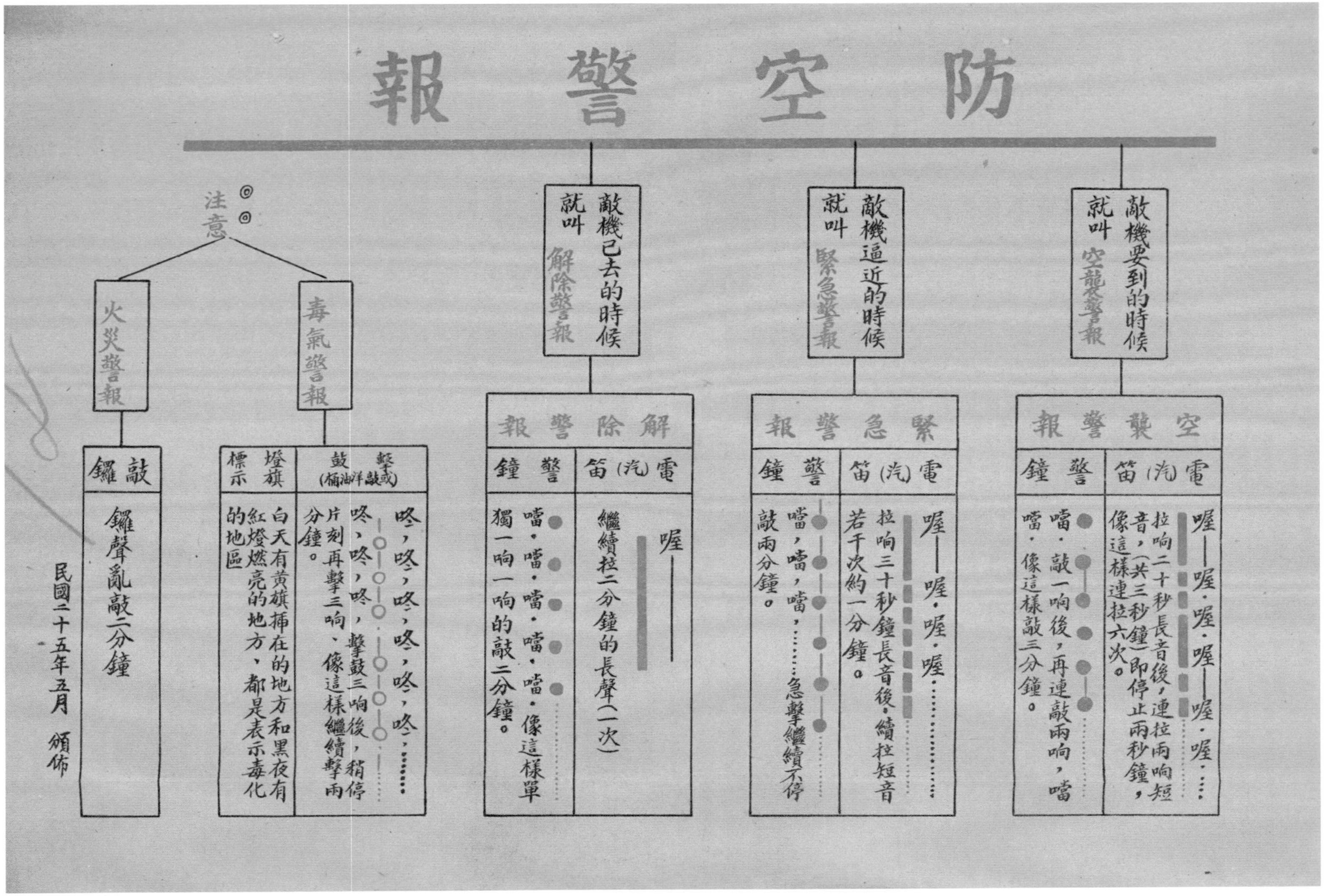

各機關及學校應有之防空設備　中華民國二十六年元月

各機關各學校，乃優秀分子叢集之處，國家賴以支撐，民族賴以存續，苟無充分防空設備，則一切菁華，勢必犧牲於敵彈之下，故為保障政府核心，安全國民骨幹計，各機關及學校，對於防空設備，急宜努力謀充實，以期避免空襲時之危險，茲將機關學校關於防空上之組織及設施與訓練，分述如次：

一、組織

1.各機關及學校之防空組織，應以消極防空為主，其指導系統如下：

某機關（或學校）防空指導官
- 警報班
- 警備班
- 消防班
- 防毒班
- 救護班
- 工務班
- 避難指導班
- 燈火管制班

2、各机關及学校：防空指導官，由各該机關学校主管官兼任之，必要時，得由防空最高机關派員專任，或設輔助官一人充任之：

3、警報班：負通信連絡及傳達警報之責，主由各机關学校通信人員傳達或號兵編組之。

4、警備班：負警戒保護之責，必要時，尚須協助其他各班於敵机來襲時之各種活動，主由各机關衛隊或各学校高年級学生及童子軍編組之。

5、消防班：負預防火災及撲滅火災之責，主由各机關職工或学校高年級学生編組之。

6、防毒班：負防毒指導及消毒作業之責，主由各机關有關係之職員及勤務人員或学校之化学教師及学生編組之。

7、救護班：負中毒及傷害者之收容及治療之責，主由各机關之醫務人員或学校之關係教職員学生編組之。

8、工務班：負電線道路及自來水管等被破壞時修理之責，主由各机關学校

87

之重要務及事務人員編組之。

9.避難指導班，負避難人員維持秩序及管理避難場所之責，主由各机関職員或學校學生編組之。

10.燈火管制班，負夜間敵机來襲時，燈火之隱蔽、限制、熄滅之責，主由各机關學校職工編組之。

11.前記各班，依各机關學校原有人員之多寡及管轄範圍之廣狹，而各有不同，但其人數以充分遂行其任務為原則。

12.各班為指揮管理訓練等便利起見，得由各机關長官或學校當局指派正副班長或指導員一二人專川担任，以專責成。

二、設施：

1.各机關學校之防空設施，除在防空上有特殊之價值者，由政府另行設施外，其餘概以利用各該机關學校現有之器材為原則，但消防器具之設施最為重要。

二、關於警報傳達者，各机関之主管官及学校当局，应按照其單位之多寡及該校或机関之实際情况应有如左列之設備：

（1）設置之音響警報器於適当位置，并講求能普傳警報於所属全体人員。

（2）在可能範圍内，務須装置信號燈或警鐘於主管官之處或办公廳。

（3）指派警報当員，任警報之監視，并注意与最近之防空警報机関切取連絡。

（4）對於部屬，应分别予以各種警報规定之説明及訓練。

三、關於防空通信者，各机関主管官及各学校当局，對於所属各單位現有之通信設備，应力求供给於防空上使用，其应行事項如左：

（1）改善通信系统，切实与防空機関連络。

（2）增設防空電話线路，專任所属單位之情报或警报之傳達。

（3）指派当員負防空通信之責，并切实予以訓練。

（4）有獨立通信組織之各机関主管官及学校当局，应督促部隊，確实执行防空通讯之规定，并須供给防空監視机関之情报及協助警报之傳達。

52

（5）於可能範圍內，各種重要机關，宜自行裝置電話總机，以便直接指揮所屬机關。

四、關於燈火管制者，各机關主管官及学校当局，應按照所屬各單位之燈火狀況，督促部屬分別完成左列燈火管制諸設備，并不時舉行檢查，務於至善以便防空一般之業務上，毫無遺憾。

（1）窗戶須用一二層厚黑布製成窗帘，緊密遮蔽。

（2）门扉須緊閉，以免漏光。

（3）亮瓦通氣孔及能透過光之處，須一律用黑布或紙遮蔽。

（4）預備低光電燈泡及着色電燈泡，以備燈火管制時之用。

（5）增設屋內外燈之自動開關机。

（6）燈火管制實施期间，電燈大都熄滅，各机關学校為工作起見，應準備洋燭、油燈、及手電，但須適當遮蔽，使不透光。

（7）各種燈火管制方法如下：

甲、屋內電燈，不必要者，概行熄滅，其必要者，應加黑色布罩以隱蔽之。此種黑色布罩，在二十四支光以下之電燈泡，只須黑布一層，在二十四支光以上者，則用兩層，依次罩之，罩之下開口，罩長三十公分至六十公分。

乙、屋內油燈，不必要者，概行熄滅，其必要者，須用黑紙作成燈罩，以資遮蔽，其方法，將黑紙（四層）中心剪成一孔，套入原有燈罩之上，而使紙之各邊下垂，其長短，以能將全燈遮蔽為適宜，或用鐵皮燈罩，以免燃燒。

丙、屋外電燈，以全部熄滅為原則，但鐵路之信號燈，不能熄滅，宜研究遮蔽方法，其他為維持治安，整理交通，及指導防護動作計，可酌留少數燈火，加以適當遮蔽後，作為照明燈，此等燈火，宜用鐵皮燈罩，或黑色布罩遮蔽。

丁、移動燈火，如汽車，汽車之前照燈，應覆以黑色布，套并在上面加以遮光筒，遮光筒用金屬或厚紙作成，如遮光筒裝置困難時，僅用黑布套亦可，但須特別減少光度，至其他移動燈火，概用黑布罩，遮蔽燈光。

五、關於消防設備者，各機關之主管官及學校當局，應按照各該機關或學校之環境及性質，完成左列之消防設備。

(〡)購置滅火機。

(〢)添設太平水缸，及購置抽水機。

(〣)貯存砂包，以為敵機投下燒夷彈引起火災時消防之用。

(〤)增設消防龍頭，以為消防隊引水之用。

(〥)石油火藥及化學藥品，均須置於安全處所。

(〦)設備安全箱櫃，以存重要文件，並派員保管。

(〧)添置消防用具，并予以所屬員工之消防訓練。

(〨)切實查明消防所需之水源，并予以保護。

(〩)與鄰近消防人員，切取連絡。

六、關於防毒消毒者，各機關主管官及學校當局，應行之防毒消毒設備：

(〡)購置防毒用具，如防毒面具、防毒衣靴、油紙油布等。

(乙)設置公用防毒室：選擇適當安全之一室，將窗戶門扉全部嚴密封鎖，出入口設防毒幕布，使與外面毒氣隔絶，並於室內分設濾毒裝置及排氣裝置，以供室內清淨空氣之交換。

(丙)購置消毒用具及藥劑，如漂白粉、橡膠套及手套式靴筒，以為被毒區消毒之用，又須購置漂白粉、石灰、石油、肥皂水、熱水等，以為消毒時之用。

七、關於救護避難部分：各機關主管官及學校當局，應行設備事項如左：

(甲)組織救護班。

(乙)設置避難所。

(丙)備置救護器材，如擔架、藥箱等。

(丁)設置救急治療所，指定醫師及人員擔任。

(戊)指示附近救護所、避難所及醫院之名稱、位置並經過之路線。

(己)訓練部屬之救護及避難動作。

(庚)派員連絡附近消防消毒救護避難諸機關。

八、關於偽裝遮蔽方面各机關學校當局應行之設備如左：

（一）派員組織偽裝遮蔽班。

（二）購置偽裝用具，如偽裝網等。

（三）注意建築物之顏色及塗料必要時須施以迷彩或變裝。

（四）注意附近樹林及其他偽裝事項。

九、關於防衛警備方面各机關學校當局應行設備之事項如左：

（一）派員組織警備班，

（二）決定警備區域及分配備哨所之地點。

（三）增強警備實力，添置防衛武器。

（四）電燈電話局工廠尤須嚴密警戒。

十、關於工務修理方面各机關學校應注意之事項：

（一）組織工務班，負修理電話電燈及自來水管之責。

（二）購置修理器材。

(3)購置無線電話。

(4)準備油燈。

(5)多設出口，以備被炸時之用。

(6)另設太平水池，以供自來水斷絕時之用。

六、訓練

1.警報之訓練：除使各机關學校担任警報業務人員或学生，了解警報發放之時机，熟習警報器之管理，遵守警報之各種規定，俾能適時傳遞所要之警報外，并須普及警報之命意於全體，以期均能聞警而有所準備，並由各机關之警報組長負責訓練之。

2.通信之訓練：除由各机關學校担任警報通信連絡業務人員或学生，了解防空通訊之系統，熟習防空通信之各種暗號及術語外，并須講求技術上之訓練，俾能擴大防空通信之效能，並由各該警報組長及通信人員訓練之。

3.消防之訓練：除令各机關學校担任消防業務人員或學生，熟習各種消防器材之使用法，及敵機轟炸下之消防行動，俾能適時限制或減少火災危害之擴大外，并須講求普及消防智識於一般人員，使各能瞭解空襲時消防之重要，期能預防火災之發生，通常由各機關學校之庶務副官等負責訓練之。

4. 防毒之訓練，務使各機關學校擔任防毒業務之人員或學生，熟習各種毒氣之防護要領及消毒等諸動作，俾能減少將來敵人毒氣攻擊之效力外，并須普及一般防毒知識於全體人員，使各自瞭解毒氣之性質及防護之方法，並由醫務人員或化學教師負責訓練之。

5. 警備之訓練，除使各機關學校擔任警備業務人員或學生明瞭平常時期之警備要領，講求敵機轟炸時之警衛行動，以維持公共秩序及消弭反動之活動外，并須增進全體人員自衛之能力，以期適時遏止不幸事變之發生，並由軍事教官負責訓練之。

6. 救護之訓練，除使各機關學校擔任救護業務人員或學生熟習各種傷害之

六

救護要領及一般衛生知識，俾能適時對於傷害者能施行救護及担架使用法治療諸術外，并須普及此種救護常識於全體人員，以期能擴大救護之效力，主由醫務人員負責訓練之。

7. 避難指導之訓練：除使各機關學校担任避難指導業務人員或學生熟習空襲時交通整理之要領，避難民眾指導之方法，俾於非常災害時際，能保持井然之秩序，以增大防空效能外，並須普及避難諸規定於全體人員，期能減少空襲時紛擾之程度，主由警衛人員負責訓練之。

8. 燈火管制訓練：除使各機關學校担任燈火管制業務人員或學生熟習各種燈火管制之規定，俾能於夜間警報發出後適時執行熄滅或遮蔽燈光諸事外，並須普及燈火管制常識於全體人員，使能自動遵守燈火管制之規定，主由各機關學校當局派員會同電燈公司實施之。

9. 工務之訓練：除使各機關學校担任工務人員或學生工役熟習一般電燈、電話線及道路自來水管等之修理技能外，並須普及修理智識於所屬全體人員，俾能整理空襲後之殘局，主由有關之技術人員負責訓練之。

（完）

# 武漢防空司令部第一次籌備會議紀錄

時間　二十六年二月二日上午十時

地點　武漢警備司令部會議廳

出席人　郭懺　嚴武　金巨堂　胡越　胡俠僧　葉其蓁　胡謹
夏德馨　姜顯謨　楊嘯伊　黄佑南　錢壽恒　歐陽
邠　蔡孟堅　陳希曾　何庸　朱聲希　王國均　盧
泰坤　唐湯銘　曹可光

主席　兼司令郭懺

紀錄　劉先雲代

主席報告開會意義

畧云：茲奉　武漢行營命令，着將防空籌備處改組為防
空司令部，其組織規程與編制表，均已頒到，同時并命兄弟兼任

司令，嚴武金匡堂燕副司令，所有處長以上各員，亦經明令發表，自應遵照辦理。現~~在~~在未討論各案以前，兄弟有幾點意見，願貢獻各位：第一，都市防空，為目前當務之急，南京上海各大都市，業已次第舉行，武漢居全國中心，其重要性不亞於京滬，自應積極辦理。此次防空司令部之成立，係因應事實之需要，由籌備而進入實行之階段，惟司令一職，責任重大，兄弟學識經驗俱感缺乏，深懼弗勝，所幸兩位副司令暨兩位防護團團長以及各處處長，都是學驗豐富的幹材，所以兄弟敢於担任下來，希望各同仁同心協力，將這一次任務做到盡善盡美的地步。第二，司令部為臨時性質，任務終了，即須撤銷，因為如此，難免有心存五日京兆敷衍情事，此種傳統的不良習慣，我們應該切實矯正，再防空本屬新興的業務，同人中或不免有門外漢之感，但各地辦理的經過，可供我們的參考，儘有成規可循，且過去各地的演習，總是一次比一次的成績好，我們將來演習的成績，也應該積有進步，最低限度，不能不如他處，這一點全靠各位的努力与否以為斷了，第三，本部職員雖係各處調集，但一定要在意志統一与精神團結兩個原則之下，從事縱的橫的各方面的切實連繫，互助互信，庶能在這短短的期間內，不致發生絲毫的破綻而完成我們的任務，再省市兩防護團，本屬航空協會管轄範圍，不過暫歸本部指揮，好在兩位團長均能精誠無間，共荷艱鉅，我想這次防空演習的結果，一定是非常圓滿的，武漢永久防空的基礎，或者也會從此奠定而臻於更鞏固的程度。

討論事項

一、關於防空籌備處交接手續案

決議：本部定於本月四日正式成立，籌備處截至三日止結束，凡應

二

二

移交各項，即於三日下午由籌備處正副科長分別點交本部各主管廳處接收，俟交接清楚後，再行分別造冊呈報　武漢行營備案。

六、各廳處按照編制決定調用人員開單呈核案

決議：(一)各廳處所人員，由嚴金兩副司令召集各廳處主管官會商決定。

(二)宣傳會正副主任委員，請湖北省黨部漢口市黨部派員担任。

(三)顧問若干人，由省市兩警察局會同辦公廳酌擬候聘。

三、本部及各防護團之經費如何籌措案

決議：全部經費，分防空事業費与防空演習費兩項，應分別詳密造具經常及臨時費預算書，呈請設法籌撥。

四、兼職人員到部辦公時間如何規定案

決議：保留，俟正式成立後再議。

五、開始辦公日期如何決定案

決議：二月四日開始辦公。

六、司令部辦公地址如何遷定案

決議：仍就交通路口湖北飯店籌備處原址。

臨時動議

一、各防護團冠以本地地名抑冠以機關名稱案

決議：暫行規定五處如下：（一）特三區防護團（二）武漢分校防護團（三）武漢大學防護團（四）水上警察防護團（五）漢陽兵工廠防護團

由本部以命令變更之。

二、本部無底缺雇員應否津貼案

決議：保留

散會

# 武汉防空司令部关于统一编制训练各医护、道路、水电等专业技能人员致武阳防护团的指令

（一九三七年二月二十四日）

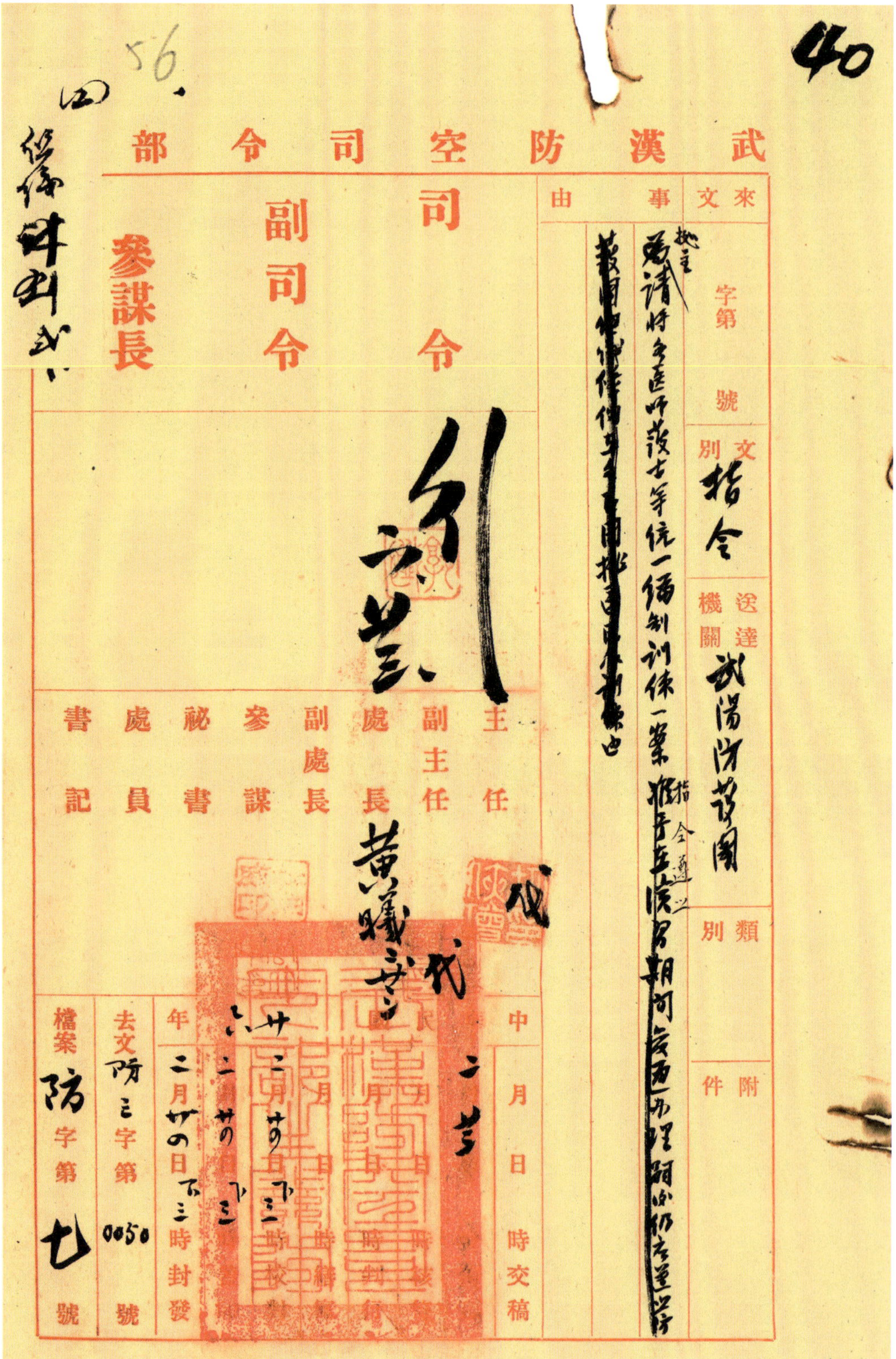

武漢防空司令部指令

防三字第 0060 號

令武昌防護團團長蔡垂望

廿六年十月廿一日呈乙件（一為擬將各區團救護隊應編入之醫師護士及工務隊應編組之道路自來水電隊統一編制訓練以資調整由）請核示

呈悉。防空組織，應以民眾參加活動為原則，所請醫師護士道路自來水電等，統一編制訓練，與防護團組織之原旨不符，惟演習期近，准予兼顧事實、（各區團原有組織毋庸變更）變通辦理，演習後仍應遵照防護團組織條例，于各區團挑選民眾施行訓練為要！

57

此令。

司令 郭〇

副司令 嚴〇〇

金〇〇

# 武漢防空司令部檢閱各級防護團檢閱官會議紀錄

時間　二十六年二月二十六日下午三時

地點　本部第三處辦公廳

出席人　黃曦　姜顯謨　葉其蓁　張震漢　王作民
朱承煜　許子良　雷霆　徐宗翰　張樾萬
丁唐輔　柳範　杜百威　林滋　熊翔
胡仲文　李仕節　楊震　李芳　李雲泗

缺席人　傅炎光　張星槎　殷瑞珊　敖國光　樓兆綿
唐湯銘　鄭貞禜　錢卓音　楊葆藜　朱義順
劉叔湘　鄧見龍　李華白　藍季昌　任鶴如

開會如儀

主席　黃處長

紀錄　黃經緯

甲、討論事項

一、防護團檢閱分數應如何規定以昭公允案

決議：規定如左：

1、組織訓練各定五十分為滿分

2、組織分數標準：(1)到檢閱人數與冊報人數相符者為及格 (2)各班隊長均能按照規定之人員担任其業務者為次優 (3)各班隊員精神上雖熱心防空業務物質上尤清潔整齊者為最優

3、訓練分數標準：(1)按照印發問題各分隊抽問團員兩名按答解程度給與分數

二、檢閱官講評應如何彙集案

決議：1、每日檢閱完畢由組長集合各檢閱官講評，彙編成本日講評交第三處總彙

乙、講評簿由第三處發給

三、檢閱期間如遇天雨應如何規定案

決議 大雨順延

四、指導員如被任為檢閱官則檢閱時不能前往各區團指導應如何規定案

決議：兼任檢閱官之指導員在檢閱該區團時可不前往指導

五、檢閱官車輛飲食應如何規定案

決議：武昌漢口方面用汽車漢陽方面用黃包車上午早餐統在本部午餐晚餐由第四處派員分別定地點備辦

六、附表第二規定時間如不敷分配應如何辦理案

決議：由各組長自行預先通知各區團

七、检阅官如迟误时间或擅自不到应如何办理案
决议：报请　司令议处
八、检阅官服装应如何规定案
决议：按计划规定办理
九、住居武昌之检阅官可否不到本部集合案
决议　仍须在本部集合
十、各区团检阅地点应如何办理案
决议：由各区团自行选定地点於明（廿七）日报部印发各组

～～～完～～～

# 武汉防空司令部召集有关车船各机关团体会议纪录（一九三七年二月二十七日）

武漢防空司令部召集有關車船各機關團體會議紀錄

時間　二十六年二月二十七日下午三時

地點　本部會議廳

出席人　湖北省黨部代表秦壽萱

漢口特別市黨部代表陳承仁

漢口市政府代表李寶清

江漢關監督公署代表張石田

交通部漢口航政局代表周賡昌　楊青蓀

武昌市政處代表李友芳

水上警察局代表戴崑山　楊業

大冶煤務公司代表蘇鶴齡

湖北省內河航輪管理局代表吳　趙

招商漢局代表王蒼石

三北公司代表曹子嘉

漢口市貿易人力車業盧光漢

漢口市汽車業公會代表畢壽昌

漢口市馬車業職業工會代表涂洪泰

培德輪船局代表彭德山

民生公司代表陳羽龍

源華煤礦公司代表徐漢章

宣傳委員會代表陳承仁

武昌車業工會代表左云卿

寧紹公司代表謝樂民

同和煤號代表劉鵬軒

湘鄉幫代表曾熙

荆宜船幫代表張中時

辰州幫代表胡治中
五邑幫代表李作舫
衡州幫代表 謝海清 謝順和
蒲圻衣幫 魏星鰲
漢口車業職業工會代表汪子奎
武昌脚踏車業同業公會

開會如儀

主席 金副司令

紀錄 吳飛鵬

主席報告略謂今天請各位代表到部討論防空演習時燈火管制與交通管制進行方法以備將來真有敵機襲擊時得以減少損害其意義至為重要此次本市防空演習雖是假設都要把他當作真的去做如果準備不周備一旦敵機來襲則全市民衆受害匪淺前年南京防空演習時

二

外人視為笑談故武漢此次演習要力求完美以免外人譏笑尤其灯火管制為不雖實驗最為敵機襲擊時指示目標所以此番本部防空演習最注重的是燈火管制及交通管制要特別的設備完善雖是演習務要做到同真的一樣以為將來事變的準備至於關灯火交通管制詳細辦法請第三處黃處長逐一說明并与各代表詳細討論

黃處長報告畧謂今天請各代表到席討論灯火与交通兩項管制是極為重要此種重要性想各代表早有所認識毋待多述現在請各代表分條討論以備周詳

一、關于車輛灯火遮蔽器材者：

甲、汽車灯火遮蔽器材

決議（1）汽車前照灯按照市民灯火管制市民須知第五項辦理之並將後照灯改用低光灯火或塗以顏色

（2）另於車之右方前沿各裝小灯一個其光線以能表示車之

經置及號碼為已足其設計由汽車業到會代表擬定交李
仕節核定請函警察局於下次檢驗車時限令設置之以備
真正受空襲時之使用

(3) 以上兩項辦法凡貨客汽車由汽車同業公會通知之自備汽車
由警察局通知之外人汽車由市府通知之

乙、馬車灯火遮蔽器材

決議 按照灯火管制市民須知第六圖辦理之由該會代表通知
各馬車行照辦

丙、人力車灯火遮蔽器材

決議 按照灯火管制市民須知第七圖辦理之由該會代表通知
各車行轉知車夫辦理自備人力車由警察局轉知車主
知照

丁、腳踏車灯火遮蔽器材

決議　按照灯火管制市民須知第六圖辦理之由警察局函知

二、關於船舶灯火管制及遮蔽器材者：

甲、輪船燈火管制及遮蔽器材

決議　凡有電灯者應將艙外綫分開空襲時艙外灯一律熄滅其艙內灯按照灯火管制市民須知第九圖辦理之并於門窗上設簾幕使灯光不外露

(1)內河小輪由內河航輪管理局飭办不屬該局管轄者由本部函輪業公會飭知

(2)輪渡由本部函知航政處飭辦

(3)長江大輪由航政局轉知各輪船公司办理

乙、民船灯火之遮蔽器材

決議　演習時民船燈火一律熄滅如有船艙燈火需照燈火管制市民須知之規定一律遮蔽由到会各帮代表分别

飭知並轉飭由水上警察負責飭知

上列各項決議統限於三月五號以前完成并由本部酌量派員會同主管機關或同業工會協查一

三、燈火管制市民須知小冊應否分發

決議 各分發若干冊以便轉發各船戶（當場各代表分別簽明數目本部備齊由各代表派人領取轉發）

四、關於交通管制者

（1）車輛駛行時應如何遵守交通管制法

決議 各車輛駛行時如聞空襲警報應減低進行速度聞緊急警報應立即停止或照交通管制隊之指揮開向指定臨時停車場

（2）長江航輪應如何遵守交通管制法

決議 長江航輪上自漢口下自五通口境域內不分中外商輪

109

8

如闻空襲警報正開駛者不得開行已開行者應
向就近緩流地點拋錨停止但外輪由本部函請吳
市長交涉其結果如何由本部函知航政局轉知各
輪船公司

（3）襄河輪船應如何遵守交通管制法

決議 襄河蔡甸以下之境域内行駛或正擬開行之輪船
照上案辦理由内河航輪管理局及輪船同業工会
隨知照辦

（4）民船應如何遵守交通管制法

決議 民船駛行时如闻空襲警報應立即向就近緩流
地点停泊由水上警察在上下游重要處所設交通
管制哨指揮之并負責通知

（5）正舉行防空演習时長江上下游及襄河上游如有船隻不知警

報向境內行駛應如何辦理

決議 (1)由本部函江海關着港務長規定日夜兩種禁止入港信號屆時分別設置於長江上游沌口附近下游通口埠近俟海關函復經本部考慮決定後再分函海關及航政局分別辦理及通知外商輪

(2)由水上警察局於蔡甸附近設置水上交通管制哨船屆時禁止船隻向境內行駛

(3)由水上警察局於沌口附近及通口附近各設水上交通管制哨船屆時禁止民船向境內行駛

(4)對於上述方法如何通信由本部第二處規定或設施分別辦理之

散會

## 武汉防空司令部关于设置应急照明灯事宜致汉口电灯公司的公函（一九三七年三月十日）

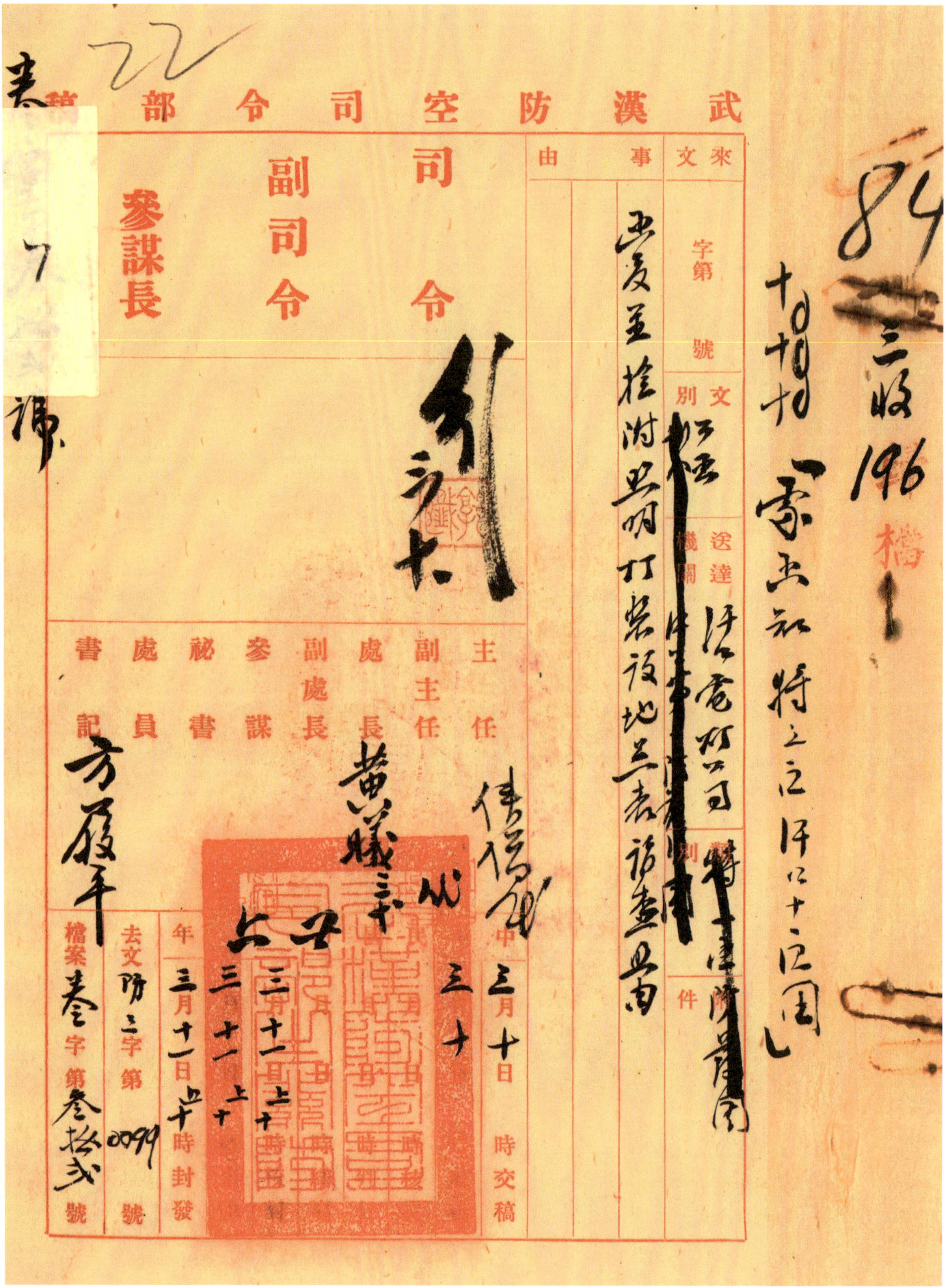
武漢防空司令部稿

司令

副司令

參謀長

來文 字第 號

文別 公函

送達機關 漢口電燈公司

事由 函復呈准附設照明燈裝設地點表請查照由

主任 副主任 處長 副處長 參謀 秘書 處員 書記

三月十日 時交稿

年 三月十一日 時封發

去文 防字第 0099 號

檔案 叁字第叁拾弍號

武漢防空司令部公函

防三字第　號

接准

貴公司三月廿五日函以擇定地點裝設交流電源緊急灯火等由，當即分別派員調查各要隘、應設緊急灯火地點、去後茲據據該員擬呈明灯地點距離表前來、查核相合，准函前由，相應檢附該表，同該表隨函復請

貴公司迅日照表裝設、以利演習、並紉公誼、為荷

此致

漢電灯公司

附照明灯班营表二纸

司令郭〇

副司令钱〇〇

中華民國廿六年三月十日

繕寫

校對

監印

附一：汉口特三区照明灯地点配备表

漢口特三區照明燈地點配備表

| 設置地點 | 盞數 |
| --- | --- |
| 怡園 | 一只 |
| 水亭子（大孚銀行門前） | 一只 |
| 大智門 | 一只 |
| 五碼頭（英領署街附近） | 一只 |
| 市政局門前 | 一只 |
| 商業銀行門前 | 一只 |
| 後花楼 | 一只 |
| 江漢關 | 一只 |

共濟醫院門口一只

太和醫院門口一只

天主堂醫院門口一只

漢口後花樓交通路上首老胡開文廣戶氏印

附二：汉口第十防护区团照明灯地点配备表

# 漢口第十防護區團照明燈地點配備表

| 裝設地點 | 盞數 |
| --- | --- |
| 世界影戲院口 | 一只 |
| 漢口青年會口 | 一只 |
| 穗豐打包廠口 | 一只 |
| 光明影戲院口 | 一只 |
| 舊俄領事館口 | 一只 |
| 上海影戲院口 | 一只 |
| 第一女中門口 | 一只 |

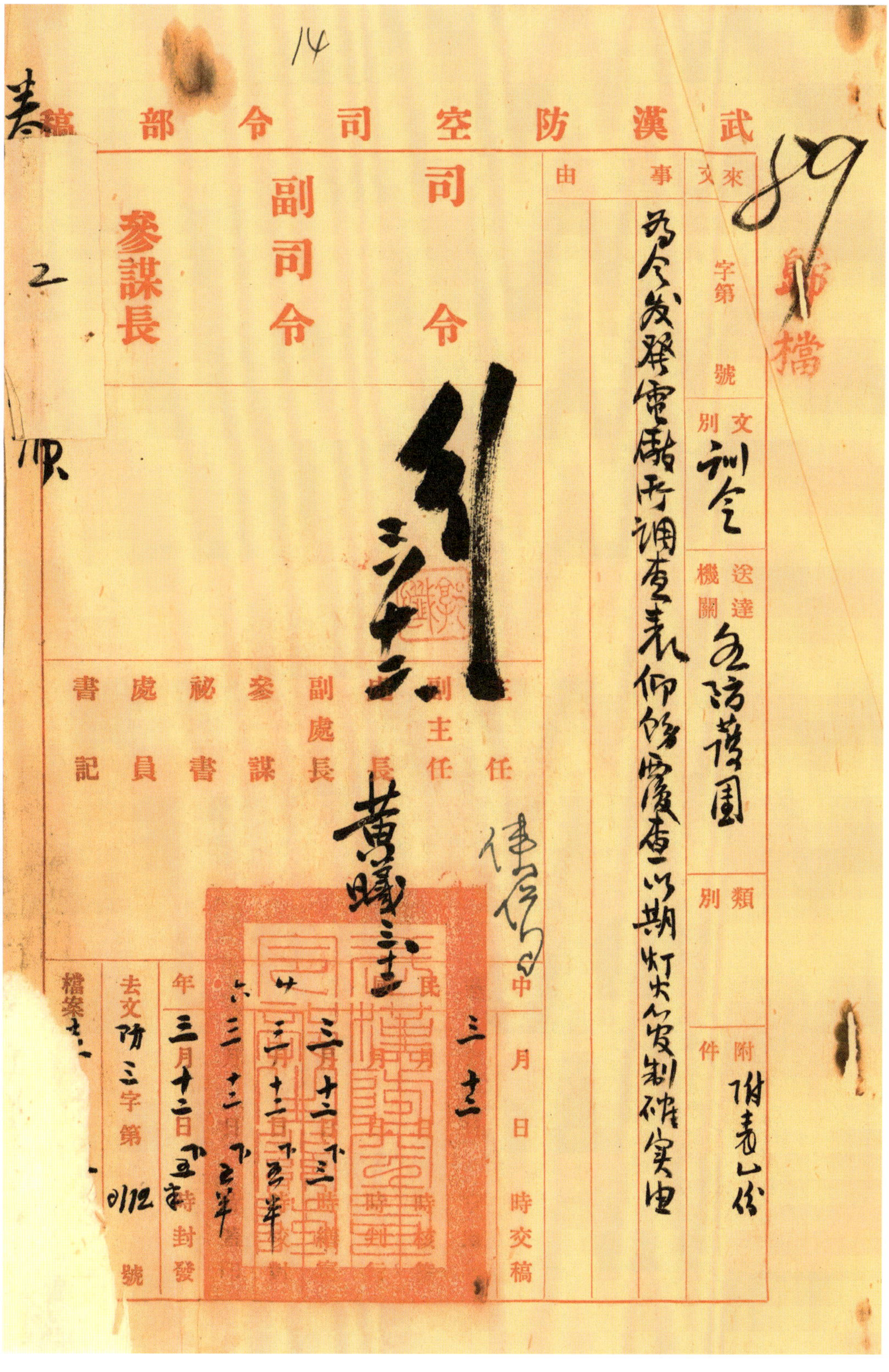

武漢防空司令部稿

司令
副司令
參謀長

來文字第　號

文別：訓令

送達機關：各防護團

事由：為令發發電廠所調查表仰飭屬查照以期灯火管制確實由

類別

附件：附表一份

主任　副主任　處長　副處長　參謀　秘書　處員　書記

黃曦

民國　年三月十二日下三時核稿

中　月　日　時交稿

去文防三字第0112號

三月十二日下五時封發

武汉防空司令部关于各区抽编管制班监管灯火致武阳、汉口等防护团的训令（一九三七年三月十二日）

# 武漢防空司令部訓令

防三字第　號

令武陽防護團團長蕭秉堅
漢口防護團團長陳希曾
武大、武漢分校、水上警察防護團
特三區、兵工廠、火藥廠防護團

查武陽漢各電廠所除專供電氣營業之各電廠經由本部飭知在防空演習期間遵行燈火管制外，凡自行設置機器供給自用電源者，亦經飭由各防護團分別查明，飭令遵照在案。茲以演習期臨近，合再將各發電廠另列表令發，仰嚴飭各區團長逐一確實督查各該發電廠所是否然难实遍行复制~~节约灯火复制班~~各区团认为某厂所复制不难实者，得由该区灯火复制队抽编复制班驻守监视，如有抗不奉行者，准由区团拘捕，其负责人逕解本部法办，如系外籍人士主办，经用各种手段洽商，尚经无结果者，迅报本部核办。自经此~~令~~次通令后，各区团如奉行不力，致须留时灯火复制不难实者，定予议处。切切！

此令

附发沈阳及发电厂场所调查表〇份

司令 郭〇〇

副司令 高 严〇〇 金〇〇

## 附一：汉口区发电场所调查表

# 漢口區

此摘不印

| 電廠名稱 | 發電地址 | 負責人姓名 | 電話號碼 | 備考 |
|---|---|---|---|---|
| 商辦漢鎮既濟水電公司 | 達望河沿一號 | 江述之 | 三一〇七二 | 電廠 |
| 寳善米廠 | 漢水街九號 | 陳秀珊 | 三三八〇九 | |
| 商辦漢鎮既濟水電公司 | 宗関街一六八號 | 李輝光 | 三一〇七五 | 水廠 |
| 博學中學 | 張公堤 | 胡儒珍 | 三一四〇五 | |
| 頤中烟草公司 | 水廠上街五六號 | 愛文司 | 三三一〇一 | |
| 福興染廠 | 江家墩 | 劉稻秋 | 三二一〇九 | |
| 隆昌染廠 | 阮家前街 | 倪麒時 | 三一五〇七 | |
| 裕隆麪粉廠 | 羅家墩二六七號 | 馬雨堂 | 三一三一七 | |
| 泰安紗廠 | 警署前街一〇二號 | 近藤宗治 | 三三六一五 | 本部核辦 本不必許可指 |

| | | | |
|---|---|---|---|
| 中新第四紡織廠<br>福新第五麪粉廠 | 警署前街 | 龔一鷗 | 三三九二九—中新<br>三三四三五—福新 |
| 福源油餅廠 | 皇經堂二四號 | 方柏庭 | 三二〇七七 |
| 南洋香烟公司 | 仁壽路七七號 | 胡英初 | 三一五三三 |
| 亞細亞煤油廠 | 江岸一六號 | 快克 | 二二〇〇三 |
| 美孚煤油廠 | 江岸一八號 | 鄭鴻章 | 二二九七三 |
| 德士古煤油廠 | 黃鶴洲六九號 | 干城 | 二二八五三 |
| 平漢鐵路江岸机廠 | 江岸車站三六號 | 杜耒克 | 二一九三九 |
| 福中煤廠 | 江岸一七號 | 薄俊卿 | 二二八二七 |
| 武漢印書館 | 府北一路七八號 | 王春光 | 二二九五一 |
| 普利冰廠 | 府南一路二五號 | 陳可盦 | 三一〇二九 |

擬合

已由吳市長同時答制 [signature]

已由吳市長擬給僅先借到李公鎮年部已允許

武昌中正路中段椿華樓印

| | | | |
|---|---|---|---|
| 漢口英商電燈公司 | 界限路 | 大班吉爾 | 二一八七一 |
| 信記新市場 | 中山路 | 舒松餘 | 三一四一四 |
| 禮和洋行 | 大智路一四六號 | | |
| 美最時電燈公司 | 漢江路五九號 | | |
| 安利英 | 漢中街一四號 | | |
| 和記 | 漢中街三二七號 | | |

# 武陽區

| ~~發電廠~~名稱 | 發電地址 | 負責人姓名（此欄不印） | 電話號碼 | 備考 |
|---|---|---|---|---|
| 武昌市政處水電廠 | 磚瓦巷 | 鍾興義 | 四一七〇三 | 「原負責人張華已更換」 |
| 漢陽電氣公司 | 漢陽外河街一四號 | 周仲宣 王价丞 | 三一七三五 | |
| 武昌高級中學 | 武昌蘭陵路 | 潘作之 | 四一〇五二 | |
| 武昌同仁醫院 | 平閱馬路 | 介志恒 | 四二三六二 | |
| 武昌永濟米廠 | 平湖門 | 方耀記 | 四一一一〇 | |
| 軍政部武昌被服廠 | 武昌老繅絲局 | 潘倫 | 四一五七五 | |
| 湖北官布局 | 武昌紗局新街三六號 | 張包興 | | |
| 武昌博文中學 | 皇經堂二六號 | 張瑞斌 | 四一三一六 | |
| 武昌善導女學 | 黃土坡上街一五號 | 彭鶴年 | | 無電話 |

| | | | | |
|---|---|---|---|---|
| 武昌天主堂 | 花園山一四號 | 蒲日躋 | 四一六六五 | |
| 方本仁宅 | 鼓架坡一〇號 | 呂福安 | 四二〇二四 | |
| 華中大學<br>文華中學 | 曇華林一號 | 安瀾 | | 查文華電話號碼 |
| 祥泰肥皂廠 | 糟坊巷一五號 | 黃樹堂 | 四一八二八 | |
| 亞新地學社 | 胡林翼路中段 | 鄒伯唐 | | 無電話 |
| 第一紗廠 | 北營坊口一一號 | 湯瑤甫 | 四一九一四 | |
| 軍事委員会委員長行轅 | 武昌南湖 | 陳誠 | 四一一七七 | |
| 南湖飛机廠 | 南湖 | 巴爾 | 四二二七七 | （巴爾乃美籍） |
| 乾元 | 社稷壇街二號 | 毛松濤 | 四二三二五 | |
| 江漢造船廠 | 與陽嘴河街特號 | 葉冠三 | 四二〇九二 | |

武昌中正路中段椿華樓印

| | | | |
|---|---|---|---|
| 裕華紗廠 | 中新河街一號 | 楊惠波<br>方星樂 | 四一五二二 |
| 禮和洋行 | 武昌下新河洲三號 | 克雷司 | 四二二五六 |
| 震寰紡織廠 | 武昌上新河街 | 楊仲帆 | 四二二二八 |
| 漢陽鋼鉄廠 | 漢陽百善街 | 鄭幼卿 | 三三四一八 |
| 精藝昌机器廠 | 漢陽打扣街二三號 | 陳紹鵬 | 無電話 |
| 周恒順机器廠 | 漢陽双街八九號 | 周茂柏 | 三三八二八 |
| 洪順机器廠 | 漢陽打扣街一八號 | 周文軒 | 三三四五二 |
| 胡尊記机器廠 | 漢陽双街六號 | 胡仲芳 | 三一五七一 |
| 漢陽兵工廠 | 漢陽磯頭街 | 鄭家俊 | 二一二〇六 |
| [illegible]油餅廠 | 漢陽同榮里二三號 | 韓中權 | 三二五七七 |

| | | | |
|---|---|---|---|
| 油餅廠 | 漢陽楊家河街七號 | 胡璧臣 | 三三六四八 |
| 一豐麵粉廠 | 漢陽楊家河街一〇號 | 胡元卿 | 三二五六六 |
| 福興油廠 | 漢陽同榮里二〇號 | 韓益庭 | 三三四九五 |
| 天主堂 | 漢陽鸚鵡洲瓜堤街二四號 | 魏希聖 | 無 |

武昌中正路中段椿華樓印

民國二十六年三月

# 武漢防空演習總講評

機密

武漢防空演習統裁部印

# 武漢防空演習總講評

## 一・統裁何講評

防空事業，始於歐洲大戰之第二年，蓋以一九一五年五月三十一日，德國齊伯林飛艇，襲擊英京倫敦以後，巴黎倫敦不斷受其空襲，同時德之柏林，及其政治經濟工業的地區，亦被聯軍空襲之慘禍，例如接近法德戰線之「丹格爾克」城市，人口雖不及四萬，而以居政略與戰略上衝要，先後被聯軍空襲二百次，死傷至四千以上，又在歐戰最后之一年，（一九一八

一

二

年）未及十個月，德之柏林，被聯軍空襲二七九回，其中夜間空襲，約一五三回，殆無日無夜，不被空襲的慘禍，近代科學進步，航空器材，飛行技術，均日新而月異，飛機速度，由二百啟羅，增至五百啟羅，航續距離，及航續時間，更有躍進的增長，譬如蘇俄的新式飛機，能於五十四小時，飛行一萬啟羅航程，美國之「布因克」式轟炸機速度五百二十八啟羅，航續距離九千六百啟羅，可以一舉而飛渡太平洋，至於行動半徑，則由一千五百啟羅，倍增至三千啟羅，凡屬土地接壤之國家、常在空襲圈內生存，故防空事業，不但佔國防上重要地位，實爲國民生死之問題，亦即國家興亡之所繫，現代國家，靡不竭盡全力，從事於建設航空與防空設備，最近十年間，英法美俄德日諸列強之大都市，每年俱有防空之演習，所耗費用，動輒以百萬計，但就日本而言，其東京大阪名古屋各地防空演習，動員人數概在四五百萬上下，所耗用費，少者數十萬，多則百萬，以上蓋推想未來戰爭之空襲慘害，其較甚於歐戰當日者，應不止十倍，故不能不於平時舉國一致，籌備演習。

此次武漢防空演習，雖不外上述的意義，然因怵於國際形勢之危險，並鑒於一二八淞滬之戰禍，卽使經費器材俱不完備，而未雨綢繆，不能不因陋就簡，爲教式之演習，使部隊得研究消極防空之機會，使民衆明瞭空襲之眞象，茲就兩日演習經過，聊述所見，以備同人之參考。

（一）關於空軍者

都市防空時，防空隊之任務，唯在獲得都市上空的制空權，不使敵機侵入我都市上空，達成其轟炸之目的，通常應於距都市二百公里以外的上空迎擊敵機，若敵機已乘隙侵入都市上空，縱能壓迫其退走，或將其擊落，而我都市已蒙其損害，故担任防空之飛機，欲完成其任務時，固貴取敏捷動作，不失時機，離陸應戰，而監視哨之報告，若不確實或指揮部之傳達遲慢，常易逸失攻擊之目標。

第一日　上午八時三十分，敵我飛機，在祁家灣車站上空遭遇時，我驅逐機因受制令限制，致遭失敗，但攻擊精神，未稍挫折，尚能補充飛機，整隊繼續進攻，冀使

五

敵機不能侵入警戒線，或減少其命中效率，然以時機稍遲，敵機已乘隙完成其任務，下午演習，敵我飛機在山坡鎮上空遭遇，我驅逐機鑒於上午戰鬥失敗之經驗，警戒異常周密，遂出敵機不意，使用奇襲，其攻擊方式及射擊角度，均極適當。

第二日　上午八時十五分，在武昌珞珈山上空，敵我飛機發生遭遇戰，惟因天候惡劣，視察困難，遂使敵機突破我警戒線，侵入武漢上空，達成其轟炸目的，我驅逐機，雖追隨敵機，屢行攻擊，卒以雨霧關係，視線不明，未能奏效。

此次演習時，轟炸驅逐兩隊指揮官及隊員，均能遵守戰鬥原則，與演習計劃，在規定之地位時間內，準確動作，實屬難能可貴，但以天候關係，下午演習課目，未能實施，第一夜因無正式探照燈，僅演轟炸動作，第二夜，因風雨停止空中演習殊爲遺憾。

（二）關於地上防空部隊者

地上防空部隊之目的，唯在妨害空中敵機之攻擊，或拘束其空襲動作，或使其不能自由採取適意之高度，通常担負此等任務者，即高射砲，高射機關槍，探照燈，及空中障礙物，此次演習因無高射砲，高射機關槍，多以野砲，迫擊砲，及步兵機關槍替代，而探照燈及空中阻塞氣球，更屬闕如，故演習成績，不甚完美，但兵器制式，雖屬不同，而射擊原理，對敵觀念，究無區別，豈謂地面戰，用槍砲不能達成對空射擊之目的歟，在昔歐戰時，交戰各國，開戰之初，殆無對空專用高射砲，僅就野戰砲，施以技術的改正，作成臨時應急之高射砲，例如英京倫敦，最初防空部隊，祇有八生的砲二門，六磅砲四門，一磅砲六門，編成之砲隊一隊，及十二台不完全的探照燈隊一隊，然以對空射擊指導得宜，軍民動作一致，卒能完成防空之任務，迨至大戰末年五月間，德國襲擊倫敦之飛機，因受倫敦防空隊之打擊，三十架中，僅有兩架飛回其根據地，當時德國飛機隊

九

員，曾嘆說「黑暗化的倫敦，對空防備很能嚴整，且不斷被其高射砲射擊，遂不易飛行其上空，倘非抱犧牲主義者，决不能窺伺其空際。」

此次演習，高射部隊，其在郊外者，雖就江防之陣地，未曾移動，而射擊動作，概與實戰情况不合，官兵無實戰的觀念，足見平日對於射擊缺欠教育，對於高空射擊，尤無研究，譬如敵機正在我有效射界中，不知迎頭瞄準，以火力制止其行進，迨敵機超過視界後，反欲追隨射擊，若係實彈射擊，顆顆必皆落空，各陣地內，又無獨立通信設備，發見目標時，甲砲通知乙砲，至快須三分鐘，不能速即通報，切取聯絡，且有誤認我機爲敵機，濫施射擊者。

市內所設高射機關槍陣地，多在屋頂平台之上，原爲制止敵機在市內低空飛行，肆意轟炸而設，雖可利用僞裝物遮蔽其位置，但所用僞裝物之色度，須與附近自然色度相同，否則反易引起敵機之注意，射擊動作，既須

二

敏捷，尤應隨目標旋轉，不可目標在東，而槍口向西，敵機在有效界內，不射擊，迨敵機逸走，無的濫射，第二日上午演習，適値降雨，各陣地的官兵，只知躲避，不事瞄準，盲目射擊，尤不合實戰情况。

依照學理和事實，無論高射砲，高射機關槍，其陣地四周，須射界良好，毫無遮蔽，通常方向射界，在三百六十度，全週上，概能自由射擊，始不妨碍瞄準，至於高低射界，亦須由零度至九十度，纔能不斷的射擊飛越頭上之目標。

夜間射擊，全恃探照燈，與聽音機之協作，此次演習，因無此種器材，各高射部隊，概係無意識的濫射，且敵機尚未侵入市區上空，即聞槍砲射擊聲音，尤其不合實戰狀況。

（三）關於情報及通信者

消極防空，全恃情報爲耳目，情報確實，通信快速，始有準備防戰之時間，此次演習，各監視哨之情報，綜合兩日的經過，多不確實，即不能辨別「敵機我機」，或不識「飛

一三

機的種類」，至於報告一消息，平均總在五分鐘以上，似嫌緩慢。

通信組織，不甚完備，按防空司令部所轄通信單位，共有二十一個，每發一單位之命令，快者需四分鐘，慢者需五分鐘以上，第一日演習下午，所發命令單位，計十八個，共需時間二十五分，鐘以敵機飛行速度而言，則命令尚未普遍傳達時，敵機已侵入我市區上空矣，嗣後演習，必須多裝專線，或增加電話機關，於傳達的方式，講話的聲音，尤須力求簡單淸晰，又演習期間，平漢路方面傳來的情報，遲而且少，嗣後對於該方面應設法補助。

（四）關於警報及交通管制者

警報最貴統一，並須同時傳達於各方面，使用一種號音，分別「空襲」「警急」「解除」的音響，以免混淆聽聞，但不宜同時雜用他種音響，致生誤會，至於警鐘，祇可在火災警報時使用。

一般的交通管制，尚能澈底，對于不緊要的

一五

通路，仍應用拒馬遮斷，以便戒備。

(五)關於警備部隊者

警備部隊之任務，原在防止間諜漢奸暴徒等不使乘間擾亂，破壞秩序，或於管制燈火時，施行搶掠，故其兵力，應控置於交通便利地方，並須分爲數處，以便應機出動，且須依巷戰要領，勤加訓練，此次巡邏部隊，盤查多不嚴密，行動又過于緊張，控置地點亦不適當，論其成績，反遜于童子軍，今後應特別注意訓練。

（六）關於燈火管制者

燈火管制，對于上空遮蔽，任何燈火，固應一律消滅，然在黑暗之中，交通治安，諸多顧慮，故須擇最要地點，保留最少數燈火，加以遮蔽。即十字路口的街燈，航路的標燈，車場的信號燈，事實上殆不可少，此次演習，未注意及此，今後應當改正。

漢陽電燈公司，未將室內室外送電路線分開，致聞警報後，不能完全管制，該區爲重工業地帶，關係重大，應速修改良設備。

一七

（七）關於救護者

防空救護，其最要者，厥惟避亂消防防毒檢毒及工程諸事：此次演習，大都過於機械，未能表現眞實狀況，消防動作，反不如平時之緊張，殊爲遺憾·今後宜勤加訓練，防毒組織，未能就全市醫務人員全體動員，亦屬缺點，避亂室，雖有簡單之設置，然未分配某段居民，應在某處避亂室收容，明白規定標示，則臨時避亂民衆，東奔西馳，必致影響交通管制，其危險比受敵機襲擊者，更當厲害。

（八）關於平漢路南段防空者

平漢南段，自信陽以至漢口，防空設備，大致均佳，各種組織，係就車站人員編成，因軍事訓練，比較缺乏，動作稍嫌緩慢。大小各站均有防空地下室，室內皆有防毒消毒的設備，列車的窗戶電燈，車站內的門窗信號燈等，均有黑紗遮蓋，用意甚為周密．他日各站的地下室工事完成，各種設備裝置齊全，必能適合戰時狀況，達成其防空目的

一九

，不過各地下室之入口，概由地平面而直達地下，其深度約距地面三・五米達，倘不幸敵人散播的毒氣，瀰漫入口後，勢必停留該處，不易消散。此點尚宜研究改良。

總之防空演習，原爲一種陸海空聯合動作。不僅武漢市民素無經驗，即各機關職員，各部隊官兵，亦缺少練習・此次參加演習者市民計十八萬，防護區團共一百三十七個，雖因經費困難，設備未周，一切動作，多欠圓滿，然就一般經過而論，尚屬良好，此後演習，倘能加以改革，則官民一致動作，當更確實熟練・

茲就今後應行注意事項，分述如次：

甲·各部隊在平日訓練時，須注重對空之掩護動作，及射擊練習。

乙·應加緊訓練民衆，俾於有事之秋，自行捍衛地方，節減軍警力量，

丙·各學校中應增設防空課目，普及防空知識，並注意訓練救護防毒等實際教育。

丁·各大學之科學教授，應組織研究所，集中研究防毒器材之發明製造。

戊·鄉政人員訓練機關，應設防空情報課目，培

二一

養情報人員。

己・應由地方政府，不時召集當地區務衛生人員，不分公私，一體集中訓練防毒檢毒救護諸動作。

庚・防空司令部對於縱的或橫的聯絡，須更加注意，此次演習情報所，祇能收集情報，而不能將實際情況，不失時機，轉達於防空有關係的各高級機關，及主要部隊，幾使上述各機關各部隊，亦如普通市民同樣感受盲目的狀態，嗣後演習必須注意改正。

以上數端，不過舉其梗概，惟冀同人細心研究，認眞推行，以作防空之基礎，防衛國土，抗禦外侮，倘能遵照
蔣委員長詔示我等訓言「一般市民，平時都有防空的訓練，戰時均能作有效的工作。」切實做到，則一切空防國防事業，不難奏效，斯乃本統裁與諸同人共應勗勉者也。

（完）

三三

## 二・副統裁黃講評

此次防空演習經過，巳由郭司令作詳細的報告，演習成績，並由何主任作剴切的指示・現在我僅從一般原則方面，略加補充，希望各位加以注意！

### (一)關於演習精神及對敵觀察

委員長在南京防空演習講評上訓示我們說，『演習的價值，不應僅從演習動作的本身上去衡量，而應在表現于一般精神及對敵觀念上去評判・』這意思是說一切演習的技能動作，都要演習的精神及由精神所發露出來的對敵觀念・做他的源泉和推動力・故技能動作雖暫時低下幼稚，只要內在的源泉充足，推動力強大，則繼續發展的結果，自然會逐漸提高，以漸達於純熟之域·不然，便形成優孟衣冠，有外表而無內容，失掉了演習的意義和價值。所以演習一般所表現的精神及對敵觀念，不特是代表某一演習的現時價值，而且代表某一演習事項將來發展的前途！關係是非常重大的！此次演習，就個人觀察所及，各級幹部精神，尚不十分貫注，對敵觀念，亦不十分旺盛，這是很大的缺憾，亟應加以矯正的！

(二)關於各種技能及動作

防空演習，在武漢雖是第一次，但京杭湘晉各地，皆曾先後舉行，所以這次演習的技能和動作，是以他處的經驗作基礎，而加以比較選擇，自然比其他各處，較爲敏捷熟練。但嚴格的說，缺點依然很多，此時若詳細講評，所需時間太久，預準隨後由統裁部按照各種業務的性質，逐一加以指示，編印出來，做將來改進的標準。此時僅指出大家不應以小小的收穫自滿，而尚期待更大的努力！

（三）關於指導人民的態度

防空是對於社會一種普遍的防衛；防空事業，是須社會普遍的了解與參加．所以防空演習，有兩個對象：一是我們假想的敵人，一是我們廣大的民衆，對敵人是要講求如何以血還血的手段，所以態度自然要十分的嚴厲；對民衆是要講求如何使大家接受我們的指導以參加我們的事業，所以態度自然要十分溫和愷切．必須把對於這兩個對象所應有的態度分別淸楚，才能收預期的效果．我們不能夠以對民衆的態度來對敵人，也不能夠以對敵人的態度來對民衆！此次參加演習的各級幹部，雖然對於人民的指導頗爲熱心，然態度每失之於粗暴，這是容易惹製民衆的誤會和反感，而失去指導的本意的。

（四）對於防空的眞正認識

關於現代空襲的慘酷，和防空的必要，剛才何主任已經明白指示，但我在此處，尙想稍加補充的：就是近代科學進步，有如何新銳的攻擊武器，也便有如何週密的防禦工具；空襲的慘烈，只能發揮于毫無空防工具的地方，若空防的勢力，與敵人空襲的勢力兩相平衡，卽能正負相消，而使空襲失去效果．例如綏遠抗戰，在開始的時候，我方因無對空武器，頗受損害；及後我們有了相當的防空武器，敵人的飛機不敢低飛，所加于我們的損害甚小，還能克復百靈廟及大廟；由此看來，防空的眞正意義，不是徒給民衆以空襲慘酷的印象，以養成其恐怖心理，是要因空襲的慘酷，以引起防空的决心！講求防空的手段！發揮社會健全的精神和物力，去抵消敵人空襲的殘酷！這才是眞正的防空！這才是民族自救之道！消極的恐怖心理，不特于事無濟，而且可以增加敵人空襲的精神效果的。

（五）對於防空今後之希望

最後對於今後的防空，我還有幾點希望：

1. 防空要民衆化　這次演習，是以軍警爲主力。但空襲是社會普遍的災害，須要社會普遍的力量來抵抗或救濟。僅僅軍警力量，不特決不够用，且一旦國際戰爭開始，軍警必須執行他特定而更重要的工作，想使其担任防空主力，乃不可能之事。所以那時一定要民衆自己來担任防空，並且祇有民衆自己担任防空，這種防空才廣大而週密！防空民衆化，是今後防空努力的第一義！

2. 努力防空之物質建設　防空不是一句空話，是要把握住現在科學的動向，而作切實的物質建設。第一關于防毒面具，現在多係假設，假定武漢在戰時須

[redacted]要出動二十萬人，平時便要購備十萬乃至二十萬防毒面具。其次高射槍砲，僅靠政府準備，是不容易充實的。應當仿照去歲購機祝壽的辦法，發起一種防空建設的廣大的社會運動，以社會的力量，購置防空的槍砲及其他各種防空的器材。

3. 防空學術之研究　防空雖發軔于第一次世界大戰中間，但將防空作科學的系統研究，還是大戰以後的事實，所以防空學術，在先進國家，已經祇能算是萌芽，在中國更爲幼稚。這次演習，只是將過去所得的加以測驗，更以測驗的結果作以後研究的資料，這樣才能不斷的進步，以達到預期的目的．所以大家此後自動的繼續研究，是非常重要！

4.社會組織之調整　防空既須以社會爲主力，則社會的組織，一定要適合于防空的要求！但現在武漢各社會團體的組織，如救火會救護隊等，多失之散漫，指揮連絡，均感困難，則運用時自難期敏活．所以負責人員，要根據這次所得的經驗，按照防空的要求，將各種社團組織，加以調整！

大家要知道這次演習，是表示今後武漢防空建設的開端！這次講評，是指出今後武漢防空建設的途徑！大

家不要因演習完結，而鬆懈了今後的努力！（完）

三四

武汉防空演习日期时间及各种警报时期注意事项概见表（一九三七年三月）

# 武漢防空演習日期時間及各種警報時期注意事項概見表

|  |  |
| --- | --- |
| 演習日期 | 三月十五日(白天) |
| 時間 | 上午七時起至九時止<br>下午二時起至三時三十五分止 |
| 警報時期 | 市民注意事項 |
| 空襲警報時期 | 1. 一切須服從防護團員指導。<br>2. 如行至中途者，趕緊回家。<br>3. 如不能回家，速避入附近人家，或避難室。<br>4. 各商店俱將店門關閉，(卽上鋪板)各住戶俱關門閉戶。<br>5. 管理小孩，不要外出。<br>6. 重要物件及容易燃燒各物，務存安全之處。<br>7. 預備防毒面具，或防毒口罩。<br>8. 預備消毒藥品。(如漂白粉，苛性鈉，次亞硫酸鈉，石炭酸鈉等。)<br>9. 事先多備砂土，多存水，以備消防之用。<br>10 要鎮靜，不准喧嘩。<br>11 注意緊急警報。 |
| 緊急警報時期 | 1. 絕對肅靜。<br>2. 如在途中，趕緊伏臥路旁。<br>3. 如在郊外，則臥于低窪之處，或田隴間。<br>4. 車馬須停于隱蔽處，將馬拴好，人再躲藏。<br>5. 輪船帆船，均須停駛。<br>6. 時時刻刻要注意毒氣及火災警報。<br>7. 如被毒氣攻擊時，趕緊帶上防毒面具，或防毒口罩。<br>8. 如被燃燒彈燒着房屋，應按照撲救燃燒彈方法，用土掩蓋。<br>9. 如鄰居着火，須奮勇援助，一面報告消防隊或崗警。<br>10 協助消防隊救火。<br>11 如有中毒，或火傷炸傷者，速報告救護隊。<br>12 切勿進入毒化區。<br>13 注意解除警報。 |
| 解除警報時期 | 1. 一切恢復平時狀態。<br>2. 仍須服從防護團員指導。 |

## 三月十五日（夜間）

晚七時三十分至八時四十分

**空襲警報時期**

1. 熄滅屋外燈火。（如廣告燈・招牌燈・裝飾燈・門燈・及類此者）。
2. 餘與晝間空襲警報時注意事項同。

**緊急警報時期**

1. 屋內燈火不需要者，熄滅，必需要者，須用黑布罩，使光線不外洩，窗戶亦須作黑布窗帘。
2. 其餘各種燈火，按照前發燈火管制市民須知各圖辦理。
3. 各種發光體，亦須遮蔽。
4. 如遇婚喪事故，亦得立時停止，不准隨意開放燈火。
5. 如燈火管制不嚴密，經防護團員之指導，須絕對遵從。
6. 事先預備臘燭，油燈，以備臨時應用。
7. 其餘注意事項，與晝間緊急警報時同。

**解除警報時期**

1. 先開放屋內燈火。
2. 再開放屋外燈火。
3. 其餘注意事項與晝間解除警報時同

| | | | |
|---|---|---|---|
| 三月十七日（白天） | 上午六時四十分起至九時三十分止 下午一時起至三時三十分止 | 各種警報與十五日同 | 與十五日同 |
| 三月十七日（夜間） | 晚七時起至八時止 | 與十五日同 | 與十五日同 |
| 三月十八日（白天） | 上午七時三十分起至十時止 下午二時起至四時止 | 與十五日同 | 與十五日同 |
| 三月十八日（夜間） | 晚七時三十分起至九時止 | 與十五日同 | 與十五日同 |

附記

一、本表因天候氣象變遷，其日期及時間，均得臨時變更之。

二、此次演習，含有敎示性質，均將演習日期，時間，及應注意事項預先告知民衆，以資誘導，將來舉行第二次演習時，均絕對秘密。

中華民國二十六年三月 日 武漢防空司令部第一處編印

湖北省政府保安处关于七月二十七日起实施防空尤以夜间防空为重致各防空情报支部监视队哨、各区保安司令部等的电（一九三七年七月二十八日）

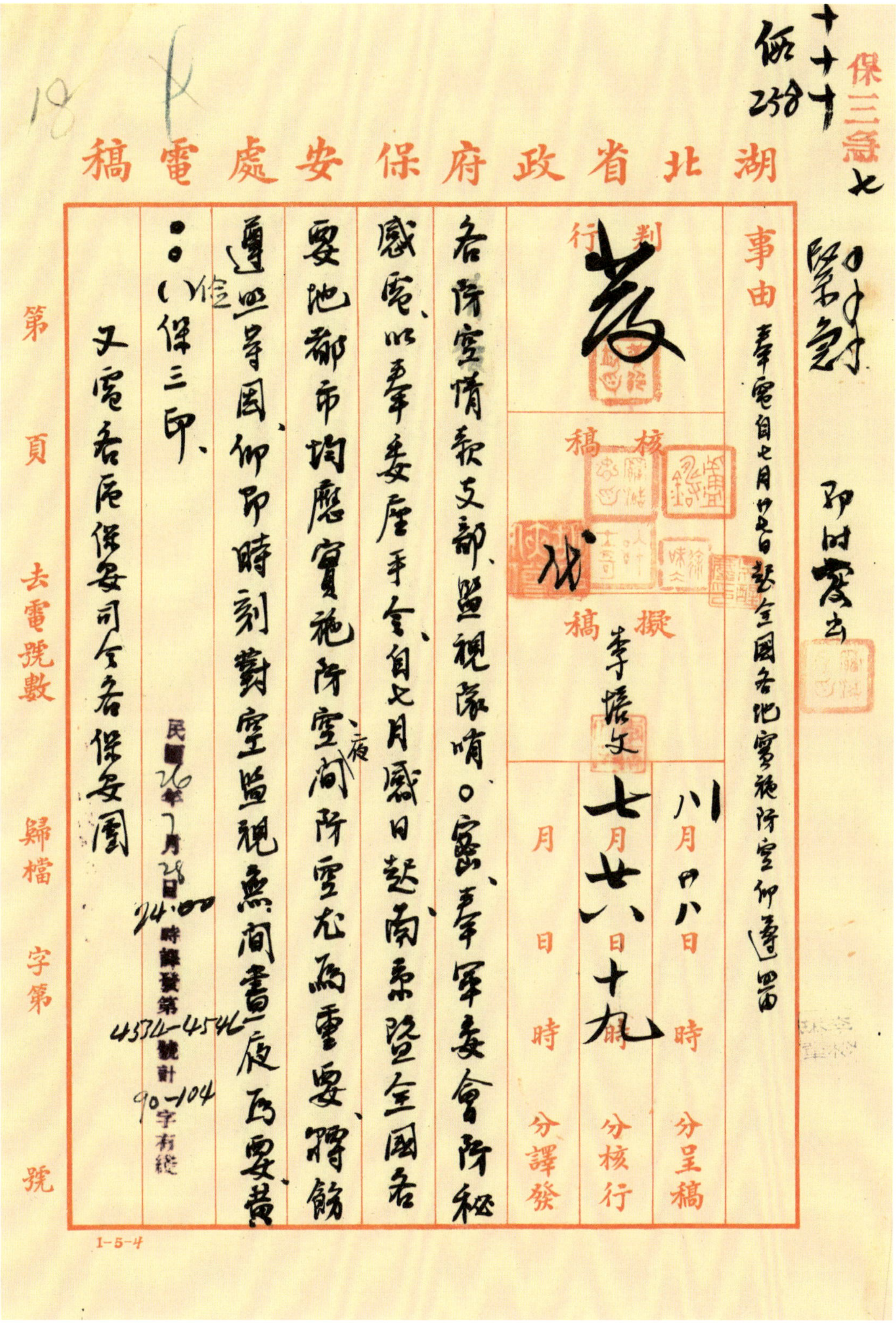
湖北省政府保安處電稿

事由：奉電自七月廿七日起全國各地實施防空仰遵照由

各防空情報支部、監視隊哨。密。奉軍委會防秘感電，以奉委座手令，自七月感日起，南京暨全國各要地都市均應實施防空，而夜間防空尤為重要，轉飭遵照等因。仰即時刻對空監視，無間晝夜為要。保三印。

又電各區保安司令、各保安團

# 湖北省政府保安處電稿

各區保安司令、各保安團長、○密、奉軍委會防秘感電、以奉委座手令、自七月感日起、南京暨全國各要地都市、均應實施防空、夜間防空尤為重要、轉飭遵照等因、仰即飭屬一體遵辦為要、黄○○儉保三印、

民國26年7月28日22時譯發第4508-4533號 計75字 有綫

第　頁　去電號數　歸檔　字第　號

1-5-4

# 武汉警备司令部关于再拨防空高射炮两连或一连及高射机枪致湖北省政府的代电

（一九三七年七月二十八日）

七、廿九、廿二时五十分到

武漢警備司令部快郵代電

湖北省政府黃主席賜鑒：密。頃奉軍事委員會防秘感電，以奉委座手令，自七月二十七日起，南京暨全國各要地都市即應實施防空等因。奉此，當復以儉參二電，文曰：「密。當極力遵辦。惟中空防空現僅撥到三公分七高射砲一連，實感不敷，可否再撥兩連或一連，伏候核示。又低空防空因無高射機槍，僅就武漢駐軍湊集有高射裝置之重機槍約五十餘挺担任，謹併呈核」等語。謹聞。武漢警備司令郭懺。儉參二印。

監印斯藏章 校對譚叔隆

參字第2249號 共 頁

字第 頁（共 頁）

年 月 日到

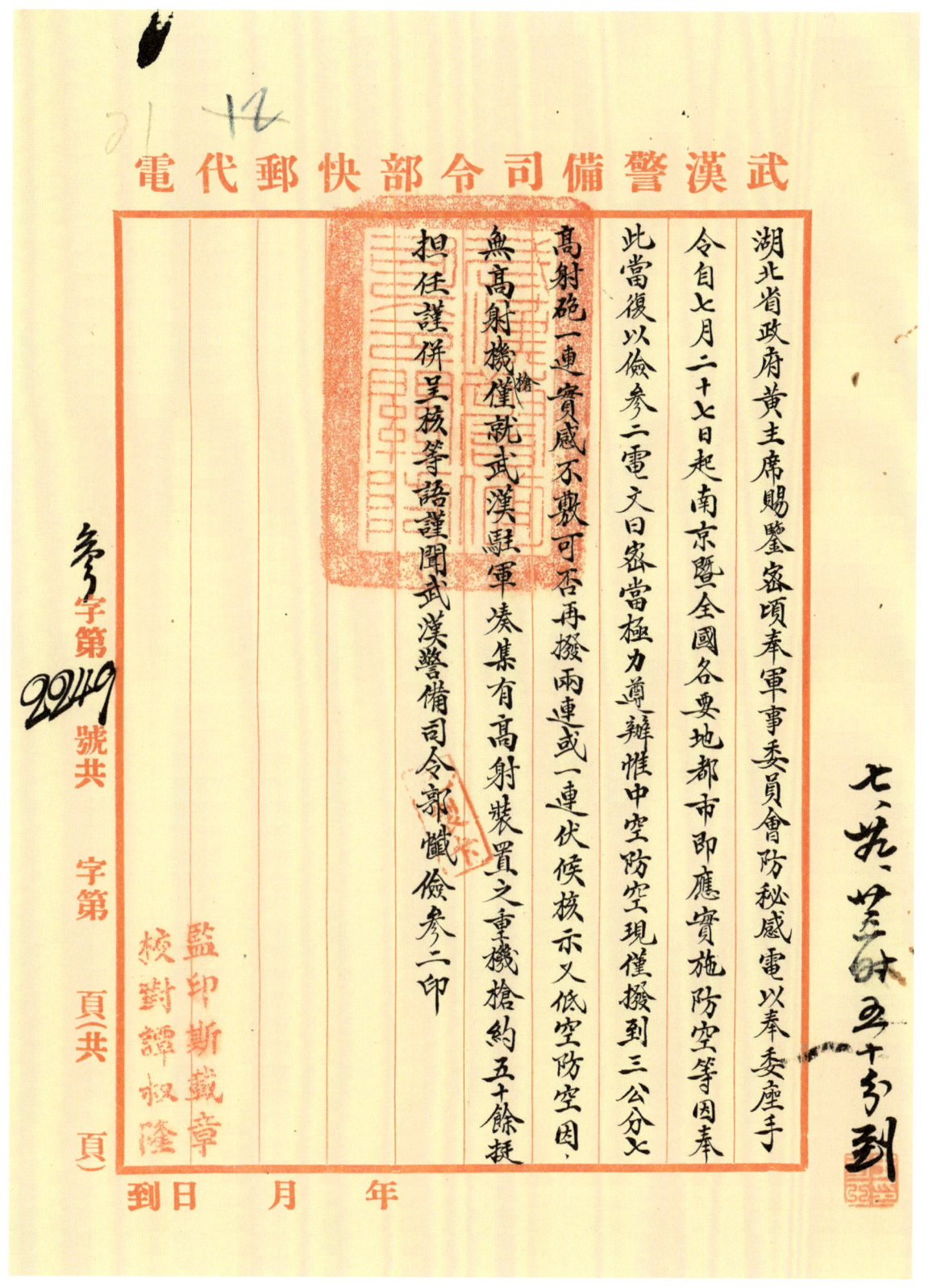

湖北省政府关于空袭警报发出后所有各厅处局人员立即进入防空壕违者立即拘捕致秘书处的密令

（一九三七年九月二十五日）

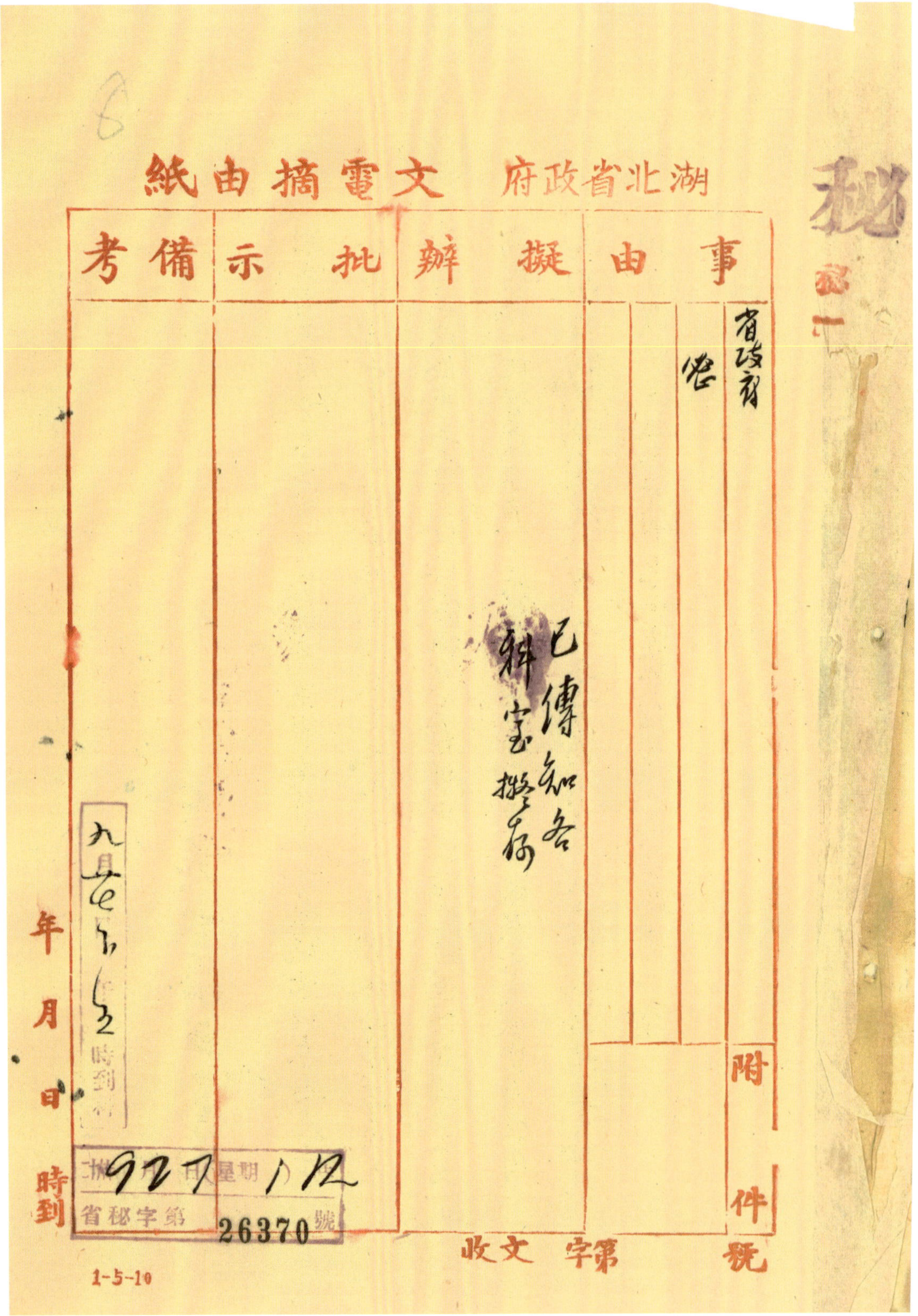

9

事由 密不錄由

# 湖北省政府密令

省保三字第 34574 號

令秘書處

查本府為本省最高行政機關，自屬敵機圖襲目標之一，乃查昨日敵機襲擊武漢，發出緊急情報敵機已到武漢上空之後各廳處局職員公役固多已進入防空壕，仍有少數員役，首則聚衆瞻望，既見敵機投彈，又成群倉皇奔逃，再已進入防空壕者，或談笑喧嘩，或出壕瞭望，似此暴露目標最易誘敵轟炸，確保安全起見規定嗣後空襲警報發出以後，所有各廳處局員役，除担任防護團任務者外，其餘概須進入防空壕，不得在外稍事逗留，萬一防空壕不敷分配，即在紀念堂前面收發、繕校及饍堂各矮屋內屏息靜坐，絕對不許出外瞭望及高聲談笑。各防護團人員，亦應側身屋簷樹下，設法隱蔽，務期避住目標，減少損害，倘敢故違，准由防護團長立刻拘禁，並予撤革，除分行外，合亟令仰該處飭屬一体懍遵為要！切切！！

此令。

中華民國二十六年九月廿二日

主席兼全省保安司令黃紹竑

保安處長丁炳權

武汉防空司令部关于空袭停电及修复炸毁电路事宜致汉口既济水电公司的指令（一九三七年十月十一日）

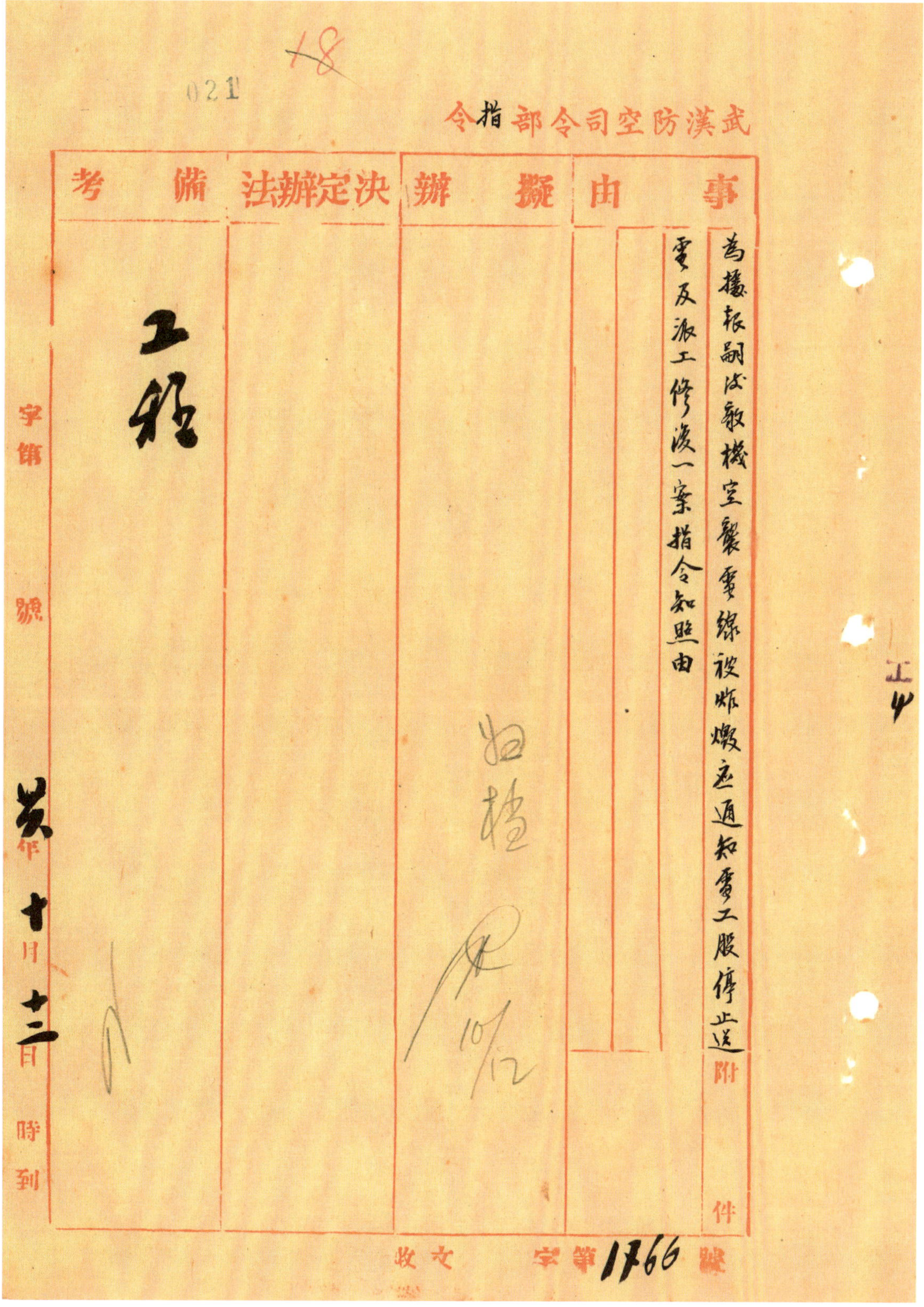
021

武漢防空司令部指令

| 事由 | 擬辦 | 決定辦法 | 備考 |
| --- | --- | --- | --- |
| 為據報嗣後敵機空襲電線被炸燬應通知電工股停止送電及派工修復一案指令知照由 | 歸檔 | | 工程 |

附件

字第　號

十月十二日到

收文字第1766號

# 武漢防空司令部指令

防三字第258號

令漢口既濟水電公司

廿六年十月八日呈乙件：為呈報嗣後敵機空襲擬將全市線路無論日夜一律停止供電，如遇線路損壞即請轉飭通知電工股即將該供電暫停派員檢查修理，以免危險由

呈悉。除令漢口防護團轉飭遵照施行外，仰即知照！此令。

中華民國廿六年十月十一日

司令

副司令

# 汉口防护团关于空袭发生时全部电路一律停止供电致既济水电公司的训令（一九三七年十月二十五日）

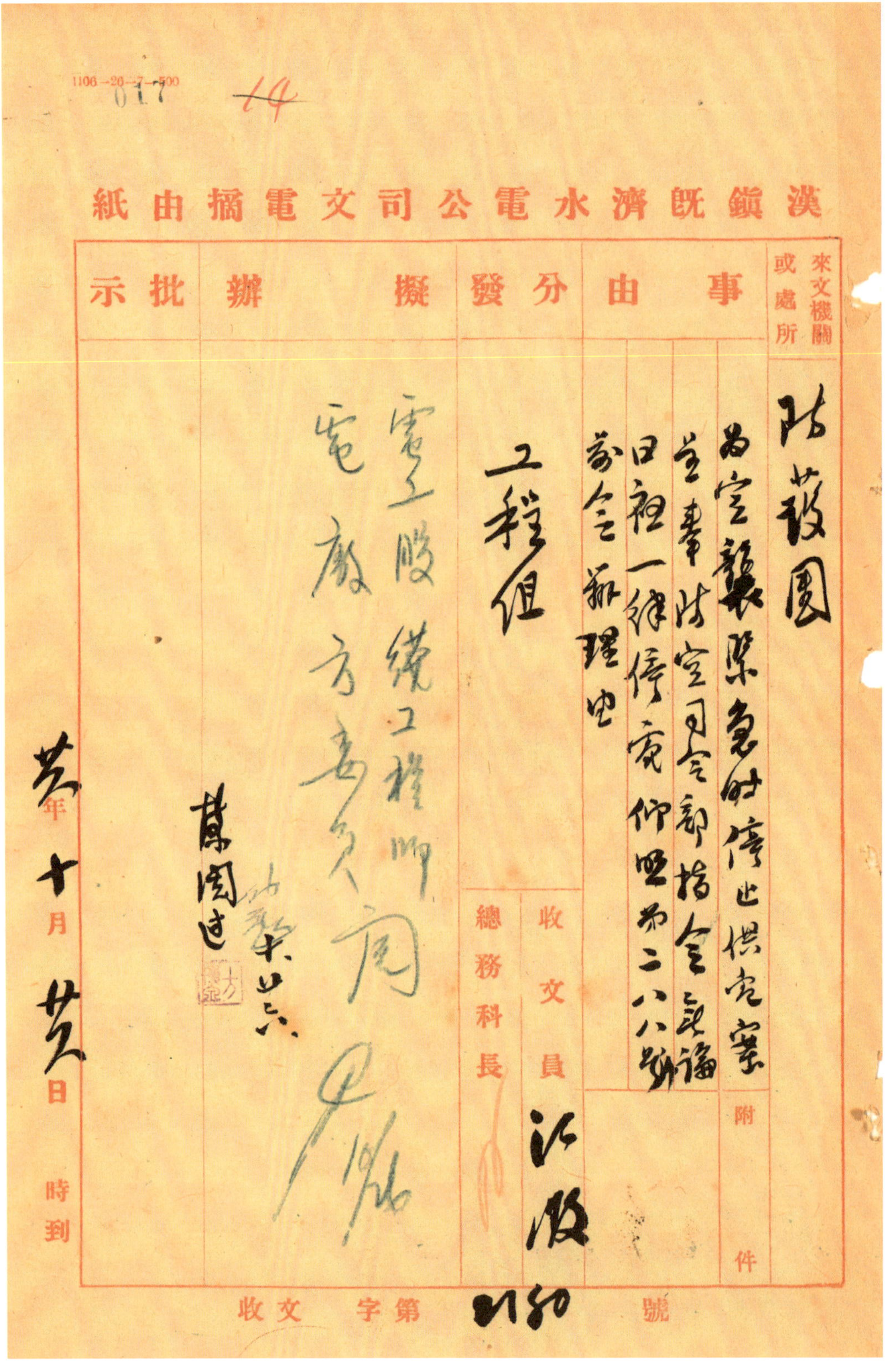

1106-26-7-500
017
14

漢鎮既濟水電公司文電摘由紙

| 來文機關或處所 | 事由 | 分發 | 擬辦 | 批示 |
| --- | --- | --- | --- | --- |
| 防護團 | 為空襲緊急時停止供電案 並奉防空司令部指令飭諭日起一律停電仰照前二八八號令辦理由 | 工程組 | 電工股纜工程師 電廠方面各人閱 10/26 | 葉閱過 十月廿六 |

附件

總務科長

收文員 汪股

廿六年 十月 廿六日 時到

收文 字第2180號

# 漢口防護團團本部訓令　防灯字第　號

令既濟水電公司

案查前據該公司呈復關於敵机空襲至緊急警報时，擬將全市電燈線路無論日夜一律停止供電等情一案，當經據情轉呈

武漢防空司令部核示，並批示暨令行知照在案。茲奉防空字第三五二號指令內開：

「呈悉。查緊急警報時，無論日夜，全市線路應一律停止供電，前據既濟水電公司呈報到部，業經以防空字第二八八號令飭該團遵照在案。仰即知照。此令。」

等因。奉此，除分令外，合行令仰該公司即便知照。

此令。

中華民國廿六年十月　日

團長陳希曾

25

武阳汉各防护分团检查情况成绩表（一九三七年十月）

# 武陽漢各防護分團檢查成績表

| 團別 | 優點 | 劣點 | 成績 | 備考 |
| --- | --- | --- | --- | --- |
| 軍政部漢口倉庫分團 | 設備完全 | 避難室作法不適當 | 乙 | 就一堅固房屋堆置砂包二蓋鋼板 |
| 軍政部製呢廠分團 | 消防設備良好 | | 乙 | 備有十六匹馬力輕便机一部 |
| 軍政部武昌製革廠分團 | 設備稍有組織尚合法 | | 乙 | |
| 軍政部被服廠分團 | 組織健全設施完善尤以消防設備最好 | 利用原有水池改作地下室抗彈力弱 | 甲 | |
| 軍政部軍械庫分團 | 消防設備完好 | 無避難室 | 乙 | 備有六匹馬力輕便机一部 |
| 武漢行營軍法處分團 | | 組織設施不完全 | 丁 | |
| 武漢警備司令部分團 | 組織健全設施完備 | | 甲 | |

| | | | | |
|---|---|---|---|---|
| 武漢警備旅司令部分團 | 組織合法設施完善 | | 甲 | |
| 禁烟督察處分團 | 設備稍有 | 無避難室 | 丙 | |
| 江漢工程局分團 | 消防設備及利用地窖為地下室均良好 | 無灯火設備 | 乙 | |
| 鄂岸鹽務硝磺總局聯合分團 | 組織設施完備 | | 甲 | |
| 鄂豫區稅務局分團 | 設備均有 | 無地下室 | 乙 | |
| 湖北電政管理局分團 | 設備畧有 | 組織不健全 | 丙 | |
| 湖北郵政管理局分團 | 設備完善 | | 甲 | |
| 商品檢驗局分團 | 組織設備完善 | | 甲 | 備蓄水庫一個可容納三千公斤 |
| 漢口招商局分團 | | 設備簡陋訓練毫無 | 丁 | |

| | | | | |
|---|---|---|---|---|
| 漢口市政府分團 | 組織設備均完全 | | 乙 | 地下室正建築中 |
| 漢口市黨部分團 | 組織設施尚可 | 訓練欠差 | 乙 | |
| 湖北審計處分團 | 組織合法設施完好 | 救護器材無設施 | 乙 | |
| 湖北高等法院分團 | 組織設施尚好 | 地下室構築不完備 | 乙 | |
| 湖北第一監獄分團 | 設備均好 | 地下室構築不得法 | 乙 | |
| 參謀本部陸地測量局分團 | 消防灯火均有設備有防空壕一個可容七十人 | 分團無訓練 | 乙 | |
| 湖北省黨部分團 | 消防灯火管有設備避難室就屋後蛇山挖有土洞三個可以防彈 | | 乙 | |
| 武昌電話局分團 | 灯火消防畧有設備 | 無地下室防空壕 | 乙 | |
| 湖北少年監獄分團 | 組織設備均好並[illegible]園內建有地下室一個可容百餘人 | | 乙 | |

| | | | |
|---|---|---|---|
| 中華大學分團 | 組織稍備 | 設施甚差 | 丙 |
| 華中大學分團 | 設有防空壕三個 | | 乙 |
| 漢口聖若瑟女中分團 | 組織尚可地下層避難良好消防設備甚佳 | | 甲 |
| 漢口震旦中學分團 | 消防設備尚可 | 組織毫無 | 丙 |
| 博學中學分團 | | 組織設施欠完善 | 丙 |
| 漢市立職業學校分團 | 組織設備尚稱完善 | 避難設備欠佳 | 乙 |
| 漢口上智中學分團 | 校舍地下層避難良好消防設備完善 | 團員稍欠充實 | 甲 |
| 漢口第一女中分團 | 消防設備尚完好 | 組織已有但欠健全避難亦無設備 | 乙 |
| 漢口光華中學分團 | 組織健全設施完善 | | 甲 |

| | | | | |
|---|---|---|---|---|
| 漢口漢光中學分團 | 消防設備尚可 | 組織欠健全避難設備不安全 | 乙 | |
| 漢口市立第一中學分團 | 組織設施尚佳 | 避難[illegible]好[illegible] | 乙 | |
| 漢口育賢八中分團 | | 組織設施均欠健全 | 丙 | |
| 武昌省立高中分團 | 僅有消防設備尚可 | 組織未合規定 | 丙 | |
| 安徽旅鄂中學分團 | 組織健全 | 各種設備不佳 | 丙 | |
| 武昌省立七小分團 | 組織尚可 | 設備不好 | 丙 | |
| 武昌藝術專校分團 | 組織完全設備尚佳 | | 乙 | 後棟房屋數進均已朽恐易震倒 |
| 武昌省立十小分團 | 組織已有 | 設備不全 | 乙 | |
| 武昌善導女中分團 | 組織設備尚可 | | 乙 | |

三

三

| | | | | |
|---|---|---|---|---|
| 武昌大公中學分團 | 組織及防空設備均可 | 構築之防空壕太不堅實 | 乙 | |
| 武昌省立六小分團 | 組織尚可 | 設施簡陋 | 丙 | |
| 武昌成達女中分團 | 組織設施均可 | | 甲 | |
| 武昌張楚中學分團 | | 組織設備均欠完善 | 丙 | |
| 武昌省立九中分團 | 組織健全設施完善 | | 甲 | |
| 武昌省立一小分團 | | 僅有組織毫無設施 | 丙 | |
| 武昌實驗學校分團 | 組織健全設備完善 | | 甲 | |
| 武昌女子師範分團 | | 僅有組織設備欠佳 | 丙 | |
| 武昌商業職業學校分團 | 組織健全 | 設施欠完備 | 乙 | |

| | | | |
|---|---|---|---|
| 武昌首立八小分團 | 組織尚可 | 設施欠佳 | 乙 |
| 武昌楚材中學分團 | 組織健全設施完備 | | 甲 |
| 漢陽初中分團 | 組織設備尚可 | 防空溝構築不佳 | 乙 |
| 武昌農村合作會分團 | 設備上稍有規模 | 組織欠健全 | 乙 |
| 武昌航政局分團 | 組織健全設備完善 | | 甲 |
| 漢口稅捐稽徵處分團 | 組織尚稱健全設備亦可 | 避難室尚無健全設備 | 甲 |
| 漢口市立醫院分團 | 組織健全救護防毒設備最佳 | 避難室欠無設備 | 甲 |
| 漢口第二監獄分團 | 各種防空設備均有相當規模 | 無分團組織警備尤不良好 | 乙 |
| 漢口婦女救濟會分團 | 組織健全消防設備尚可 | 房屋陳朽人數眾多設備應力求健全 | 乙 |

四

| | | | |
|---|---|---|---|
| 漢口協同醫院分團 | 組織設備均健全 | 團員多係女看護似嫌力量薄弱 | 乙 |
| 漢口長途電話局分團 | 組織健全防毒消防均有相當設備 | 避難位置欠安全 | 乙 |
| 民生紗廠分團 | 組織尚可設施完善 | | 甲 |
| 上海銀行分團 | 組織健全設備完善 | 團員欠訓練 | 乙 |
| 亞新地圖社分團 | 組織設備均可 | | 乙 |
| 曹祥泰肥皂廠分團 | 組織健全設施完備 | | 甲 |
| 裕華紗廠分團 | 組織健全設施完全 | | 甲 |
| 大成紗廠分團 | 組織設備尚可 | 團員無訓練 | 乙 |
| 申新紗廠分團 | 組織設備均有相當規模 | | 乙 |

| | | | |
|---|---|---|---|
| 既濟水廠分團 | 組織健全訓練週到 | 無避難場所 | 乙 |
| 漢口肥皂廠分團 | 設備稍有 | 組織不健全 | 乙 |
| 謙祥益布店分團（東西兩號同） | 組織尚可設備稍有 | 團員無訓練 | 乙 |
| 漢正街怡和布店分團 | 組織設施均有相當規模 | | 乙 |
| 葉開泰藥店分團 | | 組織設備均欠健全 | 丙 |
| 聚興誠銀行分團 | 僅有消防設備 | | 丙 |
| 凌霄遊戲場分團 | 組織完善 | 設備訓練均欠缺 | 丙 |
| 新市場分團 | 組織尚可 | 設備訓練並無 | 丙 |
| 冠昌機器廠分團 | 組織大體完全 | 設施訓練尚欠適當 | 丙 |

丙

| | | | | |
|---|---|---|---|---|
| 中國銀行分團 | 組織健全 設施完善 | | 甲 | 蓄水池電話滅火機均敷使用 |
| 湖北省銀行分團 | 組織健全設施完備 | | 甲 | |
| 金城銀行分團 | 組織尚合 | 設施與訓練不佳 | 丙 | |
| 商業銀行分團 | 組織完全蓄水設施及馬達均完備 | | 甲 | |
| 穗丰打包廠分團 | 組織與消防設備均好 | | 乙 | |
| 三北公司分團 | 組織尚全 | 設施訓練尚欠周到 | 乙 | |
| 漢陽縣政府分團 | | 組織設施均不完備 | 丙 | |
| 丹水池派出所分團 | 組織完全 | 設施欠佳 | 丙 | |
| 漢口第一女中 | | | | 無組織設施 |

| | | | | |
|---|---|---|---|---|
| 漢口商業學校 | | | | 仝右 |
| 漢口漢江中學 | | | | 仝右 |
| 漢口心勉女中 | | | | 仝右 |
| 漢口江漢關 | | | | 仝右 |
| 軍政部差輪管理所 | | | | 仝右 |
| 漢口總商會 | | | | 仝右 |
| 軍政部軍醫署 | | | | 仝右 |
| 武昌無線電台 | | | | 仝右 |
| 武昌女青年會 | | | | 仝右 |

六

| | | | | |
|---|---|---|---|---|
| 武昌青年會 | | | | 組織設備毫無 |
| 應城石膏公司 | | | | 仝右 |
| 南洋烟廠 | | | | 仝右 |
| 燮勝火柴公司 | | | | 仝右 |
| 漢口六十分廠 | | | | 仝右 |
| 漢口五署泰和浴 | | | | 仝右 |
| 漢口太明電池 | | | | 仝右 |
| 江漢路既濟水電公司 | | | | 仝右 |
| 武漢印書館 | | | | 仝右 |

| | | | | |
|---|---|---|---|---|
| 三佛閣關岳廟 | | | | 仝右 |
| 永濟茶廠 | | | | 仝右 |
| 漢興戲院 | | | | 仝右 |
| 共和戲院 | | | | 仝右 |
| 嘉利洋行 | | | | 仝右 |
| 中國煤氣公司 | | | | 仝右 |
| 漢口第一毛絨廠 | | | | 仝右 |

# 武阳汉各防护分团检查总讲评（一九三七年十月）

武陽漢各防護分團檢查總講評

本部為使武陽漢各軍政機關學校工廠銀行商店能自行防護減除敵機所予損害起見特分別函令各組防護分團並從九月十日起至十五日止請

武漢行營　湖北省政府漢口市政府派遣指導官會同本部分別實施檢查茲將各指導官及檢查人員報告彙列成冊並將各項缺點及今後應行改良事項分述如左：

甲、各分團缺點：

一、分團組織

各軍政機關學校工廠銀行商店所組分團之範圍應以各該分團地區之大小人力財力之多寡分別設置各班以適合該分團本身防護之需要，乃查各團體按情形應組十班者僅組數班應組數班者又復組十班必需組織者竟毫無組織

此種不切實際情形應即分別詳細考慮從速改正

二、團員素質

各班團員素質多不合實際要求例如消防班之團員必須年輕力壯勇敢耐勞用以撲滅大災方能勝任而各分團多以老弱員工及文雅職員担任消防團員如遇大災不獨不能即時撲滅恐反有任聽擴大之虞其他各班更可類推此點亟宜改正

三、團員訓練

各分團團員均未訓練不獨對於防毒救護毫無常識甚至於有對警報音响亦不能辯別者此種情形足見大多數機關僅有分團之名應即加以訓練強化其防護能力徒具形式似非所宜

四、團員符號臂章

各分團團員有符號臂章齊全者有符號臂章毫無者有由

本團自製者有由區團發給者其情形極為複雜按分團組織之目的在自衛其活動之範圍僅限於本團體以內故本部對於分團團員之符號臂章未加規定以免各分團團員在緊急警報之後祇有符號臂章藉故到處活動致遭無謂之損害茲規定各分團團員之符號臂章僅為本分團活動之識別如越出本團範圍則概行禁止至分團與區團之連繫則可呈請所在地之區團發給各班長符號臂章各一枚以資便利

五、燈火設備

查燈火管制所需之門窗黑幕、雜燈黑罩等各分團尚有全未設置者在空襲時施行燈火管制以後設遇有必須點燈之事件發生時必有黑色燈罩之設置方能點用雜燈以資救濟故各分團對於燈火遮蔽仍須妥為設置以利空防

六、消防設備

各軍政機關工廠銀行對於消防設備尚屬健全各學校商店則多屬簡陋甚至有全無設備者所有各分團對於砂包之設置其大小既不合用其位置亦不適當應由各分團火速分別籌辦妥當並與各團員說明其使用方法以減少燒夷彈之慘害

七、避難設備

各分團設置地下室及防空壕者為數極少尤以各學校人數衆多毫無此項設備實屬危險凡未設地下室及防空壕之分團應儘量按照分團本身之人力財力妥為設置以寧員工精神上之安慰

八、防毒設備

各分團對於防毒設備殊屬簡陋甚至有完全未備者綜合各分團主官之陳述以限於分團財力無法籌辦此種情形固係事實但簡易之防毒口罩及藥劑價值既廉使用亦便各分團應即火速分別購置

九、救護設備

查備有救護人員藥品及担架床之分團多為軍警機關其他機關團体則概無此項設置如遇灾害實難自行施救而仍須仰給於區團如區團無力援助則必遭極大之損失此種情形不合分團組織原則應速設法補充俾便自救

乙、改良事項：

一、防護分團之組織以在某區團所轄地域內之學校機關工廠銀行商店含有永久集合性之人員為主其他有定期或臨時集合之團體不得請求組織

二、防護分團內之各班應就環境之需要酌量成立如警備消防救護防毒避難燈火管制等班其他各班若人數不足或地域狹小時則可暫緩組織

三、防護分團長應以原機關學校銀行工廠商店之負責人充當

則指揮運用便利不致互相推諉或數行、

四、防護分團最低限度應儘先設備燈火管制之遮蔽裝置消防之砂包水缸滅火機防毒之口罩、藥劑避難之地下室或防空壕救護之担架及藥品等等

五、防護分團應將全部團員分為二班或三班除於白晝遇到空襲則全體動員外更應依照班次輪流值宿以便夜間工作

六、防護分團執行業務之範圍以在本分團內活動為原則不得在分團以外自由行動

七、防護分團之臂章僅作本分團內執行業務之識別不作通行證之用必要時得由所在地之區團發給各班長符號臂章各一枚以資連絡

八、防護分團對於本分團之重要財物簿據文書等應特別注意警備防護

九、防護分團團員不能規避國民兵役（即社會軍訓）

十、各防護分團不論其本機關在軍政系統上之大小應受當地

區團之指揮

綜上所述各項缺點及應行改良事項各分團應按本身環境分別

改正並辦理妥善以保武漢整個之安全為要

# 武汉防空司令部关于订购武汉防空高射兵器之经过情形的报告（一九三七年十二月二十八日）

#4

Gen. No. 2761

File No.

52

機密

秘書股

30

(3)

訂購武漢防空高射兵器之經過情形

查自抗戰以來，敵機到處轟炸，武漢居腹心重鎮，早為敵方蓄意破壞之目標，而我空防力薄，自亦無可諱言，政府既兼顧未遑，民衆宜力謀自衛，爰於廿六年十一月二日，呈由行營召集武漢各界會議，公決由武陽漢三鎮各界，攤款購辦高射兵器經費壹伯陸拾萬零伍千元，尋因平漢粵漢兩路局，奉行營核准，不能擔任此項地方費用，實計壹伯肆拾萬零伍千元，連同徵收三鎮之房租一個月（規定分三個月繳齊前謂可望收到壹伯萬元現在聞只能約收柒拾萬元）約共貳伯壹拾萬零伍千元，均交由中中交農四行分別代收存儲，至款項支付，由漢口商會，銀行公會，漢口業主會三會主席負責，規定提取款項時，須經二人以上簽字，並公推周會長星棠，潘經理銘新為簽訂合同代表，前往南京洽辦，此當初之經過情形如此，嗣訂購各種高射武器，以缺貨關係，共分兩批進行：

第一批：由本部姜副處長顯謨，會同周會長星棠、潘經理銘新，向南京兵工署接洽，經訂妥雙管固定式二公分高射小礮六尊，每尊附曳光彈貳千發，爆炸彈肆千發，單管旋式二公分高射小砲十二門，每門附曳光彈壹千發，爆炸彈貳千發，彈葯前車一輛，計價值英金伍萬柒千肆佰壹拾壹鎊十九先令，當議定定貨交貨，各付半數，現已付給二分之一價洋肆拾捌萬叁千肆佰餘元。

第二批：係本部姜副處長與潘經理在南京兵工署洽妥後，周會長星棠因已先回漢口，此事未參加接洽，由行營、主任何電兵工署轉托柏林譚專員訂購匈牙利四公分高射砲八門，彈壹萬貳千發，計價值英金陸萬肆千叁佰貳拾鎊，並議定訂約起運各付半數，是時國府已開始西移，本部鑒於情況遷變，中央高射砲，當可用於武漢，遂急電請兵工署轉知譚專員停購，惜爾時兵工署正由京遷

漢途中，待到漢口再致電柏林，業已不及，本部因退約不成，為顧慮
地方財力起見，曾呈請
行營主任何電懇
委座帮助半數，亦未能辦到，嗣准兵工署復函：以據譚專員電稱
匈牙利高射兵器，業已成約，議定訂約起運，各付半數，事關國
際信譽，請設法維持，不能改約，等由，當以四公分高射砲，既經
訂購，不能變更，只有遵約照購，以免損失國際信用，經於十二月廿
三日函請中央銀行先行撥付伍拾萬元，兌換金鎊，交由兵工署轉滙
在案，此項四公分砲八門，約定本年十二月底，即可起運漢堡交貨，所
差大半數，自亦應赶日籌付，萬難延緩。
總計一二兩批高射兵器，約共值國幣貳佰貳拾餘萬元，除兩次函
請中央銀行撥付玖拾捌萬叁千肆佰餘元外，尚欠付國幣約壹佰貳拾
餘萬元，已分別函請各界將攤認數目，全數即日繳足，至房租一項

須三個月方可收齊，為謀應急計，已請
行營主任何轉飭湖北省政府財政廳，以房捐收入作抵，向銀行界商
借柒拾萬元，以資應付，此訂購武漢防空高射兵器之經過情形
深恐各界不知梗概，謹詳為報告如右，並抄同兵工署公函及譚
專員電各一件，送請
察閱

武漢防空司令部敬啓 十二月二十八日

武汉防空司令部关于集资购办高射兵器事宜致中央银行汉口分行的代电（一九三八年四月九日）

57

中央銀行漢口分行到文簽

第4293號

| 來文處所 | 防空司令部 防經235 電 |
| --- | --- |
| 收到日期 | 二七年四月十一日收到 |
| 事由 | 集資購辦高射兵器事函告收支數目及款已匯港即待匯港 |

經理 | 副理 | 辦法

發行專員 | 主任

課員

軍法

58

# 武漢防空司令部快郵代電

中央銀行李經理炭章：查集資購辦武漢防空高射兵器一案，計由武陽漢各界攤認壹百叁拾貳萬壹千元，湖北財政廳繳解中央銀行徵收房租叁拾萬元，并以未徵齊之房租數目向銀行界抵借叁拾萬元，復有不敷之數，蒙主席何面允由財政廳墊撥拾伍萬元，共計收入貳百零柒萬壹千元。呈交出部份，計第一次六公分高射兵器價款玖拾伍萬柒千柒百肆拾壹元肆角柒分，第二次四公分高射兵器價款壹百壹拾萬零捌千玖百伍拾貳元零捌分，共計貳百零陸萬陸千陸百玖拾叁元伍角伍分，現已如數付清，收支兩比，尚結餘國幣肆千叁百零陸元肆角伍分，仍存中央銀行防空經費户内。又四公分砲已於三月三日、六公分砲已於三月十四日運到香港，已請兵工署轉運漢口，因車輛缺乏，尚未裝運，現正趕催中。特聞。武漢防空司令部叩佚防經

字第 235 號　共　字第　頁（共　頁）

年　月　日到

# 湖北省政府关于办理防空应行注意事项致秘书处的训令（一九三八年四月十一日）

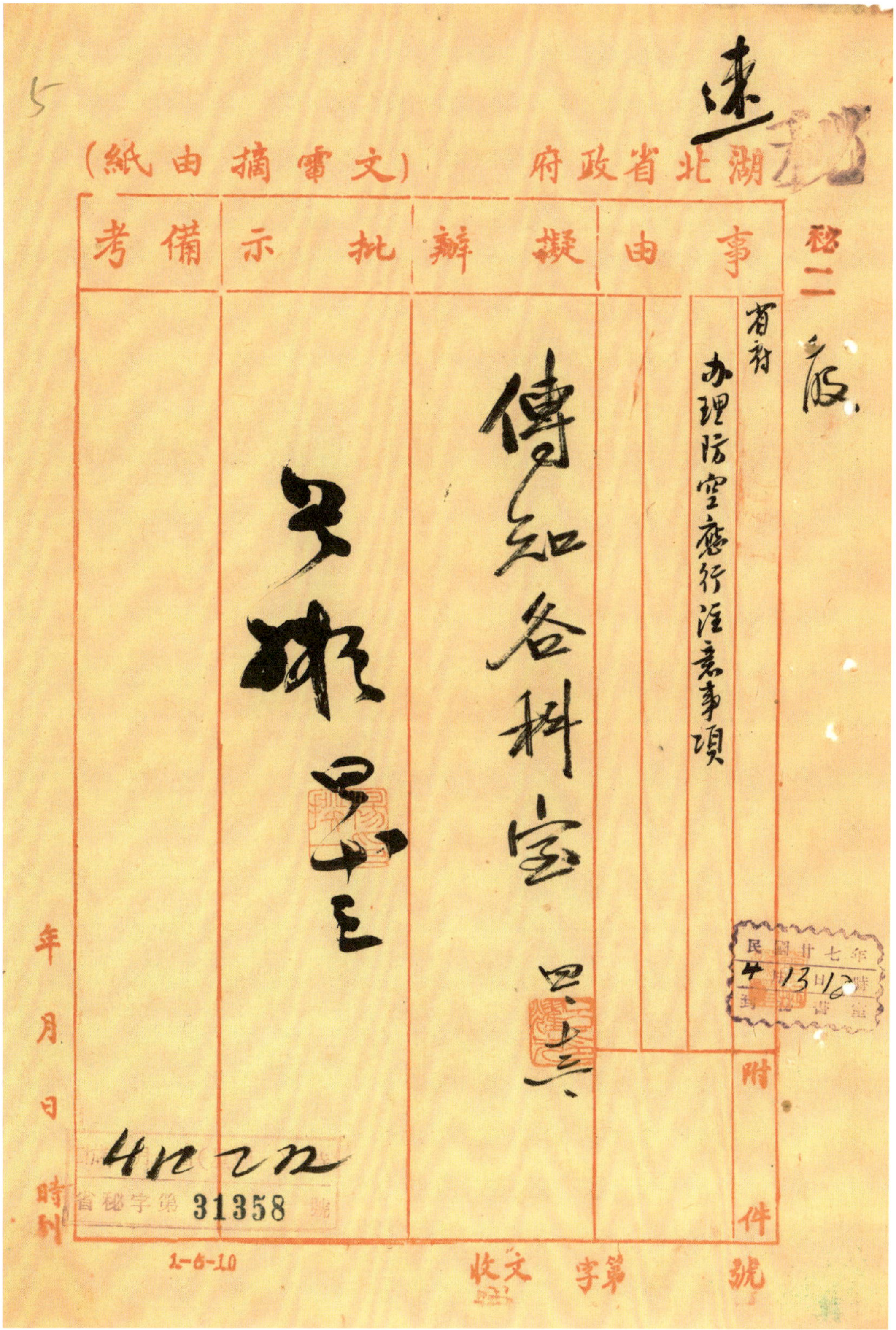
湖北省政府（文電摘由紙）

速

秘二

事由：省府 办理防空應行注意事項

擬辦：傳知各科室

批示

備考

附件

年　月　日　時刻

省秘字第 31358 號

1-5-10

收文　字第　號

6

速件

事由：奉軍事委員會令飭各省辦理防空應行注意事項令仰遵照由

# 湖北省政府訓令

省保三字第45551號

令秘書處

案奉

國民政府軍事委員會二十七年三月八日防二字第三三八號訓令揭櫫各省辦理防空應行注意事項第三項節開：「關於防空監視隊哨服務細則第三章防空情報報告系統，須嚴密遵守，並應遵照第四章通信各條之規定辦理，除防空情報（分）所及奉准成立之防空機關外，不得蒐集及查詢情報，以免佔用線路妨碍情報傳遞」。等因，奉此，查各防空情報監視通信員兵服務應遵奉頒防空監視隊哨服務細則之規定辦理，凡與防空無關機關，不得任意向情報所或分所及監視隊哨查詢情報，免佔綫路，均經先後函令有關機關飭屬遵辦在卷。茲奉前因，除呈復暨分行外，合再令仰遵照，並飭屬遵照為要！

此令。

中華民國二十七年四月　日

主席兼全省保安司令　何成濬

建設廳長　石瑛

兼保安處長　嚴立三

校對　高培

# 武汉防空司令部关于四月二十九日敌我空军战斗情形致湖北省政府的代电（一九三八年四月三十日）

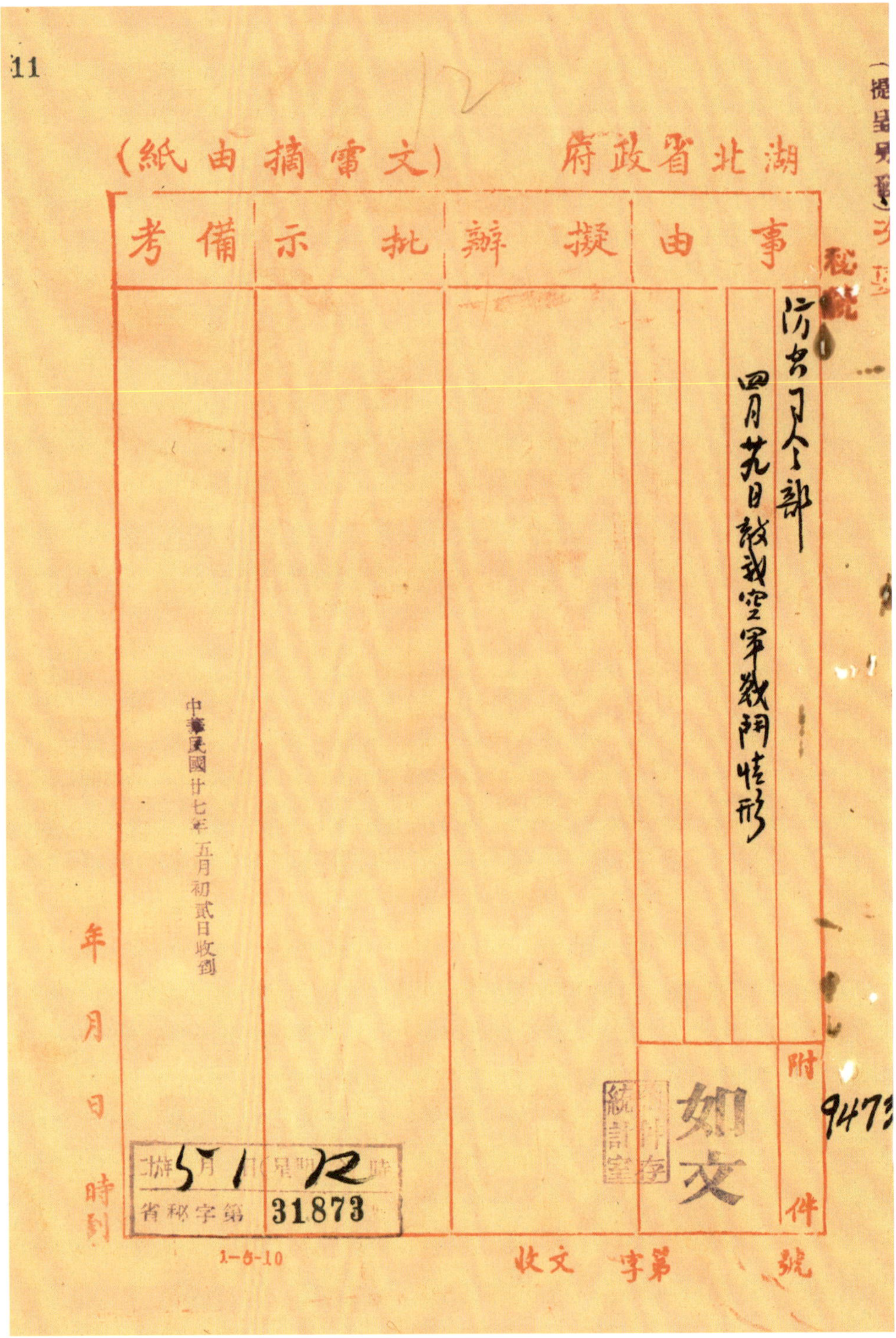

11

湖北省政府（文電摘由紙）

| 事由 | 擬辦 | 批示 | 備考 |
|---|---|---|---|
| 防空司令部<br>四月廿九日敵我空軍戰鬥情形 | | | 中華民國廿七年五月初貳日收到 |

附件：如文

省秘字第 31873

收文 字第 號

13

# 武漢防空司令部快郵代電

防一字第776號

事由

湖北省政府

密昨（廿九）日十三時十五分據報敵機約四十架經皖境桐城向西飛行於十四時十六分到達浠水附近本部發出空襲警報我空軍及高射部隊嚴陣以待十四時卅分敵機到達黄岡附近本部發出緊急警報我機六十五架凌空戒備敵機分批經鄂城葛店青山於十四時四十五分一部侵入武漢上空我高射部隊猛烈射擊空軍向其包圍猛擊敵機倉皇在漢陽投彈四十餘枚武昌投彈二枚漢口投彈四枚後經黄岡羅田逸去本部於十五時二十八分解除警報是役因我空軍奮勇迎擊予敵以莫大損害據空軍通報計擊落敵機二十一架我機亦毀傷七架空軍三人殉職本部依據各地情報計侵入武漢上空之敵機一批為廿七架另一批九架（或報十二架）共三十六架事後向東逸去經過各地時僅一批十五架一批三架確僅剩十八架截至

中華民國二十七年四月三十日發

14

# 武漢防空司令部快郵代電

字第　號

事由

本日午前八時止已在地上尋獲殘機十五架如附表餘正詳查中又查敵機在漢陽投彈均落鐵廠附近計毁房屋九十七棟死傷約二百卅人武昌寶積庵附近傷八人餘無損失除派員續查外謹聞郭懺金亞堂卅防一附敵我空軍戰鬥損害表一份

中華民國

## 汉镇既济水电公司关于预防断电后警报器无法使用致湖北全省防空司令部的呈（一九三八年八月五日）

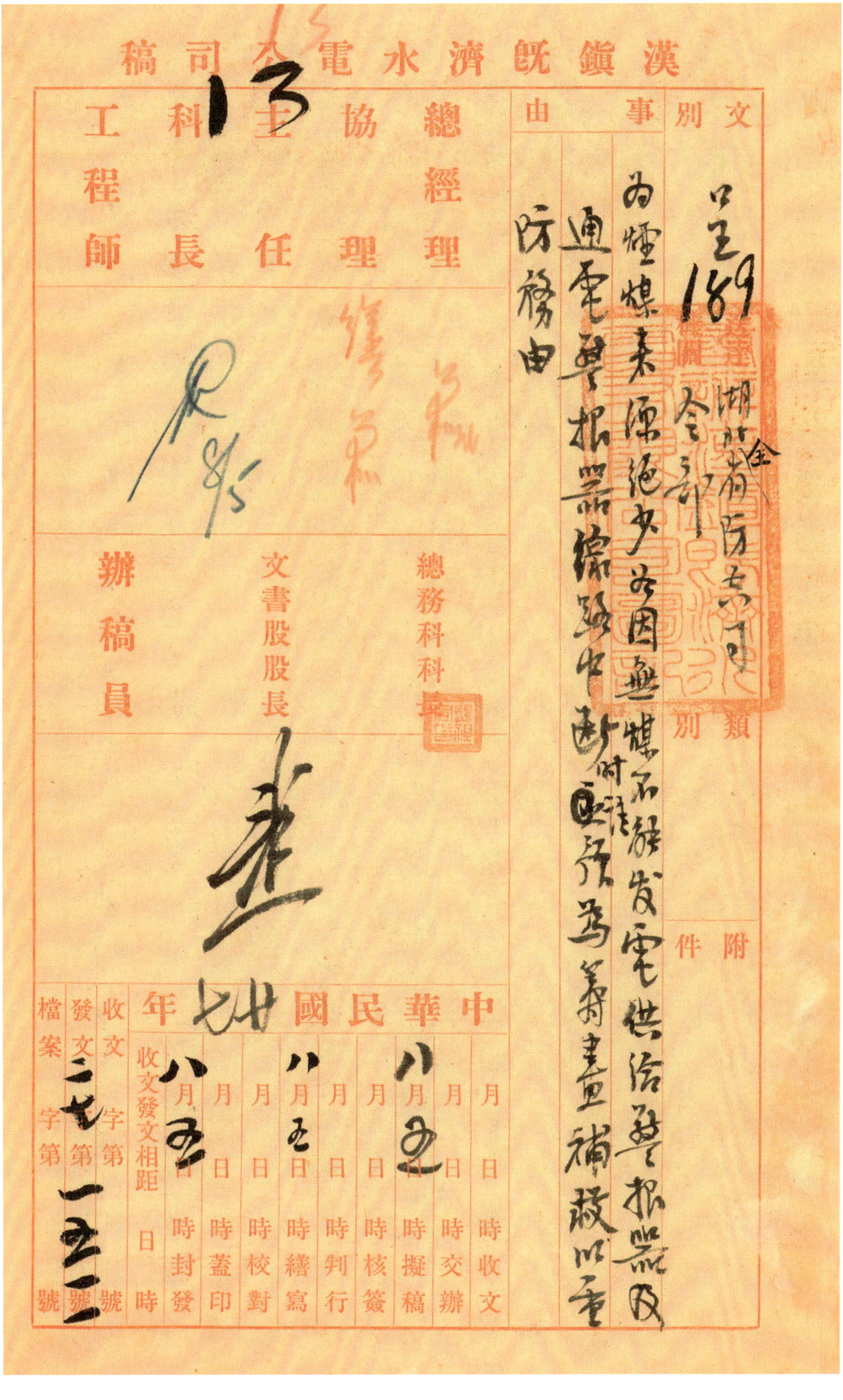

漢鎮既濟水電公司稿

13

| 文別 | 呈 189 |
| --- | --- |
| 類別 | 湖北全省防空司令部 |
| 事由 | 為煙煤來源絕少並因無煤不能發電供給警報器及通電警報器線路中斷附註函請籌畫補救以重防務由 |
| 附件 | |

| 總經理 | 協理 | 主任 | 科長 | 工程師 |
| --- | --- | --- | --- | --- |
| | | | | |

| 總務科科長 | 文書股股長 | 辦稿員 |
| --- | --- | --- |
| | | |

中華民國廿七年

| 收文 | 交辦 | 擬稿 | 核簽 | 判行 | 繕寫 | 校對 | 蓋印 | 封發 | 收文發文相距 |
| --- | --- | --- | --- | --- | --- | --- | --- | --- | --- |
| 月 日 時 | 月 日 時 | 八月五日 時 | 月 日 時 | 月 日 時 | 八月五日 時 | 月 日 時 | 月 日 時 | 八月五日 時 | 日 時 |

收文字第 號

發文字第一三二號

檔案字第 號

窃查本市各主要機器用電，大都由省營大王廟省電所供給，事關全市防空，供給自當力求無缺，惟最近經濟部燃料管理處因交通關係，運滯燃煤，絕少分給，不能照常，而省營水電兩廠所存煤合計不過二千噸，現在每月需用煤二百七十噸，如果來源斷絕，僅能維持一星期之用，除一面呈報主管機關暨軍事機關遵守限制供電辦法，節省燃煤，藉延時日，以待接濟外，現值時局緊張，交通工具益感缺乏，是否有燃煤接濟，尚無把握，倘

15

一旦發電所因無煤不能發電，勢必影響警報，應請
鈞部預為籌畫，以重防務。再最近寶慶碼頭遭
敵機轟炸時，電線中斷，未及修復，而第二次警報又
至，韋敵機退却，否則警報器不能發聲，遺誤實
大。潭市現離戰區過近，難免無同樣事件發生，
嗣今後我盡力設法維護線路，但如遇人力所不能
及時，應如何設法補救，亦應請
鈞部預為籌畫，以免遺誤。所有因無煤不發電供
警報器及通電警報器線路中斷時，請預為籌
畫補救各緣由，理合備文呈請

式1110-27-3-1000三

鈞部鑒核施行、謹呈

湖北全省防空司令部、

總經理　潘○○

協理　李○○

繕寫　阮瑞圖

校對　周漢鼎

監印

中華民國廿七年八月五日

湖北全省防空司令部关于断电后警报器无法使用加装手摇警报器致汉口既济水电公司的代电
（一九三八年八月九日）

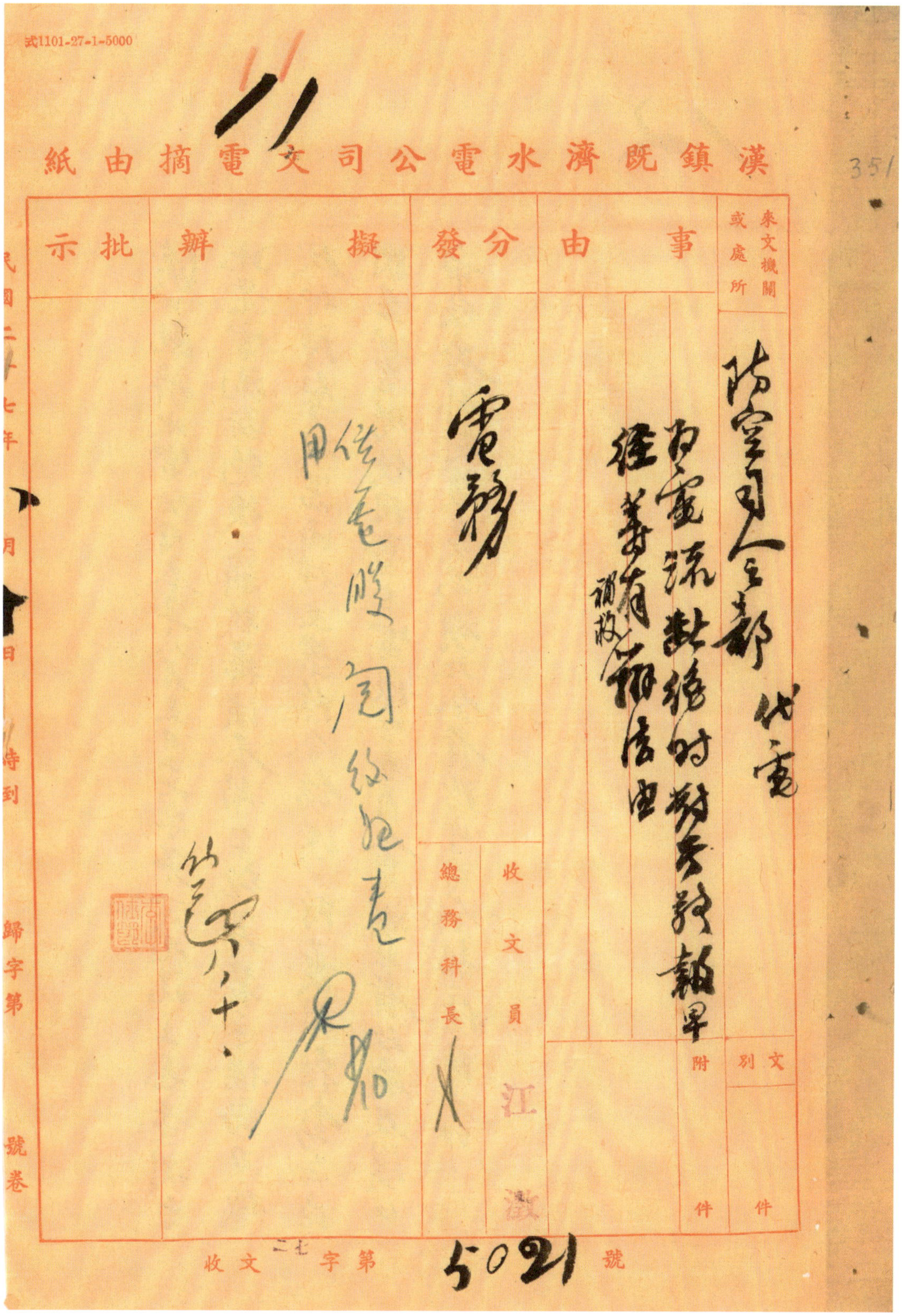
式1101-27-1-5000

漢鎮既濟水電公司文電摘由紙

| 來文機關或處所 | 事由 | 分發 | 擬辦 | 批示 |
|---|---|---|---|---|
| 防空司令部 代電 | | 電務 | | |

民國二十七年八月十日時到

歸字第　號卷

收文員 江澂

總務科長

文別　件

附件　件

收文　字第 5021 號

12

湖北全省防空司令部快郵代電

漢口既濟水電公司本年八月五日二七字第一八九號呈悉查關于此案電流斷絕後之補救辦法本部早經籌裝手搖動力機及各種警報器兩種在案除令飭漢口防護團轉飭各區團至必要時使用暨分電航空委員會湖北省政府及漢口市政府外特復查照湖北全省防空司令部佳防二印

防二字第348號共 字第 頁(共 頁)

年 月 日到

# 湖北全省防空服役人员伤亡特恤暂行办法（一九三八年八月）

湖北全省防空服役人員傷亡特恤暫行辦法

第一條　湖北全省防空服務人員遇有傷亡時除軍官佐屬及公務員仍照向例由原屬機關依法呈請中央或地方政府發給撫恤醫藥埋葬等費外並得依本辦法請發給一次特恤

第二條　本辦法所稱防空服役人員係指在湖北全省防空司令部及所屬各防護團暨各監視隊哨為公衆防空服役之各級員兵而言其由各機關團体單獨組織之各級防護團由各該原屬機關團体參照本辦法自行斟酌辦理不適用本辦法之規定

第三條　凡非軍職之防空人員與警官長警及無給職之民衆等依其事業身份比照陸軍同等階級議恤

第四條　本特恤分傷恤亡兩種其恤金金額之規定如附表第

一第二

第五條　防空服役人員因防空而傷亡時其領受特恤之規定除傷
者須由其本人具領外亡者得由其遺族具領規定如左
甲、死亡之妻及子女（再醮或出嫁者不在內下倣此）
乙、妻及子俱無者給其父母
丙、父母俱無者給其祖父母及孫
丁、上列遺族俱無者給其未成年之胞弟妹

第六條　請領此項特恤時應由該傷亡人員直屬防空机關主官
填具死亡證書（如附表第三）或傷單（如附表第四）并
取具遺族領據或受傷本人領據呈湖北全省防空
司令部核發

第七條　此項特別恤金由湖北全省防空司令部呈請湖北省政府籌撥
款項交由湖北全省防空司令部專案保管應用

第八條　湖北全省防空司令部於每月月終將核發之卹金彙案呈報湖北省政府核銷

第九條　本辦法自公佈日施行

附表第一

湖北全省防空服役人員戰時因公殞命特別卹金表

| 區別／階級 | 因公殞命一次卹金 原規定數 | 因公殞命一次卹金 二成發給數 | 備考 |
| --- | --- | --- | --- |
| 上將 | 一,○○○○ | 二○○○ | |
| 中將 | 九○○○ | 一八○○ | |
| 少將 | 八○○○ | 一六○○ | |
| 上校 | 七○○○ | 一四○○ | |
| 中校 | 六○○○ | 一二○○ | |
| 少校 | 五○○○ | 一○○○ | |
| 上尉 | 四○○○ | 八○○ | |

| | | | | |
|---|---|---|---|---|
| 中尉 | 三〇〇 | 〇〇 | 六〇 | 〇〇 |
| 少尉 | 二〇〇 | 〇〇 | 四〇 | 〇〇 |
| 准尉 | 一五〇 | 〇〇 | 三〇 | 〇〇 |
| 上士 | 一二〇 | 〇〇 | 二四 | 〇〇 |
| 中士 | 一〇〇 | 〇〇 | 二〇 | 〇〇 |
| 下士 | 九〇 | 〇〇 | 一八 | 〇〇 |
| 上等兵 | 八〇 | 〇〇 | 一六 | 〇〇 |
| 一等兵 | 六〇 | 〇〇 | 一二 | 〇〇 |
| 二等兵 | 六〇 | 〇〇 | 一二 | 〇〇 |

附記

一、凡非軍職之公務員與警官長警及無給職人員依其事業身份比照陸軍同等階級議恤

二、凡湖北全省防空司令部各防護團款由本部發給之其由團体機關府組織之防護團與分團人員由各該團体機關依照本規定自行發給之

附表第二

# 湖北全省防空服役人員臨陣受傷特別恤金表

| 區別／階級 | 原規定一等傷給與數 | 按二成給與數 | 原規定二等傷給與數 | 按二成給與數 | 原規定三等傷給與數 | 按二成給與數 | 備考 |
|---|---|---|---|---|---|---|---|
| 上將 | 八〇〇〇〇 | 一六〇〇〇 | 七〇〇〇〇 | 一四〇〇〇 | 六〇〇〇〇 | 一二〇〇〇 | |
| 中將 | 七〇〇〇〇 | 一四〇〇〇 | 六〇〇〇〇 | 一二〇〇〇 | 五〇〇〇〇 | 一〇〇〇〇 | |
| 少將 | 六〇〇〇〇 | 一二〇〇〇 | 五〇〇〇〇 | 一〇〇〇〇 | 四〇〇〇〇 | 八〇〇〇 | |
| 上校 | 五〇〇〇〇 | 一〇〇〇〇 | 四〇〇〇〇 | 八〇〇〇 | 三〇〇〇〇 | 六〇〇〇 | |
| 中校 | 四〇〇〇〇 | 八〇〇〇 | 三五〇〇〇 | 七〇〇〇 | 二五〇〇〇 | 五〇〇〇 | |
| 少校 | 三六〇〇〇 | 七二〇〇 | 三〇〇〇〇 | 六〇〇〇 | 二〇〇〇〇 | 四〇〇〇 | |
| 上尉 | 三二〇〇〇 | 六四〇〇 | 二四〇〇〇 | 四八〇〇 | 一五〇〇〇 | 三〇〇〇 | |

| | | | | | | | |
|---|---|---|---|---|---|---|---|
| 中尉 | 二四〇〇〇 | 四八〇〇 | 一八〇〇〇 | 三六〇〇 | 一二〇〇〇 | 二四〇〇 | |
| 少尉 | 一六〇〇〇 | 三二〇〇 | 一二〇〇〇 | 二四〇〇 | 一〇〇〇〇 | 二〇〇〇 | |
| 准尉 | 一二〇〇〇 | 二四〇〇 | 八〇〇〇 | 一六〇〇 | 七〇〇〇 | 一四〇〇 | |
| 上士 | 八〇〇〇 | 一六〇〇 | 七〇〇〇 | 一四〇〇 | 五〇〇〇 | 一〇〇〇 | |
| 中士 | 七〇〇〇 | 一四〇〇 | 六〇〇〇 | 一二〇〇 | 四五〇〇 | 九〇〇 | |
| 下士 | 六〇〇〇 | 一二〇〇 | 五〇〇〇 | 一〇〇〇 | 四〇〇〇 | 八〇〇 | |
| 上等兵 | 五〇〇〇 | 一〇〇〇 | 四五〇〇 | 九〇〇 | 三〇〇〇 | 六〇〇 | |
| 一等兵 | 四〇〇〇 | 八〇〇 | 三五〇〇 | 七〇〇 | 三〇〇〇 | 六〇〇 | |
| 二等兵 | 四〇〇〇 | 八〇〇 | 三五〇〇 | 七〇〇 | 三〇〇〇 | 六〇〇 | |
| 附記 | 同附第一附記 | | | | | | |

附表第三

## 死亡證書

（每格寬一生的，備考三生的，高長十五生的，天頭四生的，地頭兩生的，左右邊寬各四生的，用本國毛邊帋）

| | |
|---|---|
| 所屬 | |
| 姓名 | |
| 年齡 | |
| 籍貫 | |
| 職別 | |
| 死亡年月日 | |
| 死亡地點 | |
| 致死原因 | |
| 屍体在何處發現 | |
| 收殮情形 | |
| 埋葬地點 | |

| | |
|---|---|
| 收驗人 | |
| 証明人 | |
| 審查官 | （該管長官） |
| 備考 | |

中華民國　年　月　日　具

附則

一、收驗人証明人兩欄須署名蓋章

二、收驗人為法人時可由机關蓋章（或關防）

三、審查官須署名蓋章

四、於年月日上蓋用防護團或監視情報部隊印鑑

附表第四

# 受傷等級單（尺寸與死亡証書同）

| 所屬 | 姓名 | 年齡 | 籍貫及永久住址 | 職別 | 受傷地點 | 受傷年月日 | 受傷事由 | 治療經過 | 受傷部位及名稱 | 治療後之情況及有無機能障碍致殘廢 |
|---|---|---|---|---|---|---|---|---|---|---|
| | | | | | | | | | | |

五

受傷等級

醫院名稱及所在地

院長 簽名蓋章

主治醫官 簽名蓋章

審查官 該管長官簽名蓋章

備考

中華民國　年　月　日　具

附則

一等傷

兩目皆盲者　失去一手或一足者　咀嚼及言語机能[illegible]廢者　生殖器損失者　身体癱廢者　與上列各項相當之傷廢者

二等傷

一手或一足全體殘廢者　一手失去拇指二指或三指以上者　一足之五趾及足之一部失去者　兩耳俱聾鼻殘盲一目者　咀嚼言語机能重大障碍者　重要臟器受傷而貽後疾病雖經治愈無望有危生命之虞者　與上列各項相當之傷廢者

三等傷

一手失去拇指或其他一指者　一足失去三趾以上者　聾一耳者　或鼻脫落者　視力障碍者　頭部及腹部運動上有障碍者　重要臟器受傷有再發之虞者　傷雖治愈精神上貽有重大障碍者與上列各項有相當之傷廢者

# 三、机场扩修

# （一）南湖机场

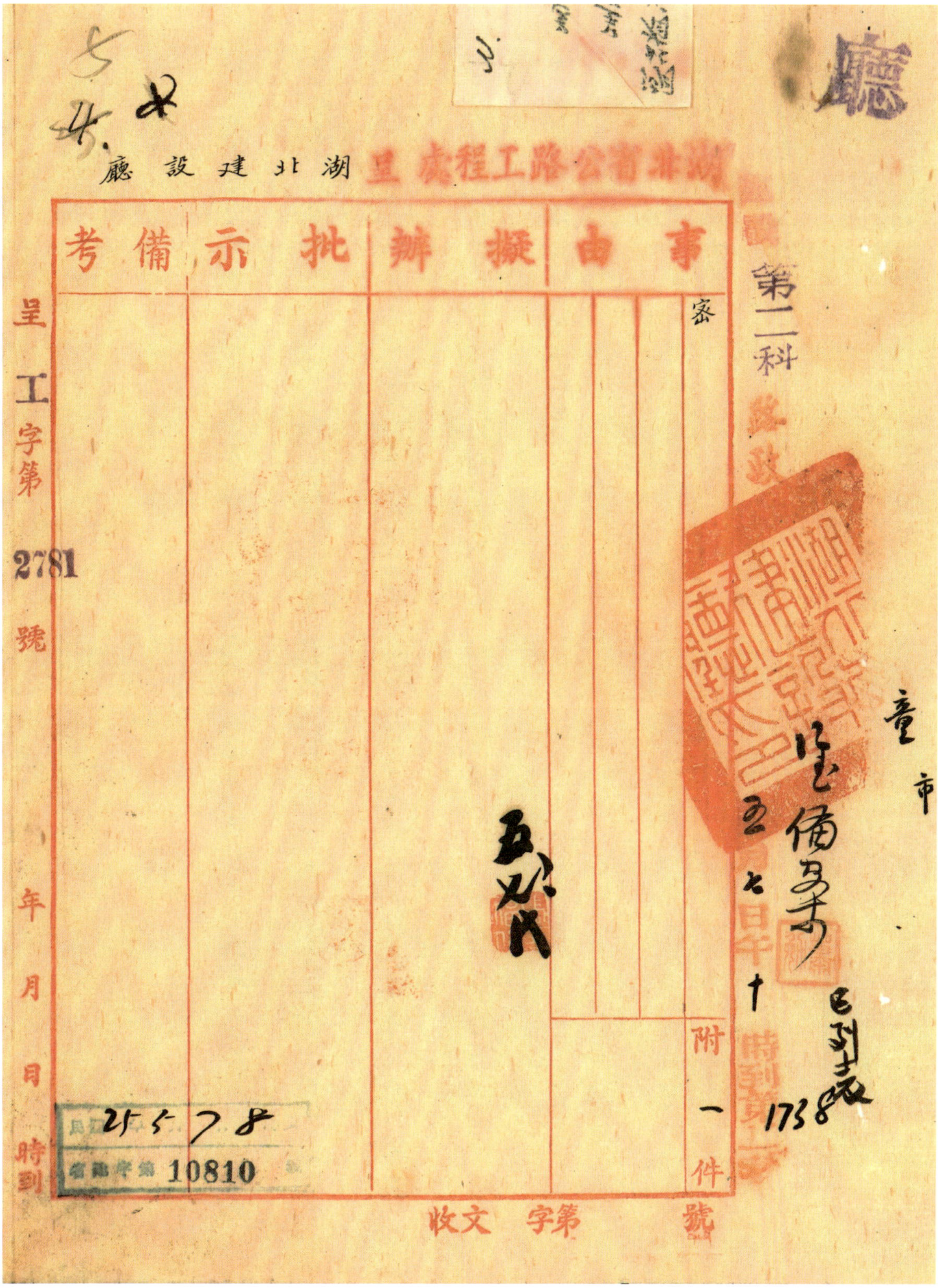
湖北省公路工程處呈　湖北建設廳

| 事由 | 擬辦 | 批示 | 備考 |
| --- | --- | --- | --- |
| | | | |

呈工字第2781號

附一件

收文　字第　號

第二科

10810

湖北省公路工程处关于南湖机场扩建工程已承包致湖北省建设厅的呈（一九三六年五月六日）

案奉

鈞廳密令省建二字第一零四九六號飭迅即招包完成南湖飛機場平土工程一案下處。查本案關係軍事建設，且工程甚小，自未便按照一般規定，正式招標議價，業由本處覓定包工馬興隆前往承包，共計包價四千五百元，尚屬合式，已由該包工訂立承包字二紙送處核對保章無訛，除已飭於本月五日先行開工並派第二測量隊測量員楊清娘駐場督工外，理合將上項工程交包各緣由，賫同原承包字一紙呈請

鑒核准予備案令遵，實為公便！

謹呈

湖北建設廳廳長劉

計呈原包字一紙

湖北省公路工程處處長呂季方

6

中華民國二十五年五月六日

附：马兴隆承包南湖飞机场工程项目与湖北省公路工程处所签订的合同（一九三六年五月五日）

立承包字人馬興隆今包到

湖北省公路工程處南湖飛機場平土打硪打磙挖

溝車水去草

鈞處核定每公方價洋貳角五分開工後每五天

收方一次按方照九成發給餘款一成作為押金俟驗

收後如數發清並言定限期叁拾個晴天竣工如有

誤期及透支工款由保人負完全責任恐口無憑

立此承包字為證謹呈

湖北省公路工程處

承包人馬興隆

保人住址凱字營二零一牌
建築作坊　保人李同興
李同興
李同興

中華民國二十五年五月五日立

合公方每方貳角五分計壹萬捌仟方

共計洋肆仟五佰元整

# 航空委员会武汉空军总站关于验收南湖机场加固整修工程情况致湖北省建设厅的公函
（一九三六年七月二十二日）

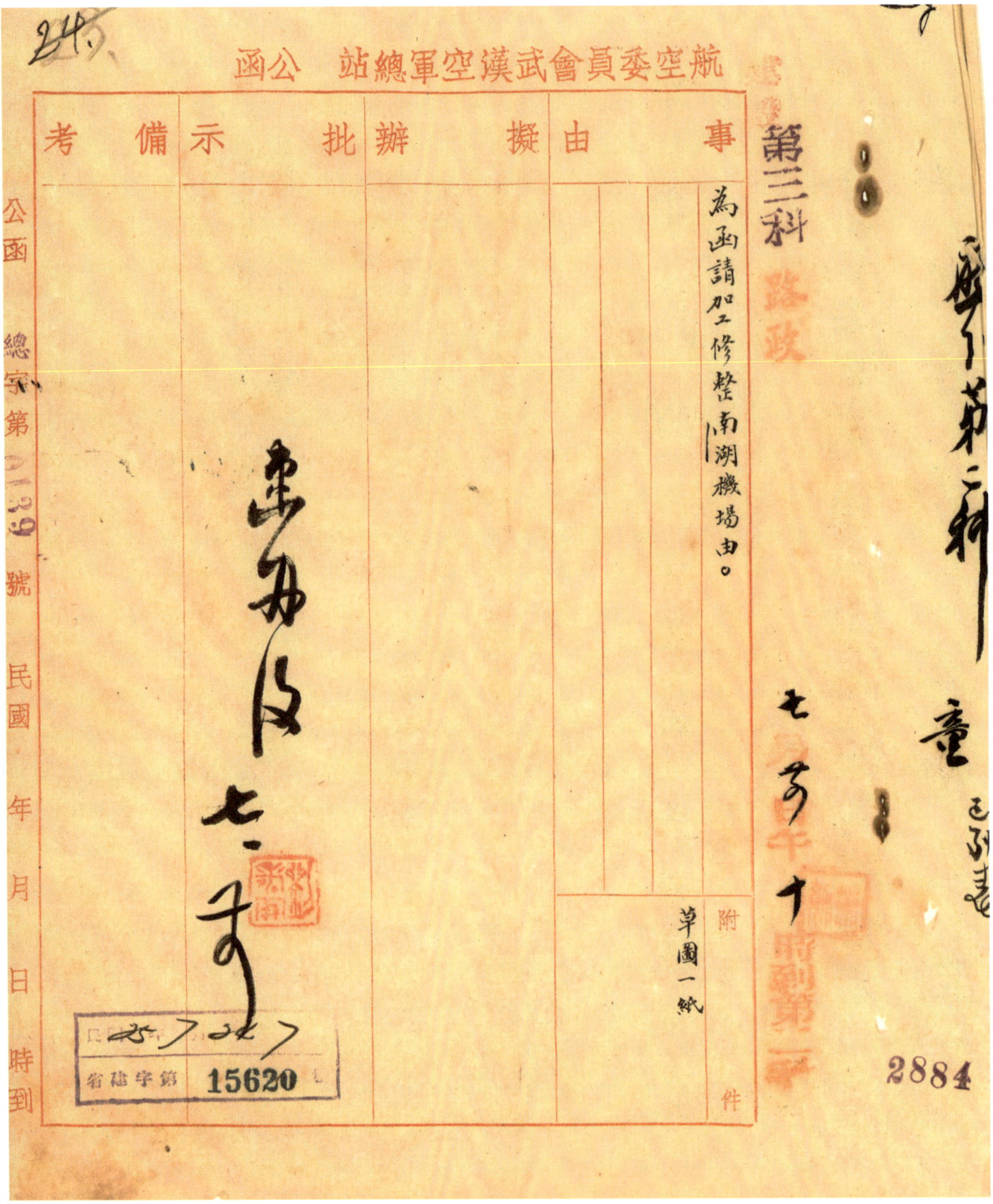
航空委員會武漢空軍總站公函

| 事由 | 擬辦 | 批示 | 備考 |
| --- | --- | --- | --- |
| 為函請加工修整南湖機場由。 | | | |
| 附件：草圖一紙 | | | |

第三科

路政

公函 總字第0139號 民國 年 月 日 時到

省建字第 15620

2884

航空委員會武漢空軍總站公函

總字第0139號

查南湖機場修理工程，昨經敝站復派站務股長袁士宗前往視察，據報告稱：「案奉鈞諭前往視察南湖機場，謹於本日上午前往視察一過，茲將實際情況分條報告於下：(一)舊機場東部約一百米達高低不平，土質鬆軟，低窪之處尚有積水，并近新機場處有數滑溜下度甚大，非加墊平不能使用；(二)新舊兩場銜接處因新場土質較鬆，經雨後自然沉下，致兩場相差竟達近尺之高，尤以南半部為最；(三)機場北部自邊界綫起至百五十米達之處低窪之地甚多；(四)新機場東南角地勢低下，尚有積水；(五)機場南部自邊界至一百五十米達處草深數尺，地勢高低不整，并有沉下之滑數處；(六)舊場中心點南有機輪滾

成之溝，故除深達尺許，即須墊平以免危險等情，附繳草圖一紙，據此；相應連同草圖函達

貴廳，請煩

查照，加工修整。至紉公誼。二

此致

湖北省建設廳廳長劉

附草圖一紙

總站長金家駟

中華民國二十五年七月二十二日

校對袁齊濂

## 湖北省建设厅关于复修南湖机场致湖北省政府的签呈（一九三六年八月二十一日）

建設廳簽呈

（案由）為續擬補修南湖飛機場原有部分工程簽請核示由。

（說明）案查完成南湖飛機場工程前經估計共需國幣四千九百九十七元七角八分在省善後費項下開支一案，前經提奉鈞府委員會第二百次會議決議通過，由本廳令飭本省公路工程處遵照辦理。嗣准航空委員會武漢空軍總站二十五年七月二十二日總字第一三九號公函內開：「查南湖機場修理工程昨經敝站復派站務股長袁士宗前往視察，據報告稱：『案奉鈞諭前往視察南湖機場，謹於本日上午前往視察一週，茲將實際情況分條報告於下（一）

1-1-16

16671

舊機場東部約一百米達高抵不平土質鬆軟低窪之處尚有積水并近新機場處有數溝陷下度甚大非加墊平不能使用（二）新舊兩場銜接處因新場土質較鬆經雨後自然沉下致兩場相差竟達近尺之高尤以南半部為最（三）機場北部自邊界綫起至百五十米達之處低窪之地甚多（四）新機場東南角地勢低下尚有積水（五）機場南部自邊界至一百米達處草深數尺地勢高低不整并有沉下之溝數處（六）舊場中心點南有機輪滚成之溝數條深達尺許即須墊平以免危險等情，附繳草圖一紙，據此，相應連同草圖函達貴廳

請煩查照加工修整

湖北省政府

等由，附送草圖一紙，到廳，當經交據公路工程處簽稱：

查展修南湖機場所列預算只限於整理新場部分，原有舊場，並未包括在內，武漢航空站所列該場不合各點，大都係屬舊場範圍，其屬於(二)項新舊兩場不能啣接，係因舊場過高，須略剷低，新場下沉部分已令包商加高該處原計劃填土只約二十公分，沉縮尚無近尺之巨，(四)項係因藕湖地勢低窪，積水甚多，土質鬆軟，無法施工，(五)項所列草深數尺之地帶，係該場自行雇工剪草之部分，該場展修工程連同剪草計共用去約四千五百九十元，而原預算工程費只四千七百九十元七角八分，計實只餘剩約二百元，用以整理舊場不敷甚鉅等語，據此，復經令飭該處仍先將新場部分，照原計劃加以整理，關於舊場部分，飭另切實估計報核，並函復航空總站各在卷。茲據該處呈報節稱：

據工程員楊清烺前往測丈勘估，編列預算表，繪具位置略圖附呈，並分別說明如後：

一、老場北部鐵絲界內，（略圖①處）南北寬一百五十公尺，東西長二百二十公尺之處，凸凹不平，且有土堆多起，自應修理使平，俾與場中心部份一致，計面積三萬三千平方公尺，平均約切土一公寸，計切土三千三百公方，此項切

土、運填新舊場接頭部份、（略圖②處）及場内凹溝等處，每公方作價二角五分，計切土銀八百二十五元正，

又平場輾壓工計面積三萬三千平方公尺，每平方公尺作價銀五釐，計平場銀一百六十五元正，

二、老場東邊與新修場面相接處（略圖②所示），東西寬一百公尺，南北長六百五十公尺，高低不平，且多凹溝，應即就其處挖高補低，平場輾壓，並利用①③兩部份餘土，加填低處，使與新場一致，土方不另作價，平場工計面積六萬五千平方公尺，每平方公尺作價銀一分，共計銀六百五十元正，

1-1-16

三、老場南邊（略圖③所示）自界限起，向北寬一百公尺，長三百公尺，高低不平太甚，其中土墩有高出場中五公寸以上者，平均計算，須切土二公寸半（切土土墩寬四十公尺長一百公尺）約計一千公方，亦運填新舊場相接之低處，每方工價銀二角五分，計銀二百五十元正，

又平場輾壓，面積三萬平方公尺，每平方公尺銀五釐，計銀一百五十元，

四、老場中心降落飛機處（略圖④所示）飛機輪所壓痕跡，係屬時常發生，不可避免之損壞，似應由飛機場長僱工人隨時修補，此種不斷之損壞，若由本處包工修理，實修不

勝修，且其處正在機場中心（紅旗界內）工人工作，難免發生危險，自應由飛機場自行辦理，似較妥善，

五、新場西部（略圖⑤處）新填土下沉之處，自應轉飭原包工人照補，不再給價，

六、新場東南角藕塘（略圖⑥）土質頗溼，現時湖水上漲，土內所容水量，無法排出，不能施工，再此處地面高度，與場中心之天然坡度，僅爲如此，故亦不宜過分填高，因場中心地勢所限，填高則積水不能流出，必反流入場中也，故將來此處施工，實最困難，特附帶說明之。

以上除四六兩項以外，五項不給價，其餘一二三等項所列，

1-1-16

共需工價銀二千零四十元正、

等情附送各件經核尚無不合理合抄繪原送圖表叙案轉

請鑒核。

等情、附圖表等件、據此、查核尚合、是項續修機場費用二千一百六十元、可否仍准在省善後費項下開支、抑應提會討論之處、理合檢齊有關圖表、簽請

鈞座核示祇遵！

謹呈

主席楊

附呈

航空總站原送加修機場草圖一份
公路工程處原呈飛機場原有部分補修工程估計表位置略
圖各一份

兼建設廳廳長劉壽朋
秘書張福保代
八月二十一日

提會
八、廿一

1-1-16

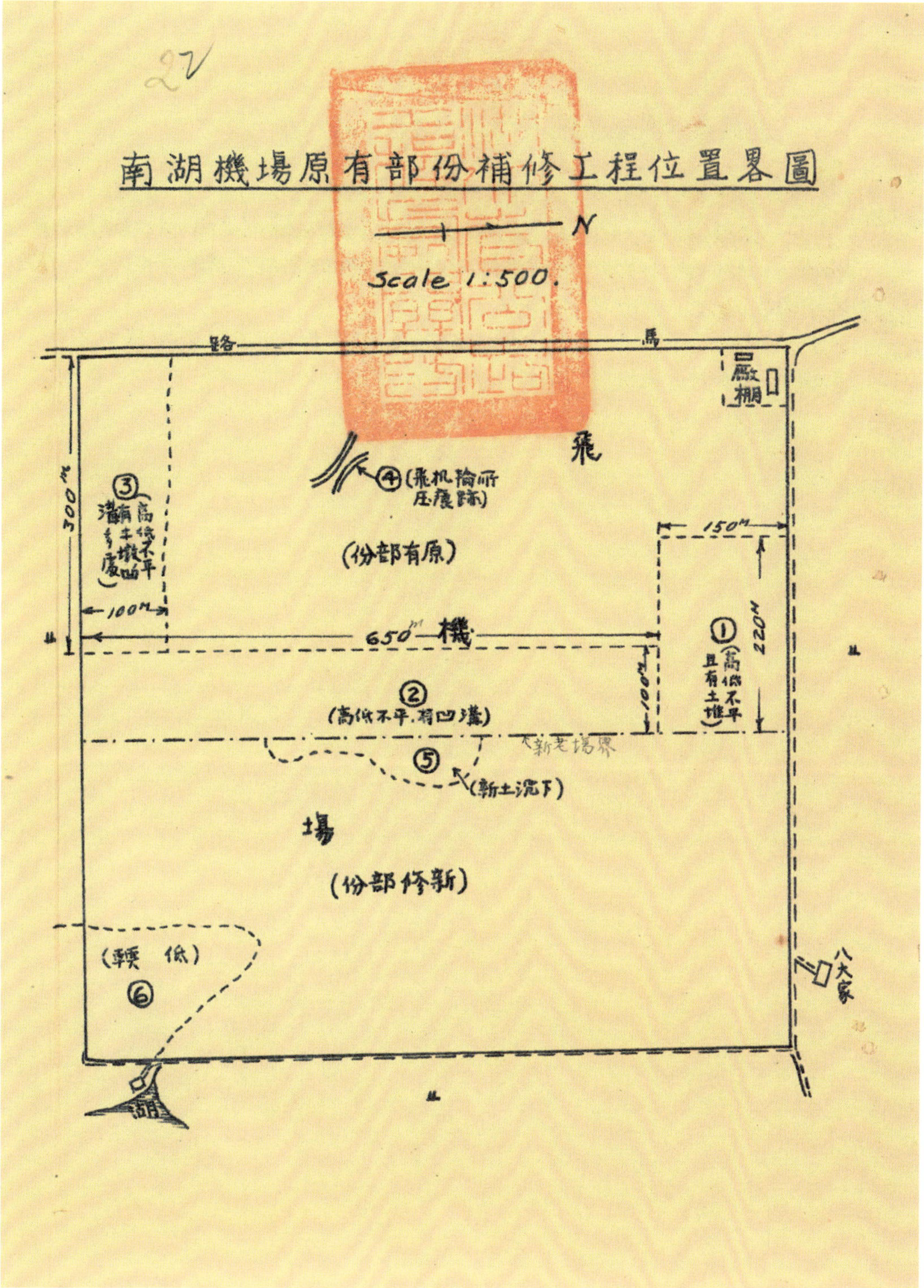
2V
南湖機場原有部份補修工程位置畧圖
N
Scale 1:500.
馬 路
廠棚
飛
④(飛机輪所压痕跡)
③
300M
(原有部份)
100M
650M
機
150M
220M
①(高低不平且有土堆)
100M
②(高低不平,有凹凼)
新老場界
⑤(新土沉下)
場
(新修部份)
(低 窪)
⑥
八大家
湖

## 附二：补修南湖机场原有工程估算表（一九三六年八月）

23

补修南湖机场原有部份工程估算表 二五年八月

| 施工位置 | 種類 | 形狀 | 數量 | 單價 | 總價 | 附記 |
| --- | --- | --- | --- | --- | --- | --- |
| 老場北边界内 ① | 切土 | 220×150×0.1 m. | 330公方 | 0.25元 | 825.00元 | 參看位置略图及说明，切土運填老場東面與新場相接處 ② |
| 〃 | 平場輾壓 | 220×150 | 33000 m² | 0.005 | 165.00 | |
| 老場東方與新場相接處 ② | 補修平場輾壓 | 650×100 | 65000 m² | .01 | 650.00 | |
| 老場南边界内 ③ | 切土 | 100×40×0.25 | 1000公方 | 0.25 | 250.00 | 切土運填場内低處凹溝及②處 |
| 〃 | 平場輾压 | 300×100 | 30000 m² | 0.005 | 150.00 | |
| 合計 | | | | | 2040.00 | |
| 工程雜費 | | | | | 120.00 | |
| 總计 | | | | | 2160.00 | |

湖北省建设厅职员陈正权关于报告验收南湖机场改造工程情况致湖北省建设厅厅长刘寿朋的呈（一九三六年十月三十日）

案查公路工程處呈請派員復驗補修南湖飛機場舊有部份工程一案，業經遵派於本日上午會同審計處佐理員楊克觀、武漢航空站管理員斯晉及該處測量員楊清烺等前往南湖飛機場復驗，經查各部份工程大致尚符（平場面積共十一萬三千平方公尺，原呈誤列十三萬三千平方公尺，合併呈明）。惟平場工程尚有散礫填土不結之處，似應飭工加滾輾壓，如俟雨後補做尤佳。除商由楊測量員轉知包工辦理外，所有奉派會同驗收南湖飛機場補修舊有部份工程各情形，理合報請

民國廿五年拾月卅一日 收文 科 天 782

鑒核。

謹呈

廳長劉

存

職陳正權簽呈

十月廿日

航空委员会关于感谢扩修武昌南湖机场致湖北省建设厅的代电（一九三六年十一月二十四日）

航空委員會快郵代電

第 28907 號

餘事列此

武昌湖北省政府建設廳劉廳長勛鑒據武漢空軍總站總站長全家駟江孝代電欣聞貴廳曾費八千餘金擴修武昌機場足見鴻猷碩畫匡助空防載企賢良彌殷敬仰特電致謝無任欽遲航委會敬建丙印

中華民國二十五年十一月　號發

# 武昌市政处关于征工修筑南湖机场飞机跑道及整修场坪相关事宜致湖北省政府的呈（一九三七年九月八日）

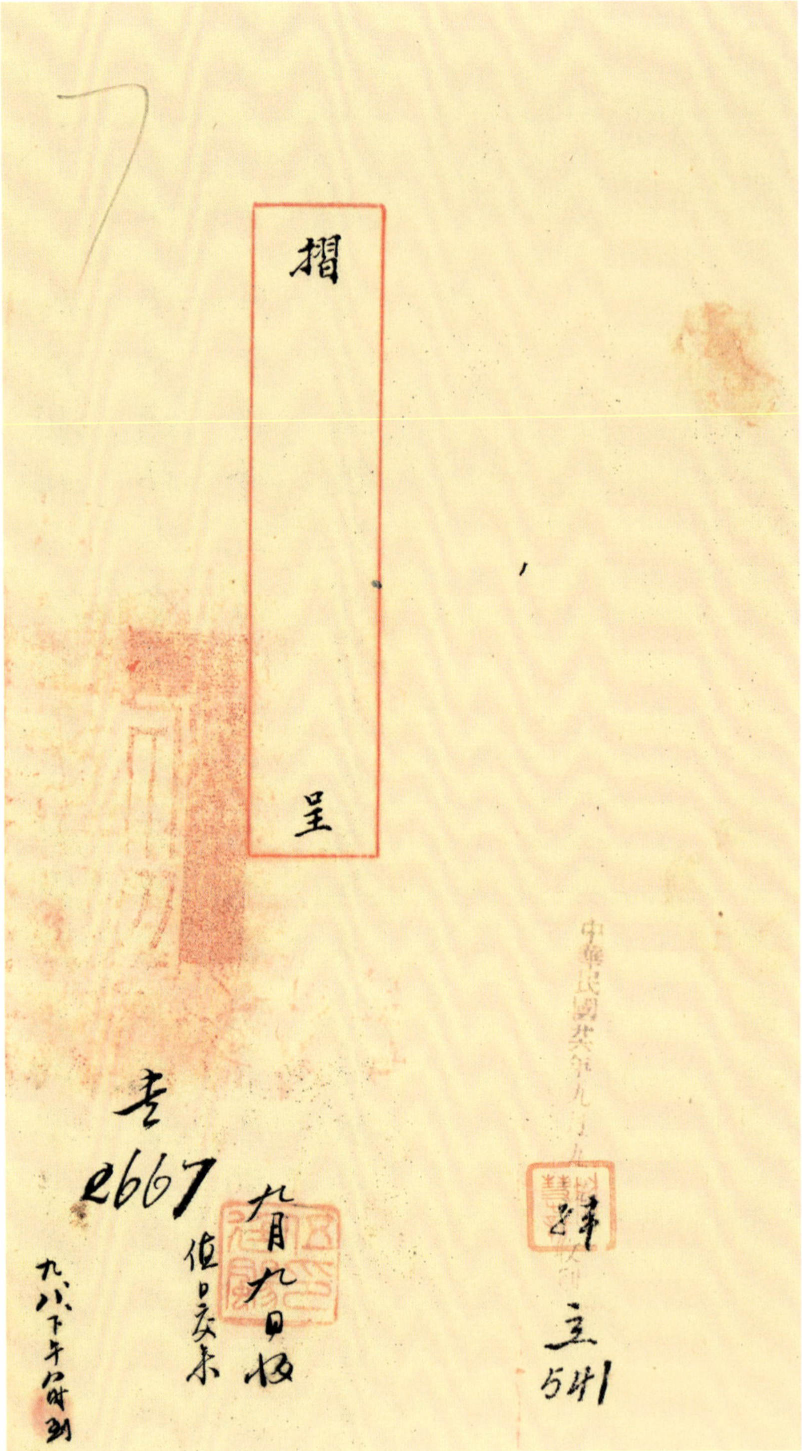

案奉

鈞府九月六日省建二字第三七三一九號訓令內開：

「案准武漢行營何主任冬未鄂參勤代電開：『據武漢空軍總站長金家泗報稱：案奉航空委員會本月艷拾丁電開：略武昌場應趕築跑道，場面應即徵工修理等因，奉此除趕築跑道部份正進行招商承造外，為此呈請鈞座准即令行湖北省政府關於武昌飛行場場面令飭武昌市政處撥工修理以利軍用實為公便等情，除指令外，希即轉飭武昌市政處撥工修理以利軍用為荷。』等由，准此，除電復外，合亟令仰該處遵照辦理毋延。」

等因；奉此，查本案於九月五日接准航空委員會武漢空軍總站函知過處，經派本處測繪員朱有佑前往南湖飛機場實地查勘，據報該場面積共有八百公尺見方，而場內地勢低窪之處，約佔全場三分之二，惟四週均無取土之處，如欲修築平坦，僅能採用挖高填低之一法，其土方工程，約計每工能修五平公，共需八萬五千四百工。等情；查該項修理工程甚鉅，又屬刻不容緩，而本處工隊人數有限，且現正分別趕辦各項緊急工程，奉　令撥工修理，事實上似屬難能，亦且緩不濟急，為謀該項工程進行迅速起見，擬仍按照航空委員會原電徵工修理辦法，請由
鈞府轉飭湖北省會警察局徵工修理。奉　令前因，理合摺呈
鑒核施行！

謹呈

主席黃

武昌市政處處長楊錦昱

應准照前案建設廳主稿
飭遵
九、二

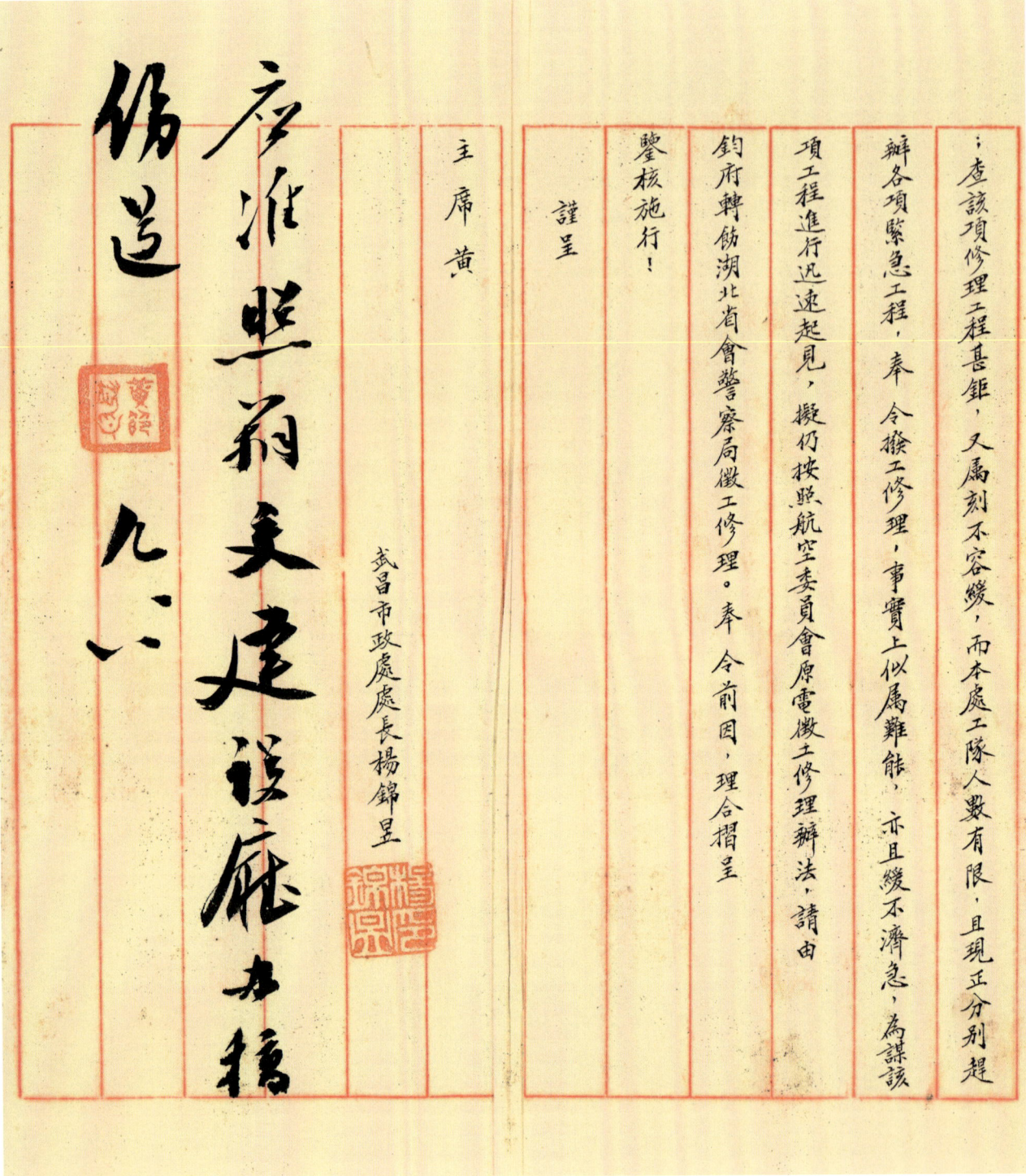

武昌县政府关于修理南湖飞机场场面所遇困难致湖北省政府的代电（一九三七年九月十七日）

31

# 武昌縣政府快郵代電

建一字第5235號

第一頁共三頁

事由：奉令徵工修築南湖飛機場一案請轉飭徵工辦理由

湖北省政府主席黄鈞鑒案奉省建二字第三七七八零號密令飭即徵工會同武昌市政處修理南湖飛機場場面等因自應遵辦惟查該飛機場本府曾於二十三年徵用民伕修理一次二十四年復經徵用碼頭伕修理均以該項工伕缺乏熟練技能既延誤時間又不合應用當由航空總站金站長家騆商請三省總部撥款僱工辦理并經奉准有案現該項工程約八萬五千餘公方工程浩大益感困難再查南湖地段二十三年以後業經劃歸省會警

中華民國　年　月　日

32

# 武昌縣政府快郵代電

字第　　號

事由

察局管轄而各門碼頭又經於二十四年移交市政處管
理即欲勉强徵工亦遠在數十里以外況本縣公路縱橫
交錯近因軍運關係迭經奉令組織養路隊徵工培修又集運
各區積穀徵用民伕範圍甚廣且奉令集訓壯丁派伕抽
丁急如星火首縣政務衝繁縣長深懍非常時期責任重
大不敢自懈督飭各區長努力從公猶懼弗勝所有奉令
徵工修築南湖飛機場委實困難擬請仍照金站長原議
由熟鍊工程隊修築事半功倍萬一徵工亦請由管轄範

中華民國　年　月　日

第二頁共三頁

33

武昌縣政府快郵代電

字第　號

事由

圍內辦理以期迅赴事功而免貽誤可否之處理合電請

鑒核令遵武昌縣縣長楊適生叩篠印

中華民國二十六年九月十七日

第三頁共三頁

# 武昌市政处南湖飞行场扩大工程征工预算表（一九三七年十二月十九日）

72

## 武昌市政處

## 擴大南湖飛行場征工工程預算書（共1頁）

字第　號　　經費概　　第1頁

| | | | |
|---|---|---|---|
| 地點 | 南湖飛行場 | | |
| 工程撮要 | 擬飛行場東南角平均填高一公尺外圍加建堤埂防水工程 | | |
| 總價 | | 平均單價 | |
| 起案原委及施工方法 | 奉令遵辦 | | |
| 附件 | | | |

### 預算詳細表

| 種類 | 形狀 | 單位 | 數量 | 單價（元） | 總價（元） | 備考 |
|---|---|---|---|---|---|---|
| 𥰭箕 | 繩索扁担在內 | 套 | ~~9000~~ 7000 | 25 | ~~2250.00~~ 1750.00 | 每天五千人計一挖兩挑每人需𥰭箕兩担共需𥰭箕6664担所餘之數應作補損失 |
| 鋤頭 | | 把 | 1366 | 1.00 | 1366.00 | 每天五千人計一挖兩挑應需鋤頭如上數 |
| 洋鍬 | | 把 | 300 | 2.00 | 600.00 | 又需洋鍬如上數 |
| 工人津貼 | | 工 | 160000 | 30 | 48000.00 | [illegible]方二十七萬立公方每工填挖1.7立公方約需十六萬工 |
| 搭棚費 | | 座 | 20 | 150.00 | 3000.00 | |
| 涵洞溝管工程 | | 座 | 4 | 150.00 | 600.00 | |
| ~~醫藥費~~ | | | | | ~~200.00~~ | |
| 管理費 | | | | | 1500.00 | |
| 雜費 | | | | | 500.00 | |
| 共計 | | | | | ~~58016.00~~ 57316.00 | |

附註：1.每天征工五千人以三十晴天計算僅能填挖土方
2.本處臨時工程隊應留作撿採行䃺打䃺等工作但該項工隊一個月工資6220元尚在征工預算58016元之外

武昌陳利文印

26年12月19日　　計算　　校對　　審核 蔡傳壽

武昌市政处关于请求变更南湖机场填土筑堤工程征工办法致湖北省建设厅的签呈（一九三七年十二月二十七日）

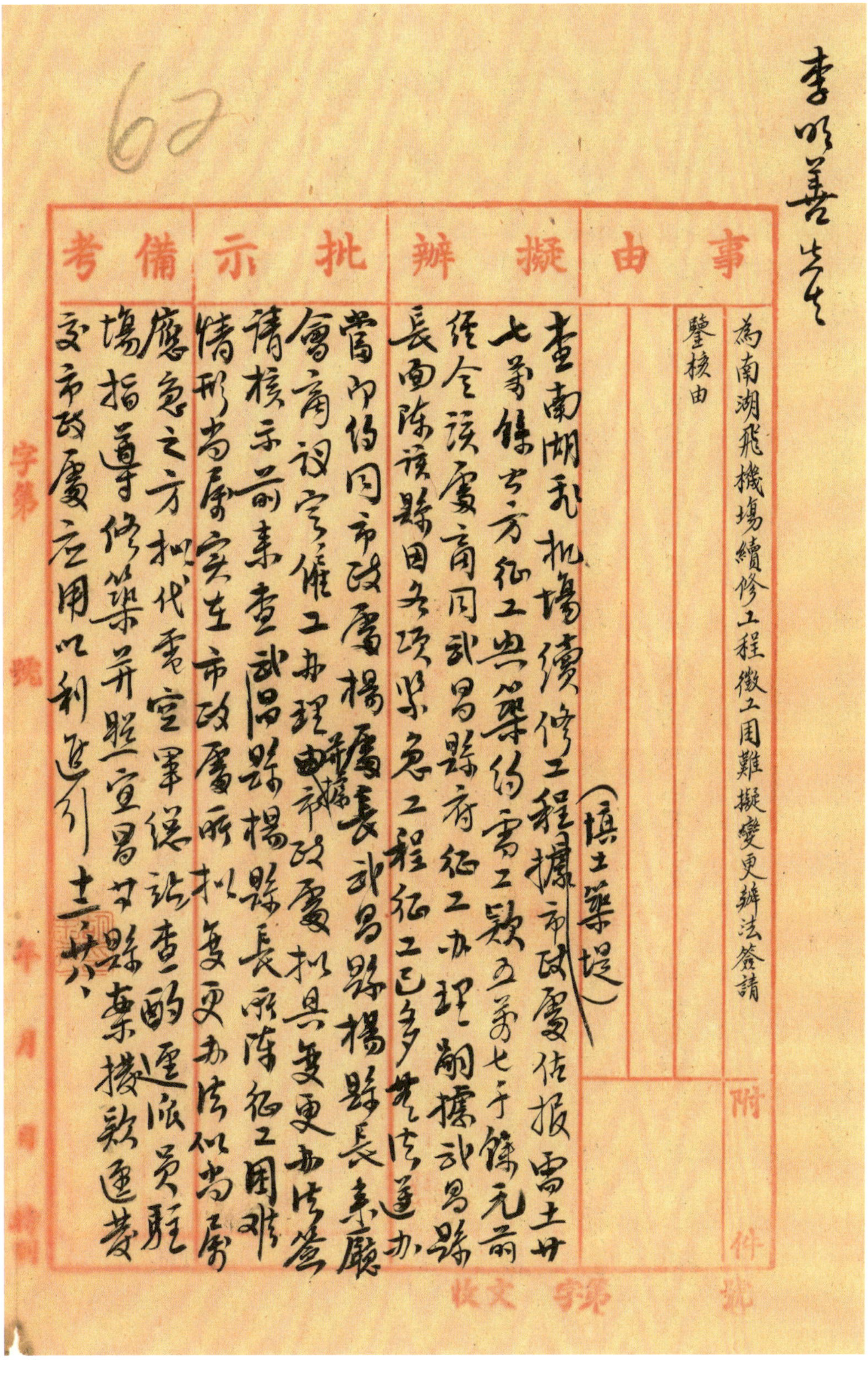
李明善

62

事由：為南湖飛機場續修工程徵工困難擬變更辦法簽請鑒核由

擬辦：查南湖飛機場續修工程（填土築堤）據市政處估報需土廿七萬餘方，征工興築約需工款五萬七千餘元，前經令該處商同武昌縣府征工辦理，嗣據武昌縣長面陳該縣因各項緊急工程征工已多，無法遵辦。當即飭同市政處楊處長、武昌縣楊縣長來廳會商，詢實後由市政處擬具變更辦法簽請核示前來。查武昌縣楊縣長所陳征工困難情形尚屬實在，市政處所擬變更辦法似尚屬應急之方，擬代電空軍總站查酌，遴派員駐場指導修築，并照宜昌機場築撥款，遴交市政處應用，以利進行。十二、廿六

批示：

備考：

案查本處前奉准

湖北省政府令，暫留臨時工隊，續修南湖機場，旋准空軍總站先後函請將濱湖部份，填土築堤，以應軍用，等由，經呈奉

湖北省政府令，飭會同空軍總站商洽辦理，並與武昌縣政府擬具徵工辦法暨臨時概算呈核，等因，本處經與空軍總站商洽，並徵得武昌縣政府同意，擬定徵工辦法，造具臨時概算，呈請核示在案，茲據武昌縣楊縣長，聲稱先後奉到 省府徵工令文，數量浩大，工程緊急，全縣壯丁幾全被徵用，前商飛機場徵工事件，實難辦到，等語，經與楊縣長於本月二十五日與

鈞廳第三科胡科長商洽，囑由縣處會同將現實情形，簽請

鑒核，等語，查該項工程如此浩大，徵工修建又感困難，為應付急需
起見，似應變更辦法，以期兩全，茲擬將該工程改作僱工修築，就原
應填高面積二六二、二〇〇平方公尺加以整平，外圍添做防水堤埂，計
整平部份，需工三三二、八〇〇。連築堤工程在內共需工三三六、八〇〇、除原有工隊五百
人外，再添雇工人五百名，共計一千人從事修築，如不發生意外困難，
三十七個晴天，即可告竣，萬一雨雪關係，至多不過兩月即可完成，其
工資以及搭棚、工具、涵洞、簑衣，暨其他監工雜費，共計不過二八、五〇〇元
，即可供飛機起落之用，如場內積水高出堤外水面，自可由涵洞外洩，
與飛行亦無若何妨碍。如將低窪部份，照原計劃全部填高一公尺，另
加堤埂，則應做土方為二七〇、二〇〇五方公尺（填平需二六二、二〇〇立方公尺、

築堤需八〇〇〇立方公尺）需工為一六〇、〇〇〇、每日以二〇〇〇人工作計算，非八十晴天，不能竣事，如遇雨雪阻難，完成將歷四月，其工資經費亦將近十萬元，揆之現在人力財力及時間，均難辦到，基上原因，擬請轉商空軍總站，准予按照上項變更辦法，暫將應填面積二六二、二〇〇平方公尺加以整平，再建防水堤埂，庶工少費輕，完成期短，俾應現時急用，是否可行？理合簽請

鑒核示遵！

謹簽呈

湖北省政府建設廳廳長石

武昌市政處處長楊錦昱

64

中華民國二十六年十二月二十七日

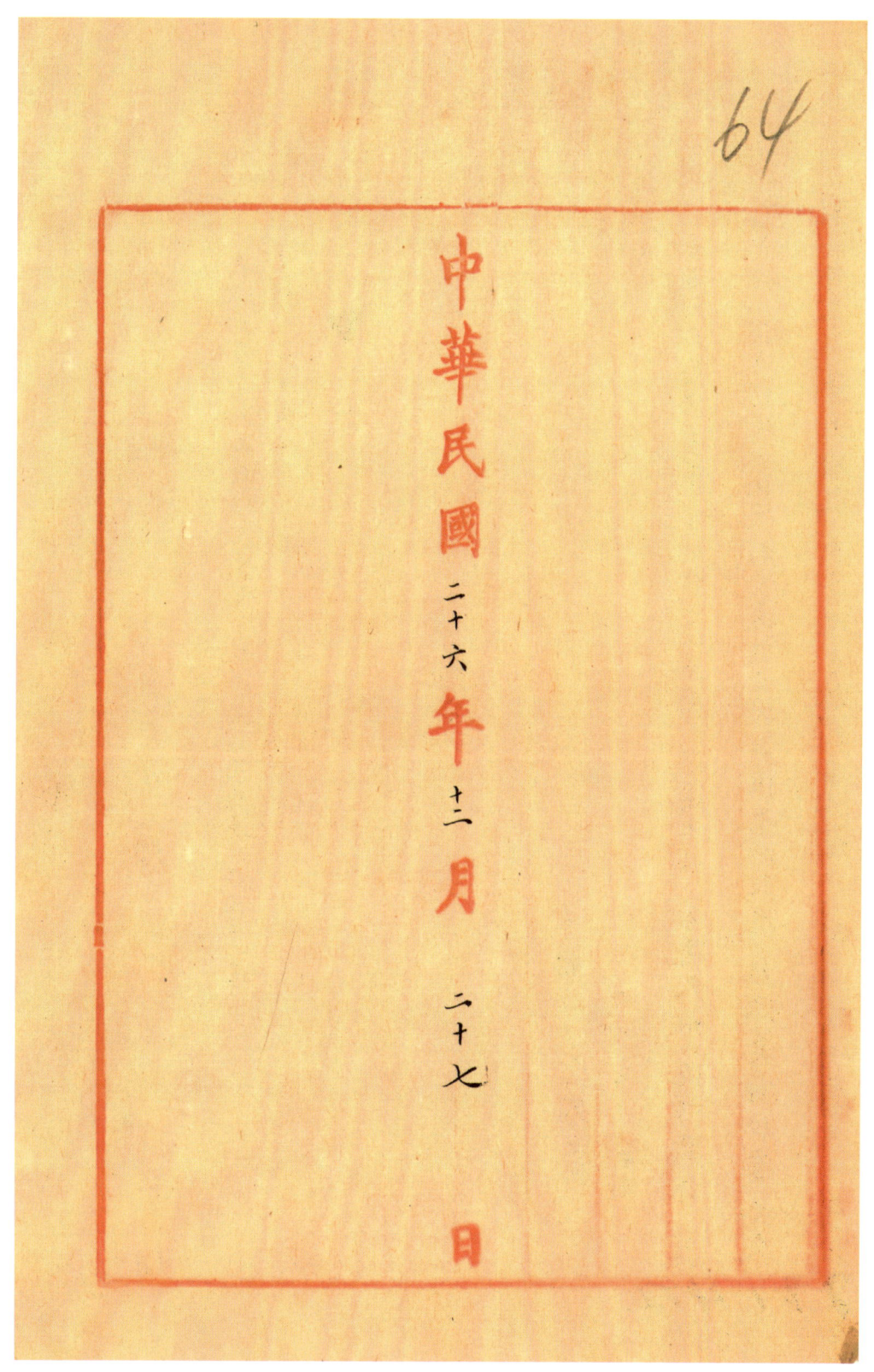

# 武昌市政处关于南湖飞机场至军官分校筑路前勘测情况及工程预算情况致湖北省政府的呈
（一九三八年七月十九日）

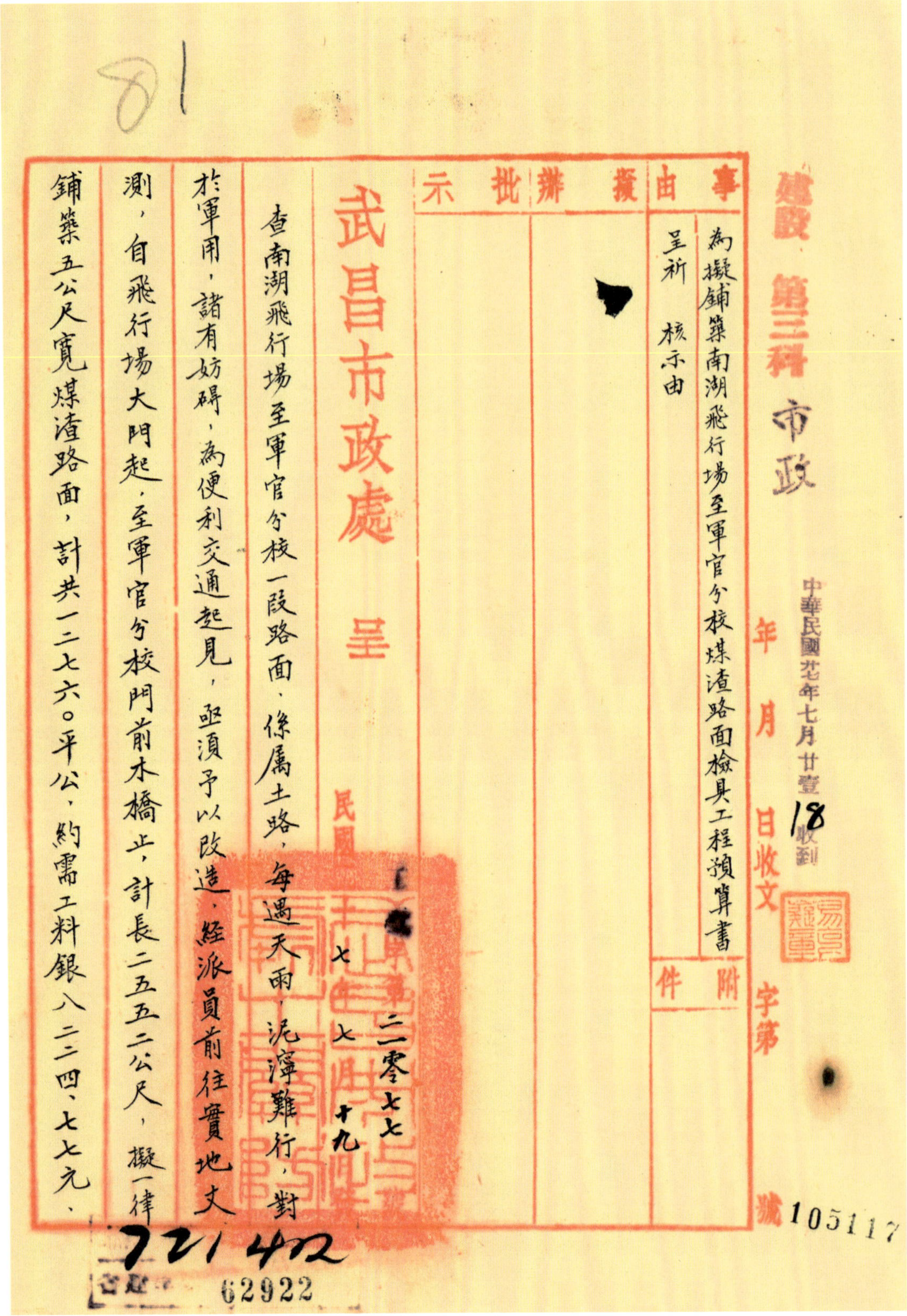
81

建設 第三科 市政

中華民國廿七年七月廿壹 18 收到

年 月 日收文 字第 號 105117

事由：為擬鋪築南湖飛行場至軍官分校煤渣路面檢具工程預算書呈祈核示由

擬辦

批示

附件

武昌市政處 呈

民國二七 七 十九

二一零七七

查南湖飛行場至軍官分校一段路面，係屬土路，每遇天雨，泥濘難行，對於軍用，諸有妨碍，為便利交通起見，亟須予以改造，經派員前往實地丈測，自飛行場大門起，至軍官分校門前木橋止，計長二五五二公尺，擬一律鋪築五公尺寬煤渣路面，計共一二七六〇平公，約需工料銀八二二四、七七元、

721 402

62922

該款並擬在本處二十六年度建設臨時經費項下開支，是否有當？理合檢具該項工程預算書，備文呈請

鈞府鑒核示遵！

謹呈

湖北省政府主席陳

附呈：預算書一份。

武昌市政處處長楊錦昱

## 附：南湖飞机场至军官分校筑路预算书（一九三八年七月十三日）

82

武昌市政處

[illegible]軍煤碴路 工程預算書 (共 1 頁)

字第 號　　　　第 1 頁

| | |
|---|---|
| 地點 | 自南湖機場大門至軍分校大門木橋止 |
| 工程撮要 | 該路全長2,552.00公尺舖寬5.00公尺共12,760.00平公按1成黃土3成[illegible]舖厚8公分計共需1,020.80立公(黃土255.20立公 煤碴765.60立公)[illegible]平坦再行碾壓結實 |
| 總價 | 8,224.77元　　平均單價 |
| 起案原委及施工方法 | |
| 附件 | |

預算詳細表

| 種類 | 形狀 | 單位 | 數量 | 單價（元） | 總價（元） | 備考 |
|---|---|---|---|---|---|---|
| 煤碴運費 | | 立公 | 765.60 | 4 70 | 3598 32 | 租用汽車由第一紗廠運往 |
| 黃土 〃 | | 〃 | 255.20 | 3 90 | 995 28 | 租用汽車由賓東門運往 |
| 煤碴裝卸工 | | 〃 | 765.60 | 40 | 306 24 | |
| 黃土挖工及裝卸工 | | 〃 | 255.20 | 60 | 153 12 | |
| 整理路基 | | 平公 | 12760.00 | 05 | 638 00 | |
| 舖工及打夯工 | | 〃 | 12760.00 | 15 | 1914 00 | |
| 3% 工具 | | | | | 228 15 | |
| 5% 監修費 | | | | | 391 66 | |
| 合計 | | | | | 8,224.77 | |

武昌翰香齋印

27年 7月 13日　計算 胡[illegible]　校對　審核 [illegible]

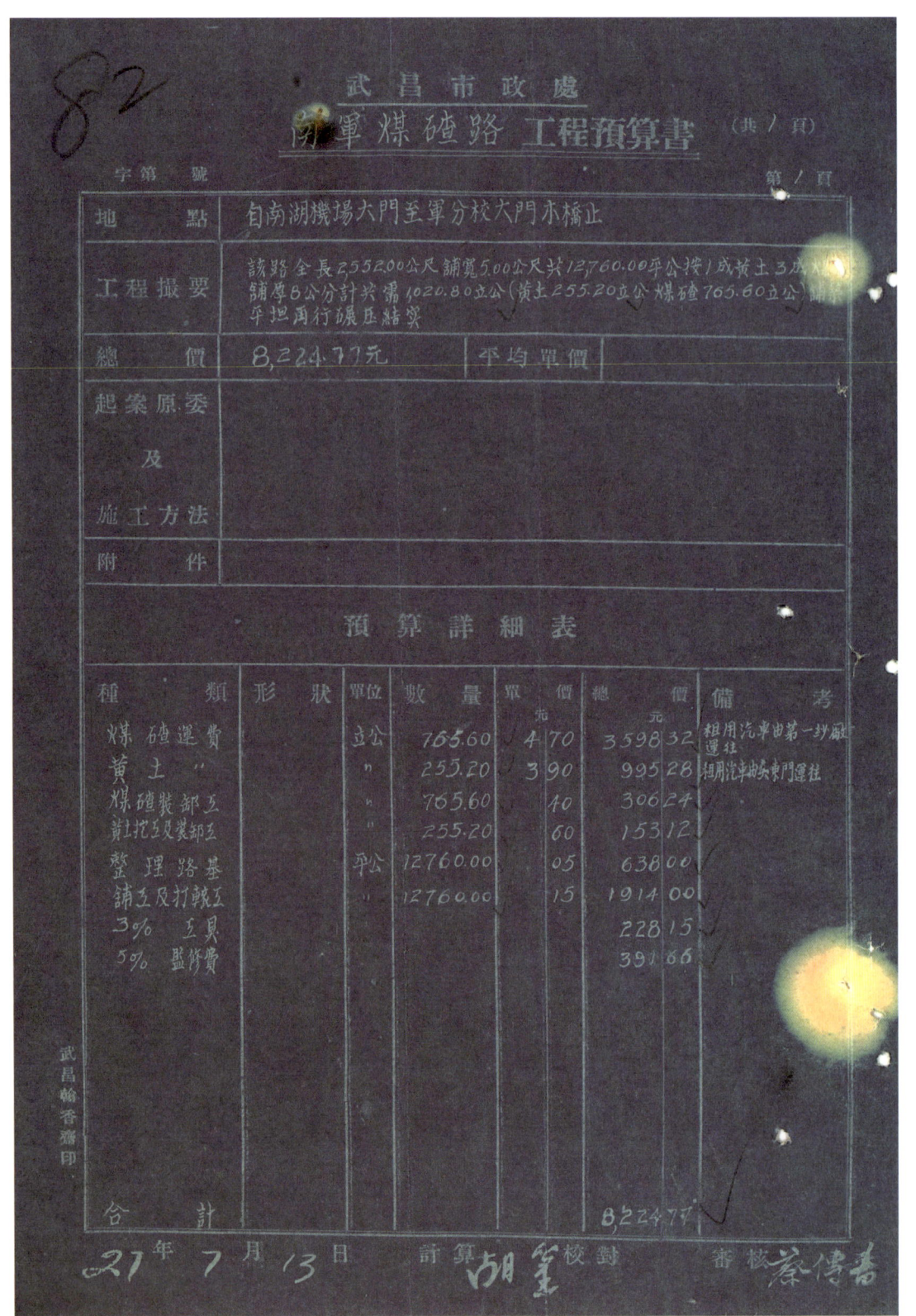

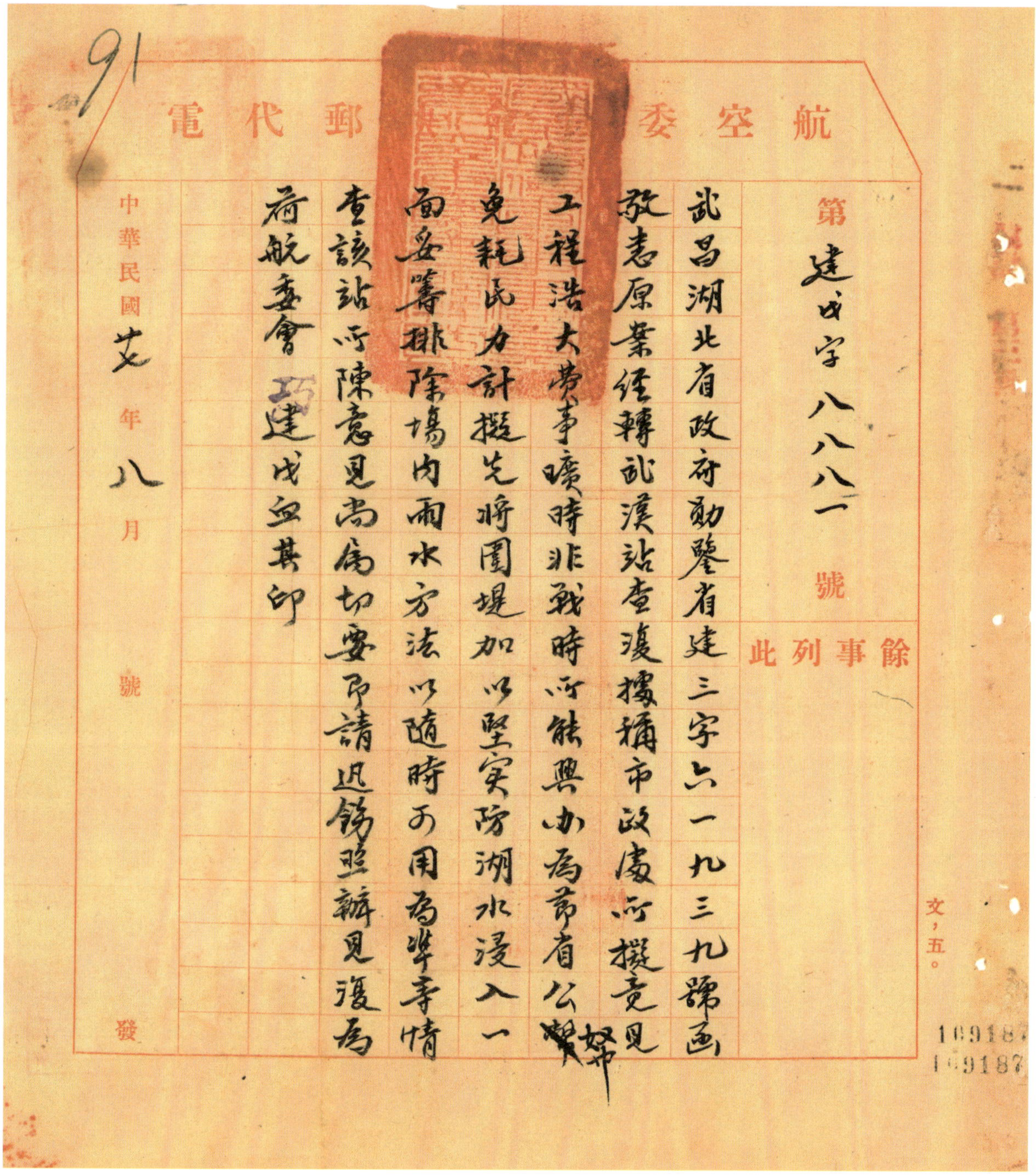
航空委員會郵代電
第　建戍字八八八一號
餘事列此
武昌湖北省政府勛鑒省建三字六一九三九號函
敬悉原案經轉武漢站查復據稱市政處所擬意見
工程浩大費事曠時非戰時所能興辦為節省公帑
免耗民力計擬先將圍堤加以堅實防湖水浸入一
面妥籌排除場內雨水方法以隨時可用為準等情
查該站所陳意見尚屬切要即請迅飭照辦見復為
荷航委會巧建戍血其印
中華民國廿七年八月　日　號　發

航空委员会关于南湖机场填土筑堤及排水等工程致湖北省政府的代电（一九三八年八月十八日）

# （二）汉口机场

汉口市政府关于请示扩充汉口飞机场占用土地及费用开支致湖北省政府的呈（一九三六年八月四日）

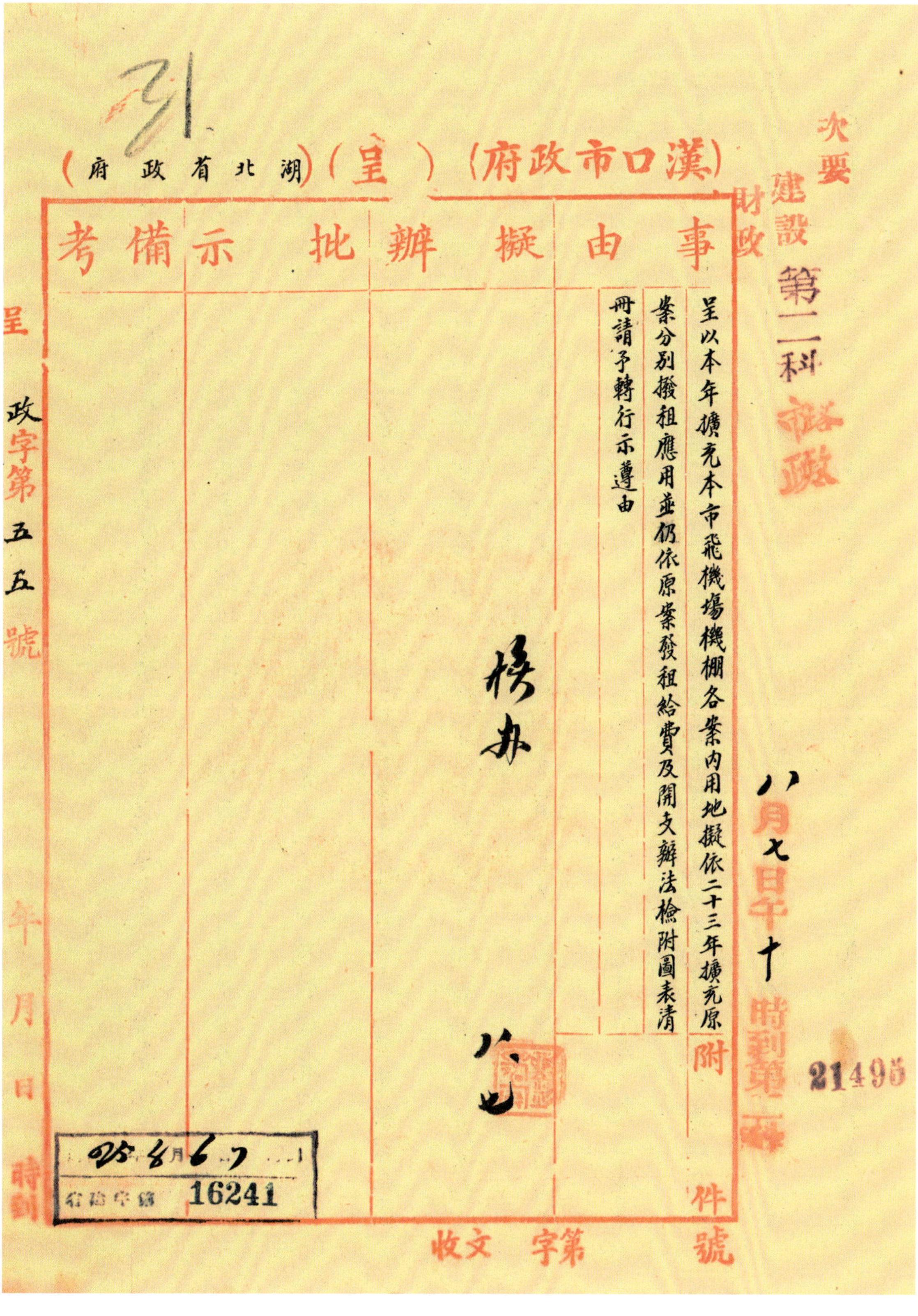

（湖北省政府）（呈）（漢口市政府）

次要

建設 財政

第二科

| 事由 | 擬辦 | 批示 | 備考 |
| --- | --- | --- | --- |
| 呈以本年擴充本市飛機場機棚各案內用地擬依二十三年擴充原案分別撥租應用並仍依原案發租給費及開支辦法檢附圖表清冊請予轉行示遵由 | 核办 | | |

附件

八月七日午十時到第一科

21495

呈 政字第五五號 年 月 日 時到

25 8月 6 7

16241

收文 字第 號

查本市二十三年擴充飛機場租用民地案內，被租之地每石每年發給租金壹拾陸元，自二十四年度起列入本府各年度預算書內備付，並由本府填發租金證書，交由各業主按年具領，被租地內原有各佃戶發給一次種籽費每石捌元，在本府二十三年度預備費內照支呈奉鈞府同年三月十八日建字第四〇六〇號指令核准照辦在案。本年六月准武漢空軍總站先後函：以本市機場，原計劃建築範圍為八百米見方，二十三年擴充案內因顧惜人民痛苦，酌予減狹，僅建築南北八百米，東西六百餘米之機場，現因事實上之需要，擬將原機場西面向外擴展，請即派員勘測，飭工擴建為八百米見方之場地，以符原定計劃，又以奉 航空委員會電飭在漢機場再建機棚一座，遵在本站房屋北面採定民地，希即派員測查收用各等由過府，自應分別照辦，以利軍需，經即派員測查，據報此次擴充機場用地總面積一萬五千八百二十四方三七，內除道路佔地三百三十一方九〇外，計地一萬五千四百九十二方四七，計合叁拾柒石壹斗捌升，內有湖北財政廳、湖南建設廳管理公產地畝九百八十八方二三，計合貳石叁斗柒升，實用民地四千五百〇四方二四，計合叁拾肆石捌斗壹升，應給公私地內各原佃民之種籽費面積，計叁拾柒石壹斗捌升，建築機棚用地總面積四千八百五十三方六二八一，計合壹拾壹石陸斗五升，內有商埠監獄管理之地畝三千〇七十一方一四九二，計合柒石叁斗捌升，實用民地一千七百八十二方四七八九，計合肆石貳斗柒升，應給公私地內原佃民之種籽費面積計肆石五斗叁升，分具圖表，請予鑒核前來，查上列兩項用地數內，屬於湖北財政廳、湖南建設廳、商埠監獄現管公地共計面積四千〇五十九方三七九二，計合玖石柒斗五升，應請即予分別轉行各該管機關照數撥用，及道路佔地均毋須列付租金，其餘採用之民地共計面積六千二百八十六方七一八九，計合叁拾玖石零捌升，應即依照二十三年擴充機場原案，按戶租用，仍由本府發給租金證書，每年每石發給租金壹拾陸元，所有公私地畝現有青苗地段共計面積肆拾壹石柒斗壹升，亦依原案發給各佃民一次種籽費每石捌元，惟該地租總數應支銀陸百弍拾五元弍角捌分，係屬常年支付之款，自應列入本府每年度預算內，以供支付，本年度本府預算，業已編報，無可增益，該項租金，擬自下年度起，再行列報開支，由各業主於每年七月持證來府照領，上列應給各佃民之種籽費總數應支銀叁百叁拾叁元陸角捌分，係一次支清之款，擬即在本府本年度預備費內照數支交本市公安局具領轉發取結報查，以符原案，准函前由，除將建築機場工程費另案編呈有案，該項租金證書式樣，前已呈奉核定，應免檢送，並函復外，理合將所辦理該案情形，暨援案租用民地，請撥公地，與發租給費各辦法，檢附圖表，一併具文呈請

鈞府鑒核，分別轉行示遵！

謹呈

湖北省政府主席楊。

附檢呈擴充機場機棚圖二份，表一份，業主佃民用地面積清冊二份。

漢口市市長吳國楨

中華民國二十五年八月四日

漢口市政府印

附：扩建汉口机场征租表

附表

| 土地區圖號 | 業主姓名 | 徵用面積 | 合石數 | 佃户姓名 | 青苗石數 | 備攷 |
|---|---|---|---|---|---|---|
| 3.7.50 | 商埠監獄 | 2764.8876 公方 | 6.65 | 李傳愷 明孟德 蘇良哉 盧坤山 童信發 | 3.78 | 李0.65石 明1.80石 蘇0.47石 童0.61石 盧0.25石 |
| 49 | 商埠監獄 | 306.2616 | 0.73 | 盧坤山 | 0.46 | |
| 55 | 梁竹根 | 783.7687 | 1.89 | | 無 | 現為荒地 |
| 54 | 王盛泰 | 103.0590 | 0.25 | | 無 | 仝上 |
| 53 | 梁竹根 | 520.6680 | 1.25 | | 無 | 仝上 |
| 52 | 張翠川 | 129.7224 | 0.29 | 盧本植 | 0.29 | |
| 51 | 農林公司 | 18.2880 | 0.05 | | 無 | 被徵之地為溝 |
| 58 | 農林公司 | 164.4696 | 0.39 | | 無 | 現為荒地 |
| 56 | 梁竹根 | 62.5032 | 0.15 | | 無 | 仝上 |
| 合計 | | 4853.6281 | 11.65 | | 4.53 | |

# 湖南省政府关于汉口机场修路需占用其管辖公产需提交土地征收审查委员会统筹办理致湖北省政府的咨（一九三六年十二月二十六日）

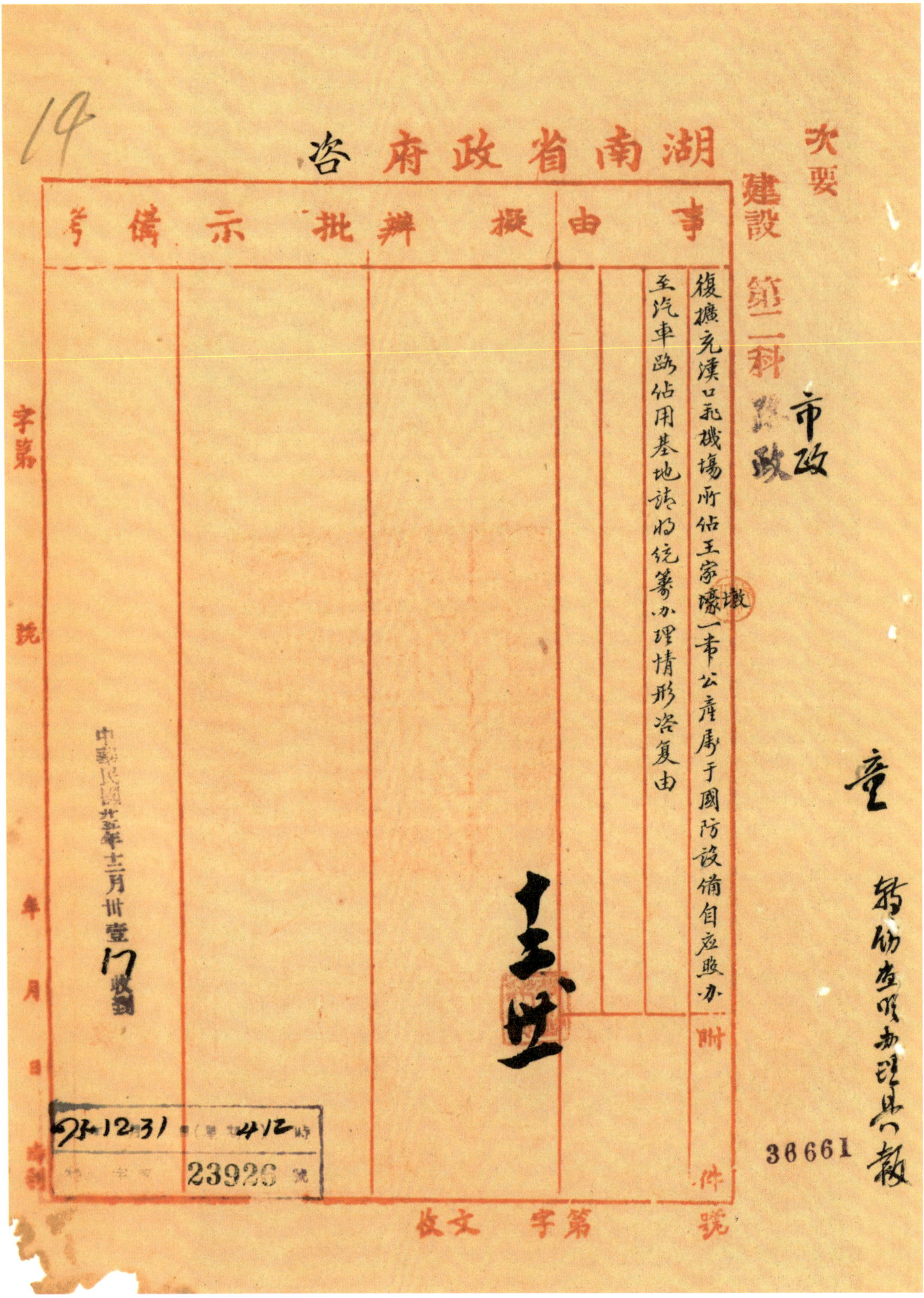

湖南省政府咨

次要

建設

第二科

市政

事由：復據充漢口飛機場所佔王家墩一帶公產房于國防設備自應照办至汽車路佔用基地請將統籌办理情形咨復由

擬辦

批示

備考

章

飭仍查明办理具報

中華民國廿五年十二月廿壹日收到

36661

23926

收文　字第　號

# 湖南省政府咨

建叙字第 3171 號

案准

貴省政府二十五年十一月二十七日咨以據漢口市政府先後呈復擴充漢口飛機場暨修築汽車路佔用所管漢口王家墩一帶公產一案情形咨請查照撥用并希見覆等由准此查擴充飛機場面積屬于國防設備佔用地畝自應照辦至修築汽車路佔用基地一節既由漢口市政府將各該案內被征地段分別查明編冊提交土地征收審查委員會統籌辦理相應咨請

貴府將審委會籌辦情形查明咨覆以憑辦理至紉公誼此致

15

湖北省政府

主席何鍵

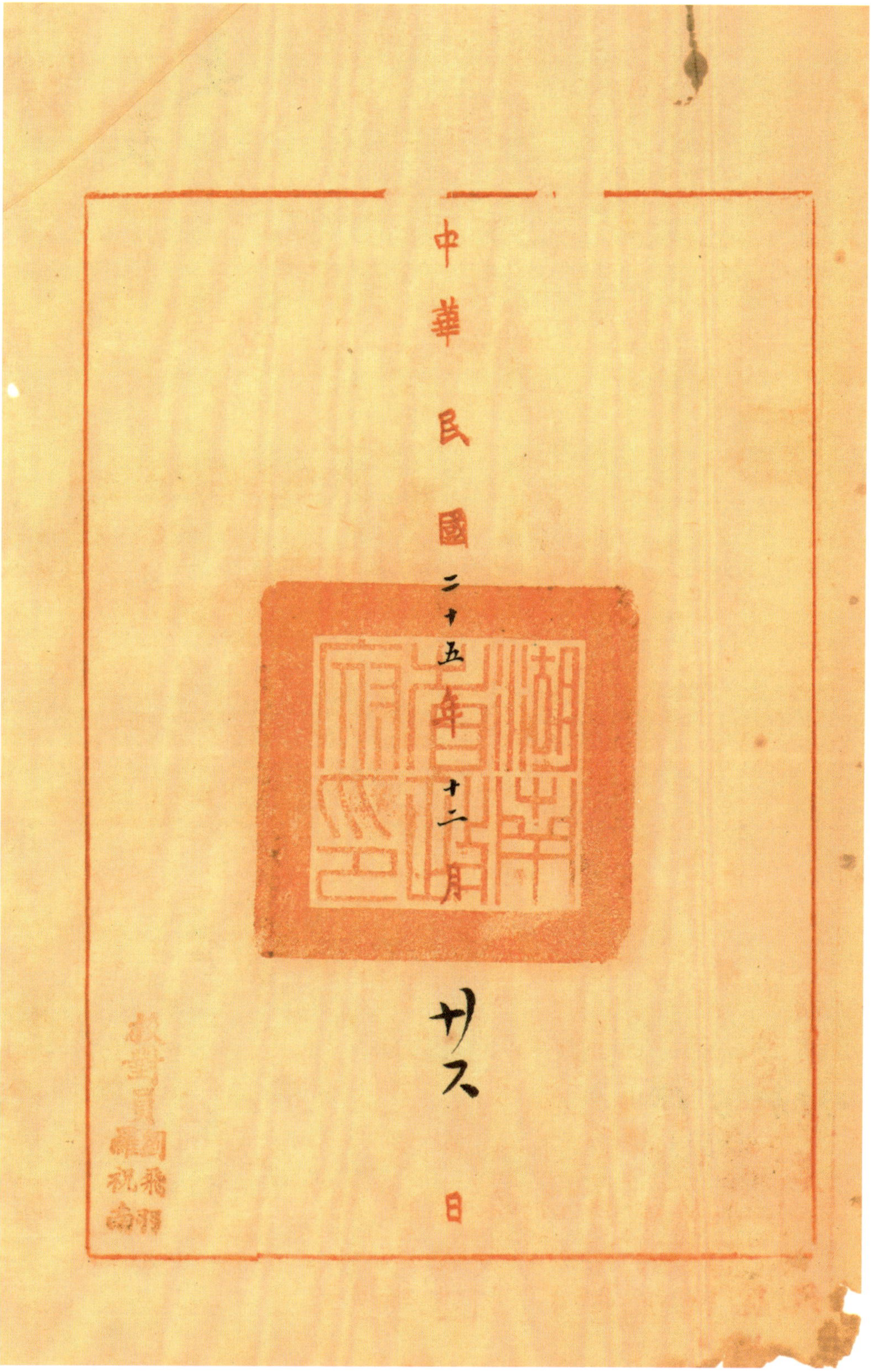
中華民國二十五年十二月廿九日

校對員 劉飛羽 羅祝南

汉口市政府关于办理扩筑汉口机场经过情形致湖北省政府的呈（一九三七年九月二十三日）

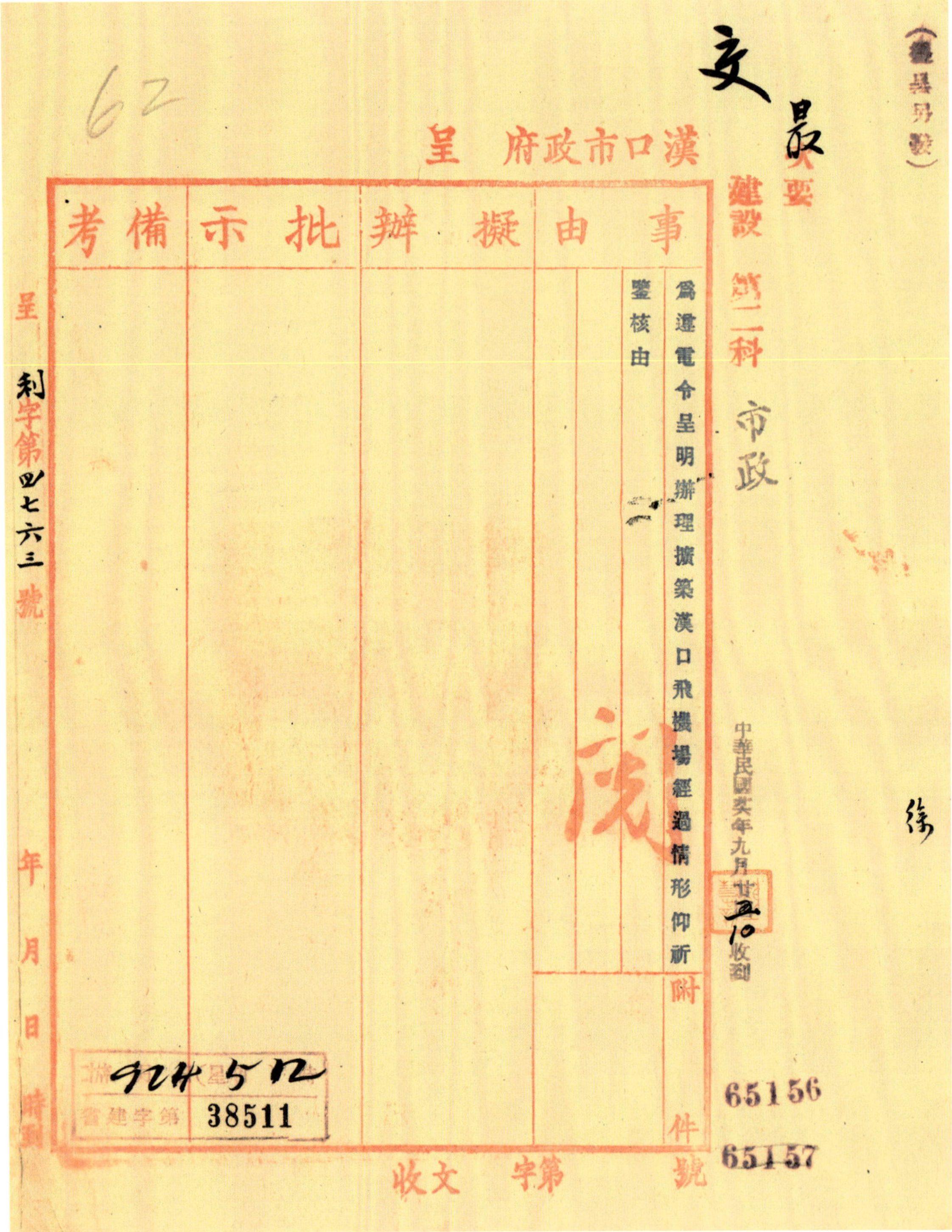

案奉

鈞府省建二字第三八一七七號快郵代電以准空軍前敵總指揮部轉據武漢空軍總站長金家驅代電擬將漢口飛機場向東西北擴展轉飭即日興工擴築等因下府查此案前准武漢空軍總站本月九日公函請將該機向東擴展三百米向西擴展二百米向北擴展五百米正核辦間復准該總站本月十日公函請改向西向北各擴展五百米各等因即飭本府技士廖德金等前往勘測釘立邊樁一面佈告該地農民迅將樁線內青苗剷除俟各戶地畝計算精確再行辦理租用及酌給青苗費手續一面調派本府常僱工人五百名前往平墳預計四十日完工嗣該總站以四十日完工太遲請縮短爲二十日並准函撥工資伍千圓以資補助遂復添招臨時工人五

百名即在撥補之款内開支不足之數則在本府常工盈餘項下彌補業於

本月二十日開工除工程費地畝租金及青苗費應另造預算呈核外奉電

前因理合將辦理經過情形具文呈請

鈞府鑒核

謹呈

湖北省政府主席黄

漢口市市長吳國楨

中華民國二十六年九月廿三日

## 汉口市政府关于汉口飞机场工程工资杂费等预算致湖北省政府的呈（一九三七年十月十二日）

案查前奉

鈞府省建二字第三八一七七號快郵代電飭擴築漢口飛機場等因，業將遵辦情形及開工日期

呈報在案。茲查擴充部份面積甚大，內面有武漢警備司令部舊堡壘一座，須代為拆除。已築成之保康路、恒山路一段須恢復原狀，田內青苗亦須代為剷除，故需工特多。茲擬將空軍部所撥五千元之款，以一千元作添置工具、工棚及雜費，以四千元僱臨時工人，其餘之工完全由本府常工担任，不支工資。惟青苗費因成熟期適，擬每畝給費壹元五角，計需弍千叁百陸拾弍元五角。又有民房十二棟，須發給拆遷費弍百叁拾弍元零五分（內債票二二五、元 現金一一七、〇五），此兩款擬在本府新廈工程費項下挪支。除地租係以年計須另造預算，青苗費細數須照土地登記冊核算另造花户清冊呈核外，理合將工資、拆遷費及青苗費概數一併造具預算，連同房屋基地調查表、機場全部平面圖具文呈請

鈞府鑒核令遵！

謹呈

湖北省政府主席。

附呈草預算一份。房屋基地調查表一份，機場全圖一份。

漢口市市長吳國楨

中華民國二十六年十月十二日

92

欵　　項　　目　　第　　號附屬

擴大飛機場工程　詳細書

| 種別 | 形狀 | 稱呼 | 數量 | | 單價 | | 銀額 | | 備考 |
|---|---|---|---|---|---|---|---|---|---|
| | | （一）工程費 | | | | | | | |
| 拆卸舊堡壘工 | | 工 | 1160 | 00 | | | | | 拆卸約長20m³碉堡及洋灰[illegible]由本府常備工隊辦理不列工資 |
| 除青苗工 | | 〃 | 9450 | 00 | | | | | 每人每日以十市方計 |
| 挖路填溝工 | | 〃 | 2720 | 00 | | | | | 係康路及恒山路在擴充地域内約總長1360m路基土方需還原 |
| 開溝工 | | 〃 | 300 | 00 | | | | | |
| 坪場工 | | 〃 | 11830 | 00 | | | | | |
| 打夯及碾結工 | | 〃 | 11830 | 00 | | | | | |
| 合計 | | 〃 | 37290 | 00 | | | | | |
| 擬用臨時工 | | 〃 | 10000 | 00 | | 40 | 4000 | 00 | 除由常備工隊辦理不列工資 |
| 添製工具等補費 | | | | | | | 1000 | 00 | 内含作工用具工棚等補費 |
| | | （二）賠償青苗費 | | | | | | | |
| 青苗費 | | 市畝 | 1575 | 00 | 1 | 50 | 2362 | 50 | |
| | | （三）折遷費 | | | | | | | |
| 折遷費 | | | | | | | 232 | 05 | 債票115.00 現金117.05 |
| | | | | | | | | | |
| 以上（一）（二）（三） | | | | | | | | | |
| 項全部經費 | | | | | | | 7479 | 55 | （現金） |
| | | | | | | | 115 | 00 | （債票） |

漢口市政府

## 全国经济委员会江汉工程局关于购买汉口飞机场跑道石子多方洽商的办法致湖北省政府的呈（一九三七年十月二十三日）

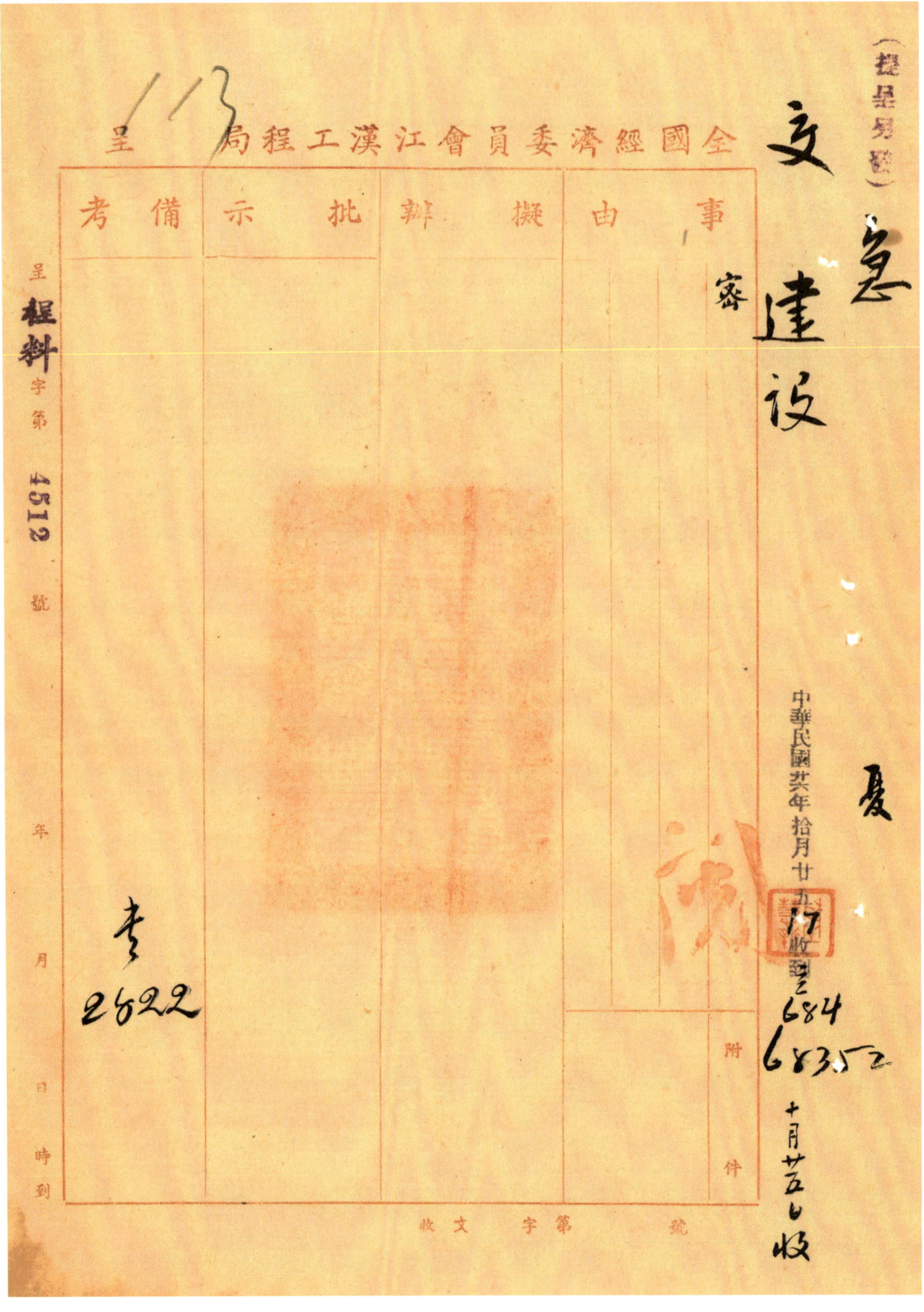

全國經濟委員會江漢工程局 呈

| 事由 | 擬辦 | 批示 | 備考 |
| --- | --- | --- | --- |
| | | | |

附件

呈 程料 字第 4512 號

中華民國廿六年拾月廿 日

收文 字第 號

案奉

鈞府本年十月十七日肴建三字第三九八三四號密令，以准航空委員會删拾丁電，以建築漢口機場跑道需用石子四千餘方，請飭本局將修堤搶險各種石子盡量照數撥用，並飭航業局運至礄口交用，俾資迅速等由，飭即遵照趕速辦理等因，奉此，查此案前奉

鈞府十月九日建三代電暨肴建三字第三九五六七號指令，飭與武漢空軍總站切實商洽辦理等因，遵即向武漢空軍總站商洽，一面分向漢口市政府及建設廳航業局洽辦，歸納各方洽議，辦法如次：

(1)需用石子數量，經市政府估計共四千五百市方，全部由江漢工程局購辦。

(2)石子之水上運輸由建設廳飭航業局辦理。

(3)跑道之修築工程，由漢口市政府辦理。

(4)需用之經費，據金站長聲稱，先各就担任之所需估計款數，彙總編具預算，送由總站呈請航

114

空委員會核發，惟事前暫由廳局市府代墊支付。

查關於購辦石方，辦理之困難，採運之艱阻，現已為本省嚴重之問題，機場需石既急，本局修堤搶險所有大塊蠻石，不特本届因種種阻礙，並未運足，毫無存餘，且亦不適修築跑道之用，若依照向例，佈置山塲募工開採，勢已萬萬不及，籌思再四，只能就各處山塲現有存石備款收集，一面並接洽漢市石商承包趕辦，一面復登報招標分途采辦，各方並進，以期迅赴事功，至所需時日，現在尚難預定，本局惟有分途趕辦，竭力以赴耳。茲將連日洽辦情形，縷陳如次：

(甲)備款收買：據沙洋第七工務所報稱，荊門縣屬馬良地方存有石子約一千六百市方，盡為各小包工所有等語，經已電飭該所備價儘量收買，趕運河岸，以便派員收方派船起運；又據順記採石公司報稱，漢川馬鞍山河岸有該公司存石約五百市方，經令飭漢川第五工務所就地查証，照數收買；又查農工銀行在鄂城西山存石甚多，惟體大質堅，不合築路之用，經商准該行儘山塲所有選擇小塊收買，以代片石數量暫不決定、約可選購四五百方、已與該行簽就定單、即日着手選擇、一星期以內、可陸續由河岸上船、復查武漢石商、若椿源公司、朱洪發、俊生厚、同興公等、分在金口沌口蕭家灣及米糧山各處採石、雖向係承售武昌市政處及漢口市政府等路石子、然以能力薄弱、短時期內、不能承辦多量石方、考其過去成績、每日至多不過採運十方左右、本局現正與各該商商洽資助趕運辦法、冀達到一月以內採運五百方之目的。

(乙)包工開採、據漢川第五工務所報稱、該縣馬鞍山山場、散佈石子約二百市方、雇工搬運、一星期內、可集存河岸上船、又據該所陳主任面稱、現值農閑之時、備款招工開採、鄉民均樂於從事、約計每日可出石子一百餘方等語、本局現已招致原有包工商訂包約、着手開採、如果進行順利、半月之內、可採石子一千餘方、堆存河岸上船、又嘉魚馬鞍山及赤磯山素採石子、經派員前往查勘、據報馬鞍山所存碎石估計約二千方左右、形式大小不齊、且均被沙泥掩蔽、如果需用、必須招工清理、該山距河岸甚近、陸運有小鐵

115

帆可租，搬石上船，頗稱便利，惟就地工人甚少，招工不免困難，至赤磯山碎石，約有五百方，亦多掩蔽在沙泥中山場河岸，相距一里，陸運較費周折等語，本局現正招致原有包工商洽清理石子及陸運上船等辦法。

(丙)招標承辦本局經已準備投標手續，佈告招標，並在漢市各報刊登廣告，限本月二十三日以前來局辦理手續，一面並招致原有石商參加投標，應俟限期屆滿開標提辦。

此外漢口市政府儲備築路石子二百餘方，本局業已商准暫時挪借，應俟本局所備石子源源運漢，該府存石即可運赴機場，立時動工，此本局購辦石子之經過情形也。

惟有應陳明者四事：

(一)依據洽議辦法，原係分工合作，所負任務各有不同，即購辦石方，以及自山場運至附近河岸碼方，並招上船隻，一切歸本局辦理，所有裝石起運之船隻，並由山場河岸運至漢口靠岸，由建設廳辦理，石船到漢靠岸以後，即由漢口市政府接辦。

（二）本局購辦石方地點、現有荊門馬良山、漢川馬鞍山、嘉魚馬鞍山、金口上之赤磯山、金口下之蕭家灣鄂城西山等處、嗣後或須加多、屆時呈報、對於石商之遲期交石、買方之無船裝載、或驗收遲延、各有處罰之規約、所有各山石方、一經開始陸運、同時即應準備船隻及驗收照料人員、以期照約履行、免誤事機、擬請

鈞府飭知建設廳、無論上列一處或數處、一經接得本局通知、應立即分派船隻、前往各該處載運、否則發生違約糾紛、本局殊難負責。

（三）石子碼方、不免空隙、就地丈量、已難期準確、異地復驗、差數更殊、為免去糾紛起見、擬由建設廳、漢口市政府及本局各派人駐山、就地在河岸會同驗收、監督上船後、本局除對石商付款外、不負任何責任

擬請

鈞府分飭建廳及漢市府遵照辦理。

（四）關於石款一項、現在購石開始、依洽議辦法、本局暫行墊付、惟本局各項支款、均有預算、指定用

116

迭領發工款，亦依工程之進度陸續核實發放，且值非常時期各項經費，折成支發，實無餘款可資挪墊，擬請

鈞府轉商

航空委員會對於該項石款務須源源接濟陸續歸墊，俾利進行。至造送預算一節，因山場之地勢各別，石價隨之互異，擬俟日內與各石商接洽定妥，當即另案編呈。除關於本案一切進行事宜隨時呈核外，奉令前因，理合將購辦石子經過情形及應行陳明各點，先行具文呈請

鑒核示遵！

謹呈

湖北省政府兼代主席何

兼江漢工程局局長范熙績

范氏熙績

117

中華民國二十六年十月二十三日

105

# 新建飛機場跑道及明溝工程施工說明書

一、總則　本工程圖說係參照武漢空軍總站交來圖樣及說明書設計，施工時，應依照該圖樣辦理，事前並請空軍總站派員指導劃線。

二、工程地點　在王家墩飛機場東北西南向對角線建築跑道一條，寬五〇公尺，長一五三八．五公尺，跑道兩端各連以一〇〇公尺對徑之圓道，圓道外弧邊與對角線相交之點各距近旁角點五〇公尺；跑道與圓道均舖築平均結厚一五公分碎石路面，共計面積七七〇八一平方公尺。再沿跑道兩旁及圓道未連接跑道之周圍部份，建造三〇公分寬四〇公分深石子明溝，共長約三六〇五公尺。

三、定線釘樁　照第二條說明施釘跑道及圓道中心樁，邊樁，並沿中心樁測釘水平樁，同時攷查地面縱向坡度斟酌排水，最好中段較兩頭高或一頭高一頭低，坡度須在千分之一以上。

施行二三兩條應請空軍總站派員指導。

四、舖築路面　首先照圖挖槽（須視土質強弱程度增減深度），用大汽碾碾壓結實，開始舖寸口石（口徑六公分至九公分）一層，用汽碾碾壓二次，中部結厚十一公分，邊部結厚七公分，繼舖三公分厚黃泥一層，再用汽滾碾入石縫內，再舖分口石（口經二公分至五公分）一層，用汽碾灑水來回碾結，中部厚五公分，邊部厚三公分，上面用黃泥灌漿，隨撒瓜米石（口徑〇·六公分至一·二公分）一層，普厚約二公分，用帚掃勻，再灌黃泥漿，用人力碾灑水碾壓，同時修補平整，以一三黃泥黃砂收漿蓋面，俟稍乾固，即用汽碾及石碾重複碾壓，必至平整結實合於規定路面為止。完工後，經過三天方可開放通行，在此時期內每遇下雨，須用人力碾碾壓之。

五、建造明溝　明溝尺寸大小，係照空軍總站開來說明書辦理，是否必須建造，須先向空站請示明白，再行動工。建造時，首先應參照跑道縱坡度及攷查圖道兩端地形，決定水流方向，若跑道縱坡太小，規定明溝內空恐不敷宣洩雨水，由監工人員徵得空軍總站同意後，將明溝上流改淺，下流加深，使其平均深為四十公分，再開始沿道邊挖適當深寬之槽，并夯實，用片石鋪底砌牆，以一三白灰漿填縫，溝底及牆厚度如圖，牆底內面普抹二公分厚一三水泥漿。

六、附則　凡圖說有未盡事宜，由在場施工人員分別商承空軍總站及本府工務科辦理。

# 汉口市政府关于将警备司令部碉堡改建为飞机场周围哨所致湖北省政府的呈（一九三七年十一月二十四日）

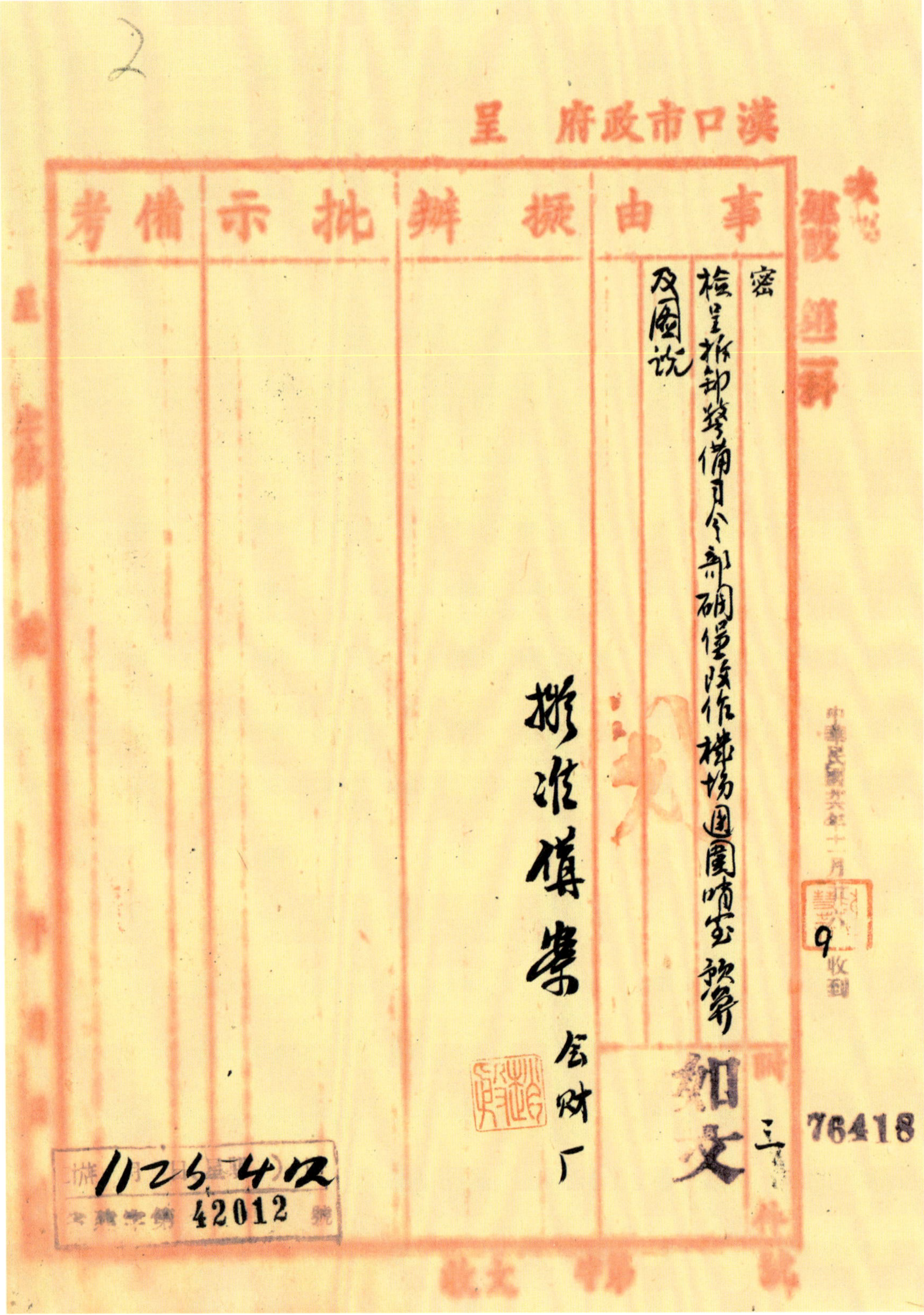
漢口市政府 呈

| 事由 | 擬辦 | 批示 | 備考 |
| --- | --- | --- | --- |
| 密 檢呈拆卸警備司令部碉堡改作機場週圍哨所預算及圖說 | 擬准備案 | | |

会 财 厂

76418

42012

案查前奉

鈞府電令擴修漢口飛機場至一千三百平方公尺等因；業將遵辦情形呈復在案。嗣准武漢空軍總站來函，以該場西北角有警備司令部碉堡一座，曾商得警備部同意，將其拆除，改作機場週圍哨室，其不足材料，請由本府補充等因，經由本府函准該總站將應作哨室數目地位及大小形狀繪圖送府，惟舊碉堡所拆材料，悉被警備旅搬去，哨室材料須全數新購，經詳加估計，共需材料雜費貳千伍百陸拾柒元柒角叁分，（人工則由本府調派，不計工資）此款業經函准該總站如數照撥除將預算圖說共檢四份，函送該總站以便分別存轉外，理合各檢一份，具文呈請

鈞府鑒核備案！

謹呈

湖北省政府主席何

附呈草預算一份、圖說各一份。

漢口市市長吳國楨

中華民國二十六年十一月二十四日

# 附一：航空委员会武汉空军总站机场哨所施工说明书

航空委員會武漢空軍總站機場哨所施工說明書

一、工程　本哨所共十一座，計分兩種（甲）種四所，建於場之四角，每所容士兵六名，官佐一名。（乙）種七所，建於四邊，每所容士兵六名。

二、地點　本哨所建於航空委員會武漢空軍總站機場四周，其詳細位置見圖。

三、材料　本哨所用大號青磚，1:1:6水泥白灰漿砌造，屋頂蓋黑洋瓦。木料概用松木。

四、構造　墻基土腳須充分夯結，再築墻基，其他各部份詳圖。

五、木門及木床　本哨所每所用普通木門一副，大小見圖。（乙）種所內各用雙層式木床三張，共六個床位，其大小見圖。（甲）種哨所內加木床一個，以供官佐應用。

六、窗　本哨所為適應特殊需要不設大窗，僅用小長方形壁孔以便外窺，其數目每兵士一個，墻外之孔較內為大，向內成收斂形式（頂角六十度）內側可用玻璃木框門以蔽風雨。

七、電燈　本哨所內電燈於哨所建成後，由使用機關自行雇工裝設。

八、附註　圖說有未詳盡之處，由監工人員請示辦理。

附二：汉口机场哨所工程图（一九三七年十月八日）

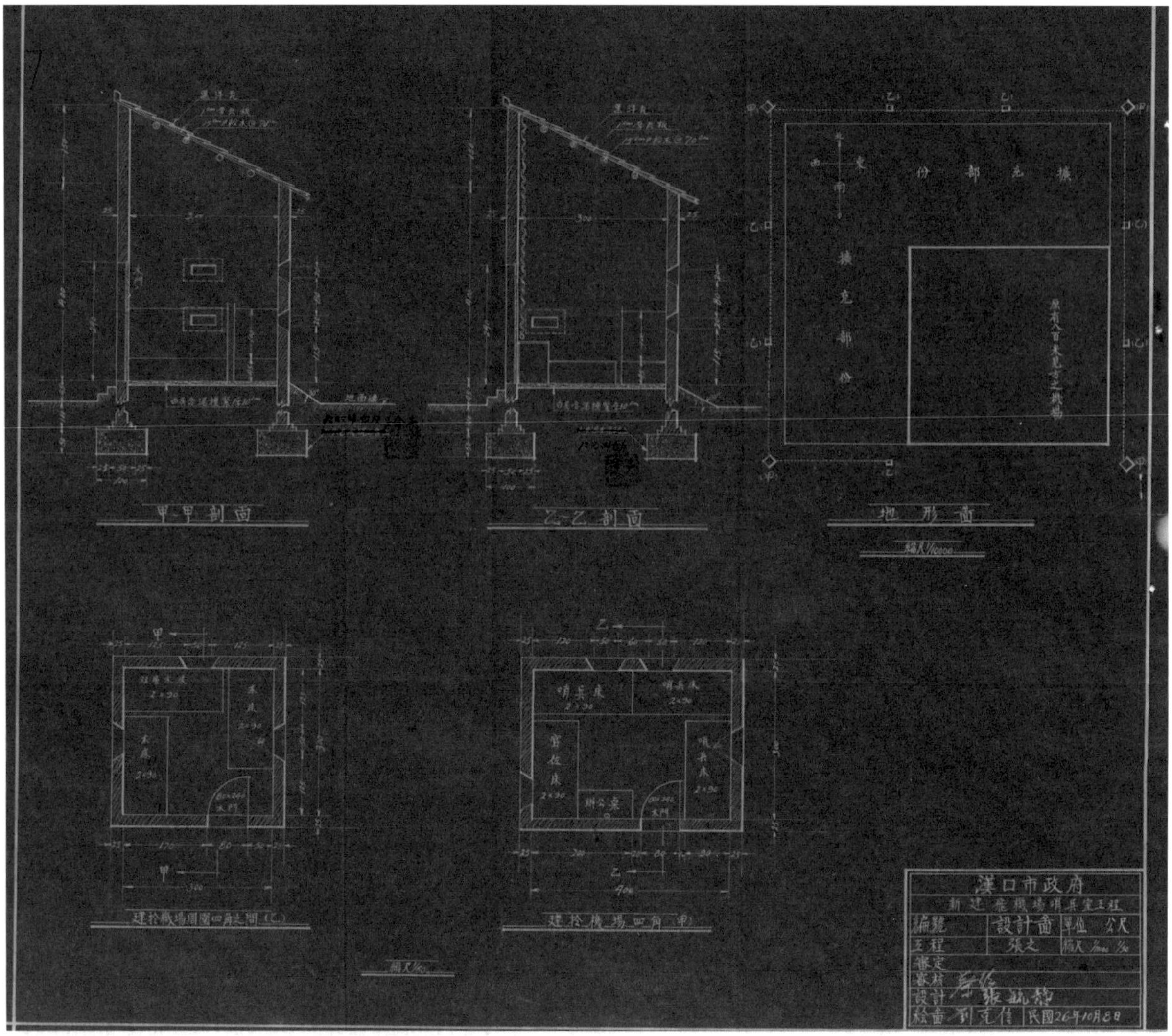

全国经济委员会江汉工程局关于购买汉口机场跑道石子运送事宜致湖北省航业局的公函（一九三七年十二月二十九日）

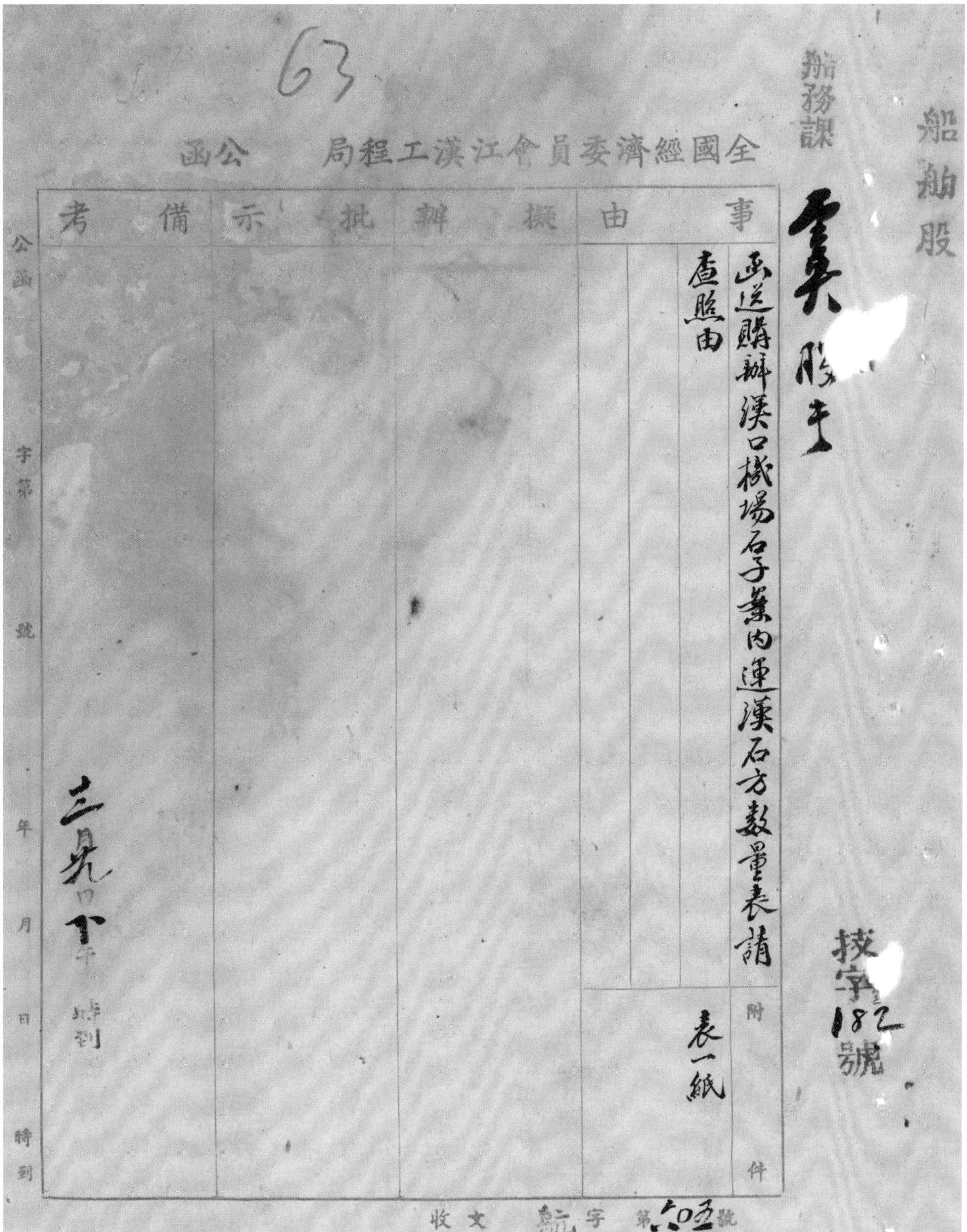

船舶股

船務課

全國經濟委員會江漢工程局公函

| 事由 | 擬辦 | 批示 | 備考 |
| --- | --- | --- | --- |
| 函送購辦漢口機場石子案內運送漢石方數量表請查照由 | | | |
| 附件：表一紙 | | | |

公函　字第　號　年　月　日　時到

技字182號

收文　航字第六〇五號

全國經濟委員會江漢工程局 公函

程料字第5564號

案查本局奉令購辦漢口機場跑道石子一案，前經分飭石商訂立包約，在荊門馬良山，漢川馬鞍山，嘉魚馬鞍山等處同時採購，並與農工銀行簽訂合同，收購鄂城西山存石五百方湊齊各情，節經函請

貴局派船陸續裝運並呈報

省府有案，現該項石子業已停止購運，除荊門馬良山外，根據各山賣報

貴局押運人所出收據，各別彙算，計由漢川運漢者五二五.二七市方，由嘉魚運漢者三〇〇.九四市方，由鄂城運漢者五〇〇.〇〇市方，（鄂城實運漢五一六.〇二市方，本局照合同數量付價，故作五百方）總計上三處運漢石子，

共一三二六·二一市方，而詢據漢口市政府聲稱，實共驗收一三五七·五一市方，較購運數多三十餘方，茲屆結束，除向漢市府結算石款並呈報省府外，相應繕製運漢石方數量表函請

查照為荷。

此致

湖北省航業局

附漢川嘉魚鄂城三處運漢石方表乙紙。

兼局長范熙績

中華民國二十六年十二月二十九日

監印白智仁
校對周瑞麟

附：全国经济委员会江汉工程局代购汉口机场跑道石子运汉数量表

# 江漢局代購漢口機場跑道石子運漢數量表

| 地點 | 承辦石商 | 運漢數量 | 航業局承運船隻名稱 | 起運日期 | 備考 |
|---|---|---|---|---|---|
| 嘉魚馬鞍山 | 森記公司 | 28.20 | 漢淞 | 11,24, | 1.* 根據列 27.00 市方本局為適合合同 500.00 市方數目故作為 14.98 市方 |
| " " | " " | 39.43 | 永福 | 11,29, | |
| " " | " " | 28.32 | 漢淞 | 11,30, | |
| " " | " " | 22.29 | 庭元 | 12, 1, | |
| " " | " " | 49.50 | 裕勝 | 12, 4, | 2. 鄂城運漢石子 500.00 市方實際為 512.02 市方 |
| " " | " " | 20.97 | 庭元 | 12, 6, | |
| " " | " " | 27.14 | 漢淞 | 12, 6, | |
| " " | " " | 26.26 | 永福 | 12, 7, | 3. 本局為結算石款關係故總數列 1,326.21 市方實際運漢者為 1,338.26 市方 |
| " " | " " | 25.02 | 庭元 | 12, 9, | |
| " " | " " | 33.81 | 漢淞 | 12,10, | |
| 合計 | | 300.94 | | | |
| 漢川馬鞍山 | 順記公司 | 8.41 | 景運 | 11,19, | |
| " " | " " | 58.12 | 太平 新元 | 11,24, | |
| " " | " " | 97.48 | 太平、秦華、新麟驤、景運 | 12, 1, | |
| " " | " " | 48.75 | " " " | 12, 2, | |
| " " | " " | 33.42 | " " " | 12, 2, | |
| " " | " " | 35.57 | 新元 | 12, 4, | |
| " " | " " | 54.66 | 秦華 新麟驤 | 12, 5, | |
| " " | " " | 111.42 | 新元、景運、萬興 | 12, 5, | |
| " " | " " | 26.92 | 太平 | 12, 8, | |
| " " | " " | 21.29 | 秦華 | 12,10, | |
| " " | " " | 29.23 | 新麟驤 | 12, 9, | |
| 合計 | | 525.27 | | | |
| 鄂城西山 | 農工銀行 | 14.59 | 水警秦嵩立 路喜生 | | |
| " " | " " | 16.08 | 德濟 | | |
| " " | " " | 39.79 | " " | 11, 9, | |
| " " | " " | 44.61 | " " | 11,15, | |
| " " | " " | 6.50 | 吉星 | 11,20, | |
| " " | " " | 70.21 | 和利 | 11,28, | |
| " " | " " | 64.46 | 楚吉 | 11,30, | |
| " " | " " | 56.33 | 和利 | 12, 3, | |
| " " | " " | 23.63 | 德濟 | 12, 5, | |
| " " | " " | 62.43 | 楚吉 | 12, 6, | |
| " " | " " | 47.31 | 吉星 | 12, 8, | |
| " " | " " | 39.08 | 和利 | 12, 9, | |
| " " | " " | * 14.98 | 楚吉 | 12,12, | |
| 合計 | | 500.00 | | | |
| 總計 | | 1,326.21市方 | | | |

# 湖北省航业局关于装运汉口机场跑道石子各地赴运船只分配情况及预定运竣日期致湖北省建设厅的呈（一九三七年十二月）

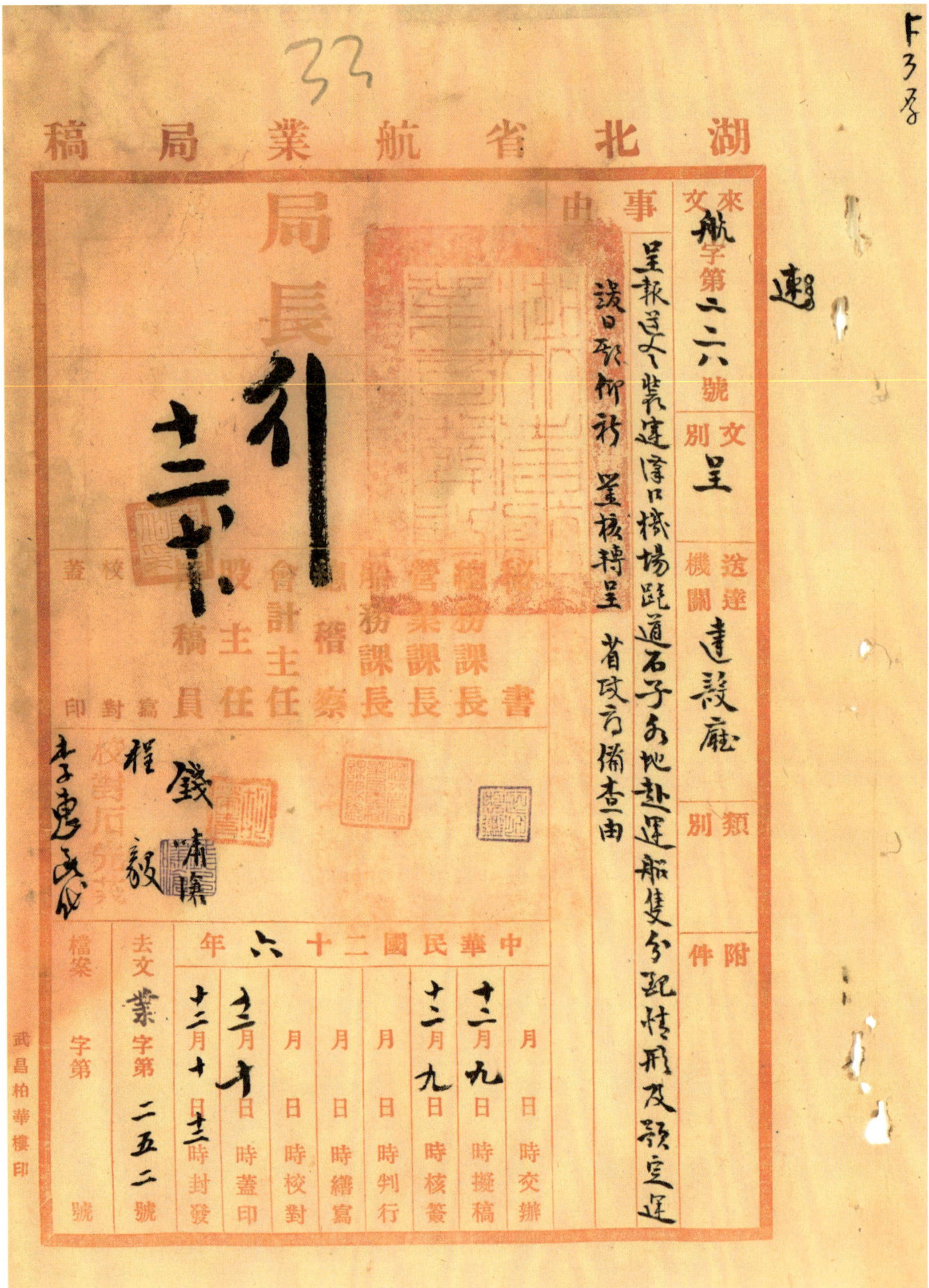

湖北省航業局稿

| | |
|---|---|
| 來文 | 航字第二二六號 |
| 文別 | 呈 |
| 送達機關 | 建設廳 |
| 類別 | |
| 附件 | |
| 事由 | 呈報遵令裝運漢口機場跑道石子各地赴運船隻分配情形及預定運竣日期仰祈鑒核轉呈省政府備查由 |
| 局長 | 十二、十 |
| 去文 | 業字第二五二號 |

中華民國二十六年

| 交辦 | 擬稿 | 核簽 | 判行 | 繕寫 | 校對 | 蓋印 | 封發 |
|---|---|---|---|---|---|---|---|
| 月日時 | 十二月九日時 | 十二月九日時 | 月日時 | 月日時 | 月日時 | 十二月十日時 | 十二月十日十三時 |

武昌柏華樓印

呈　業字第252號

案奉

湖北省政府冬建三代電（內開：據漢口市政府云云具報為要）除原文有案，邀免全錄外，尾開：「仰先將各地赴建船隻分配情形及預定集運路線日期，剋速具報為要」等因，奉此。查本局派船分赴山場，趕運石子，計有鄂城、浠川、嘉魚三處，鄂城一綫，派有拖輪五隻，民船三十七隻，木駁四隻；浠川一綫，派有拖輪六隻，民船三十三隻，木駁兩隻；嘉魚一綫，派有拖輪五隻，民船三十二隻，木駁四隻。又查石子方數前奉

湖北省政府東建二字第四三二一號代電，節開：「現在亟仰繪核

江漢工程局及航業局者，僅一千四百餘方之譜，除鄂城已運到四百方，嘉魚三百方，漢川三百方，共運到一千方外，尚餘四百餘方，此項石子在鄂城者九十方，預計本月十日可以運竣，在漢川嘉魚者為二百方，預計本月十七日可以運竣，如無風雨阻隔，即可按照預定日期蔵事。奉電前因，理合先將運辦情形，具文呈請

鈞廳鑒核，俯賜轉呈

湖北省政府鑒核備查，實為公便！

謹呈

湖北建設廳廳長石

局長陳〇〇

中華民國廿六年十二月日

## 全国经济委员会江汉工程局关于购办汉口机场石方数量及结算价款情形致湖北省政府的呈（一九三八年一月六日）

66

何

全國經濟委員會江漢工程局 呈

沦要

建設 第三科 市政

事由：呈報購辦漢口機場石方數量結算價款並停止收運及結束情形請 鑒核由

擬辦

批示

備考

附件

中華民國廿七年壹月八號 10

81293

呈 程料字第 100042 號

年 月 日 時到

1 7 5 12

省建字第 44736 號

收文 字第 號

案奉

鈞府二十六年十月九日省建二字第三九三九七號代電，飭購辦漢口機場跑道石子一案，遵即與武漢空軍總站、建設廳、暨漢口市政府會商辦法，並依據漢口市政府設計抄單，需石數量，分飭石商訂立包約，在荊門馬良山、漢川馬鞍山、嘉魚馬鞍山等處同時採購，一面與農工銀行簽訂合同，收購鄂城西山存石五百市方，所有各該處辦理經過情形及包約合同等件，節經先後呈奉

鈞府指令飭知在卷。二十六年十二月十日，准漢口市政府佳代電請停止購石，本局當擬具「運至中途之石，照數運漢收方」，「正在山場裝運之石，儘當地船隻裝載運漢」，「採存河邊未運之石，堆碼原處，按方給價，請市府派員赴山會同收方」三項辦法，函准該府復函，畧稱：

「裝運到漢之石方，照數驗收，堆存山場者，請貴局單獨收方，暫存原處，按方給價，將存石數量開送過府，以便結算」

等由，准此，自應照辦，茲該項石子，業已停止收購，核計在荆門馬良山購石二一一·三四市方，在漢川馬鞍山購石六九一·四二市方，在嘉魚馬鞍山購石四一一·三五市方，在鄂城西山購石五百市方，除馬良石二一一·三四市方，已另呈

鈞府核示不計外，總共在漢川嘉魚鄂城三處購石子一六〇二·七七市方，內由漢川交航業局運漢石五二五·二七市方，由嘉魚交航業局運漢石三〇〇·九四市方，由鄂城交航業局運漢石五百市方，（鄂城交運者實五一〇·二市方，因本局祇照合同五百方付款）共計運漢石一三二六·二一市方，其驗收存山未運石，計漢川一六六·一五市方嘉魚一一〇·四一市方，共計二七六·五六市方。

以上三處運漢石一三二六·二一市方，存山石二七六·五六市方，各按包約合同單價，分運漢存山兩堦段計算，計運漢石支國幣七千三百六十元四角四分，存山石支國幣一千三百八十四元七角九分，總計購辦石子價值，共支國幣八千七百四十五元二角三分。

復查該項石款，前由漢口市政府撥來一萬元，除支用外，尚餘一千二百五十四元七角七分，自應繳還清結，惟鄂城西山石方，准農工銀行來函，以運石延期，要求照合同賠償實際損失五百一十三元，等由，此項石方外之支出，已另案呈報，俟奉

核示，再行遵辦，送繳結餘，至關于派員照料山場，驗收石方之旅費，及一切雜項支出，已在本局經常費項下列報，除檢石方驗收表單，運輸收據，石商領據等件，彙向漢口市政府結算外，理合將購辦漢口機場石方數量及結算價款情形具文呈報，仰祈

鑒核。

謹呈

湖北省政府主席何

兼江漢工程局局長范熙績

范氏熙績

68

中華民國二十七年九月六日

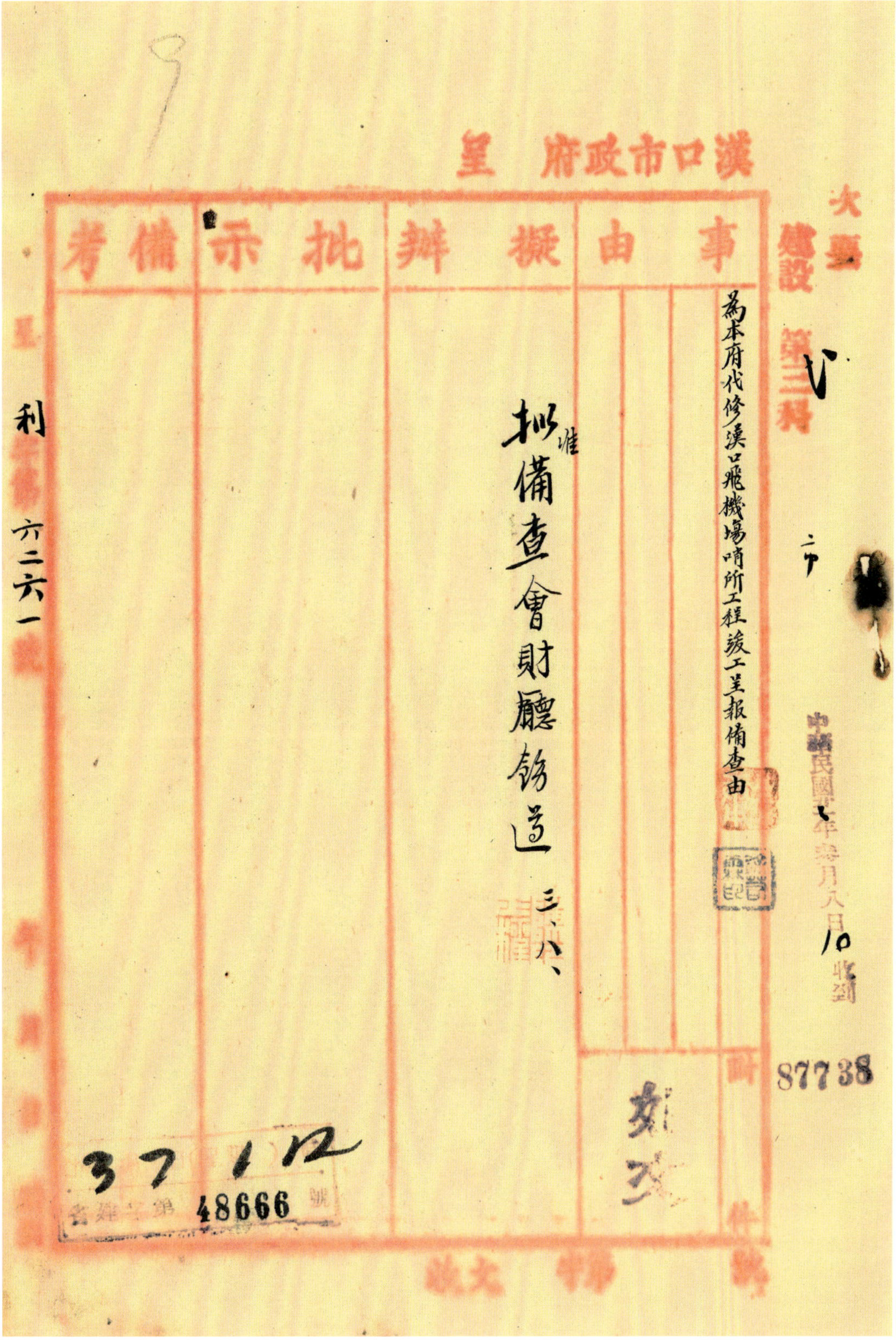

漢口市政府 呈

事由：為本府代修漢口飛機場哨所工程竣工呈報備查由

擬辦：擬准備查 會財廳錄送 三、八

批示

備考

建設 第三科

利字第六二六一號

中華民國廿七年三月八日收到

87738

37112

第 48666 號

汉口市政府关于汉口机场哨所竣工情况致湖北省政府的呈（一九三八年三月六日）

案查本府代修漢口飛機場哨所工程圖說及預算，前經呈賚

鈞府備案，並函送武漢空軍總站查照各在案。茲據本府工務員李百春呈報：該工程遵於二十六年十二月十三日開工，於二十七年二月二十日竣工，共計修築哨所十一間，惟在碎石跑道兩端及歐亞航空公司角之哨所共三間，因防礙飛機之起落，故較原圖改低，計簷高二公尺九公寸，並改為二面披水，理合將變更情形，連同使用工料表呈請鑒核等情。經派本府科員劉非前往初驗相符。復查該工程材料雜費係由武漢空軍總站撥付，除函請該總站派員復驗外，理合檢同使用工料表備文呈報

鈞府鑒核備查。

謹呈

湖北省政府主席何。

10

附呈使用工料表一份。

漢口市市長吳國楨

中華民國二十七年三月六日

航空委員武漢空軍總站機場哨所 工程使用工料報告表

| 品名 | 單位 | 形狀 | 預算數 | | 使用數 | | 附記 |
|---|---|---|---|---|---|---|---|
| 大號青磚 | 萬塊 | | 11 | 00 | 10 | 90 | |
| 黑洋瓦 | 千塊 | | 3 | 45 | 3 | 428 | |
| 瓦板 | 市方 | | 2 | 50 | 2 | 33 | |
| 水泥 | 桶 | | 41 | 80 | 41 | 00 | |
| 粗砂 | $m^3$ | | 63 | 80 | 63 | 64 | |
| 分口石 | 〃 | | 69 | 50 | 55 | 50 | |
| 白灰 | 市担 | | 374 | 30 | 374 | 30 | |
| 松木 | 根 | 15″φ | 28 | 00 | 28 | 00 | |
| 木門 | 堂 | 80×240 | 11 | 00 | 11 | 00 | 二木20根，杉木10根，4″洋鋯22塊，[illegible]銅鎖11把，6″×9″鈹鏈79.92吋，1″方鐵鏽26.62吋. |
| 人工 | 個 | | 2000 | 00 | 2000 | 00 | 本府常僱工人 |

附：航空委员会武汉空军总站机场哨所工程工料表

# 汉口市政府关于定购加筑飞机场跑道运输用木料检送定单致湖北省政府的呈（一九三八年五月十八日）

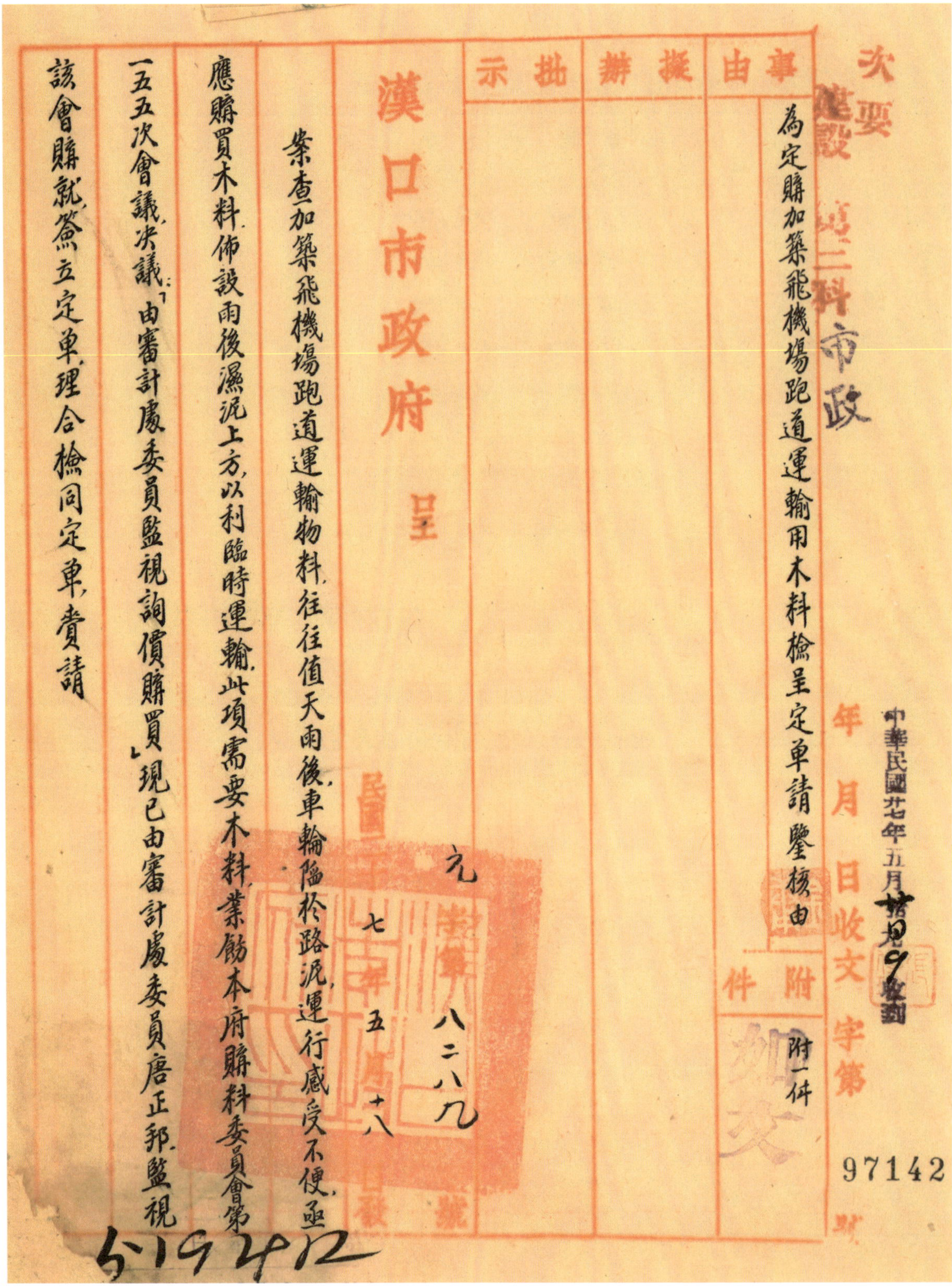

次要 建設 第二科 市政

事由：為定購加築飛機場跑道運輸用木料檢呈定單請鑒核由

擬辦

批示

附件：附一件

中華民國廿七年五月廿九收到

年 月 日收文 字第 號

97142

漢口市政府 呈

民國二十七年五月十八日發 元字第八二八九號

案查加築飛機場跑道運輸物料，往往值天雨後車輪陷於路泥，運行感受不便，亟應購買木料，佈設雨後濕泥上方，以利臨時運輸。此項需要木料，業飭本府購料委員會第一五五次會議決議：「由審計處委員監視詢價購買」。現已由審計處委員唐正邦監視該會購就，簽立定單，理合檢同定單，賫請鈞府鑒核備案！

謹呈

湖北省政府主席何。

附賫定單一份。

漢口市市長吴國楨

附：汉口市政府购料委员会定购物料呈报单（一九三八年五月十三日）

81

# 漢口市政府購料委員會定購物料呈報單

請購機關 本府工務科　所請購下列各物已由本會向

承辦商號 陞天順木行　定購理合造呈一份請 鑒核謹呈 湖北省政府

漢字第5979號

27年5月13日

| 材料品名 | 形狀及程式 | 製造廠名 | 單位 | 數量 | 單位價值 | 總價 | 原請購單號碼 | 請購日期 | 備考 |
|---|---|---|---|---|---|---|---|---|---|
| 皮槁 | （轉口稅在內） | 收長 | 根 | 850.00 | 0.361 | 306.85 | 1514 | 五/五 | 加緊亮機場跑道 |
| 松木 | （轉口稅在外）（運用在內） |  | 〃 | 180.00 | [illegible] 1.4185 | 255.33 | 〃 | 〃 | 〃 |

1. 規定價目辦法——上列價目乃經購方與售方共同議定無論市價漲落不得變更
2. 交貨期限——
3. 逾期罰款——承辦商行到期如不能交貨無論其爲期貨或現貨及全部或一部每遲交一日應扣除其到期貨價千分之五作爲延期交貨之罰欵
4. 交貨地點——
5. 材料驗收——交貨驗收時如與標樣不符合者買主卽停止付價並得拒絕收受仍由承辦商號負責換交適用之物
6. 付款機關——
7. 付款辦法——承辦商號須將清單並請購機關之驗收單一併交本會驗收後由本會填具知會付價單通知付欵機關付價

購料委員會（漢口市政府購料委員會）　購料委員　承辦商行蓋章（蓋印）　監視人審計處

# （三）其他机场

# 湖北省政府关于赶筑滠口、横店两机场并限期完成致黄陂县政府的电及致汉口航空委员会的代电

（一九三八年四月十七日）

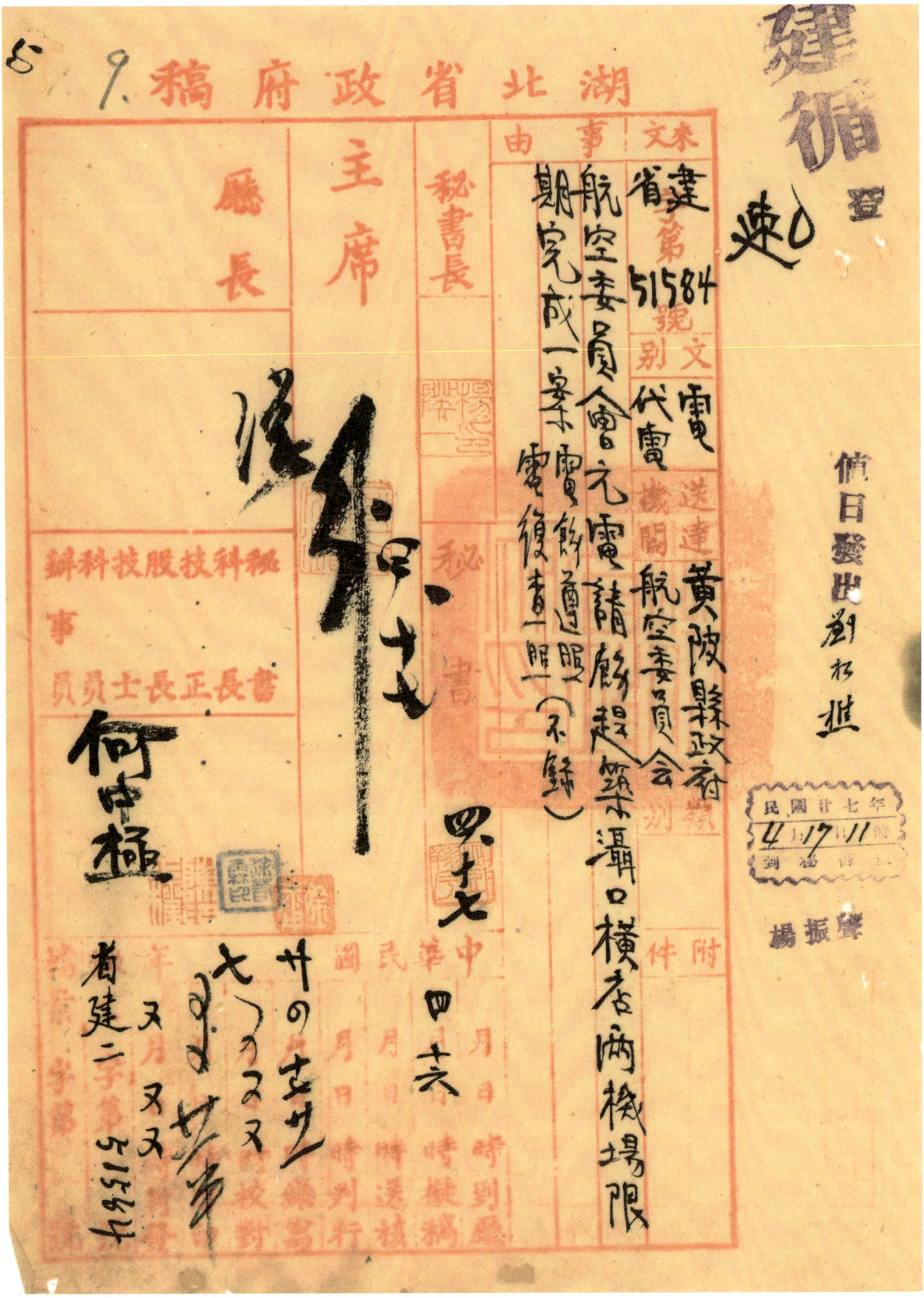
湖北省政府稿

来文：省建字第51584号

文别：电 代电

送达机关：黄陂县政府 航空委员会

事由：航空委员会元电请饬赶筑滠口横店两机场限期完成一案 电饬遵照 电复查照（不录）

速

建循

值日委员

民国廿七年 4月17日11时 到

年4月7日17時0分
第8282號 計79字

電

黃陂縣政府密准航委會元電以修築灄口、橫店兩機場工程經派工程師李松泉率工務員趙少龍前往會同縣府督修囑轉飭駐日開工趕築限期完成備用等由特電遵照省政府建二印

代電

漢口航空委員會勛鑒元建戌代電以修築灄口橫店兩機場工程經派員前往會同縣府督修囑轉飭駐日開工趕築限期完

戍備用等由過府自應照辦除電飭黃
陂縣政府遵照外特復查照湖北省政府
建之印

黄陂县政府关于办理滠口、横店机场征工情形致湖北省政府的代电（一九三八年四月十九日）

次要

建

事由：办理哮辛民工赶筑横店甘机场以及东武滠湖民工分穆赠情形

中華民國二十七年四月廿五日收到 15

93759

黄陂縣政府快郵代電

湖北省政府主席何鈞鑒：篠建二電奉悉。查修築橫店灄口兩飛機場，本縣民工均已次第集齊，業於本月十三日開工，正在會同趙工務員少龍加緊督修。現屬縣民工已有五千名到場工作，餘數正設法趕催。惟孝感

民國二十七年四月　日發　勤　字　3974　號

省建字第 52647 號　4214　12

漢陽兩縣民工因距離較遠尚不踴躍除已電請航空
委員會分別催促以免延誤時日外特電呈復伏乞垂
察黄陂縣縣長丁壽石叩皓

孝感县政府关于滠口机场修建亟待改进的各种情况致湖北省政府的代电（一九三八年四月二十七日）

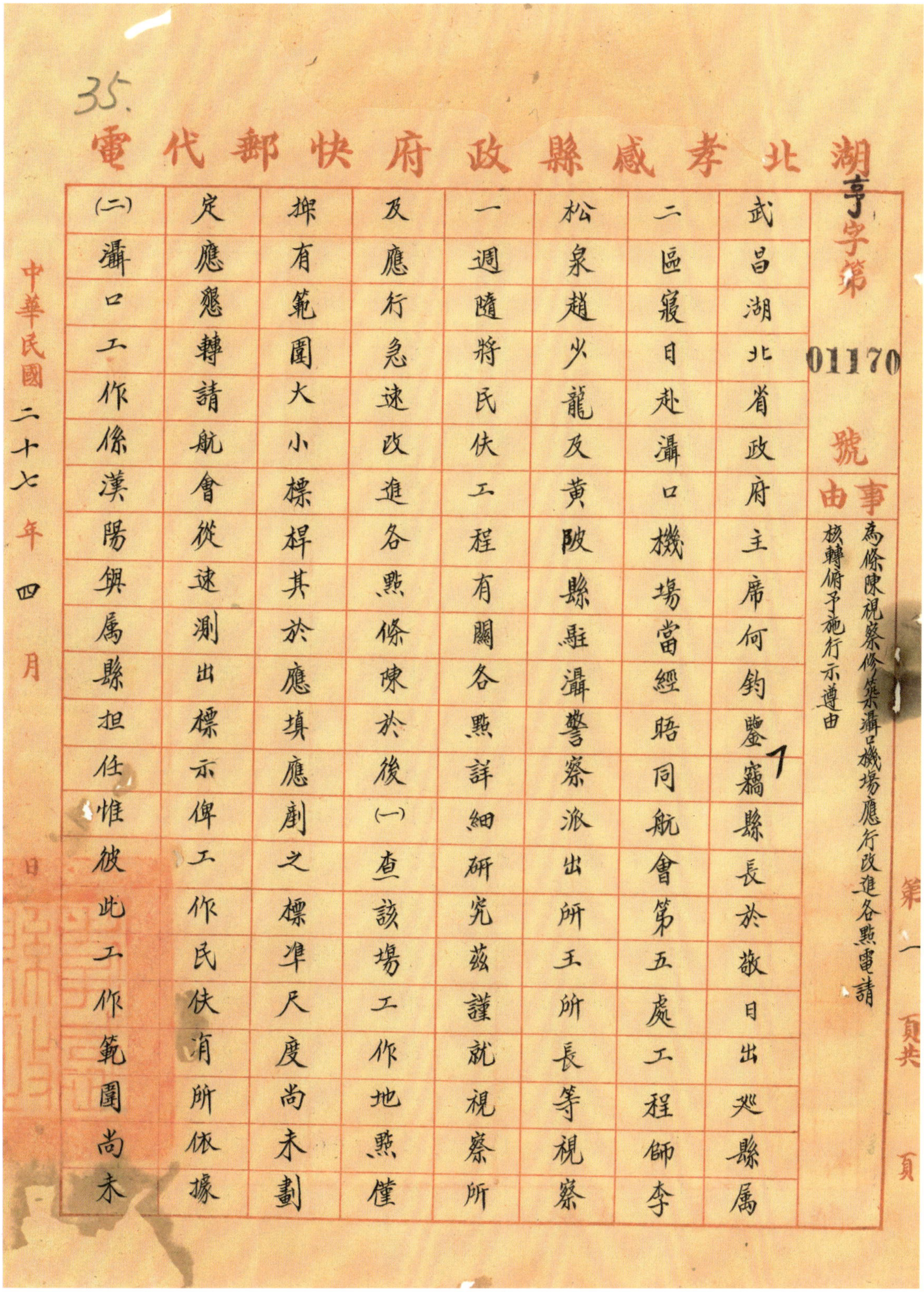
35.

湖北孝感縣政府快郵代電

亨字第01170號

事由：為條陳視察修築灄口機場應行改進各點電請核轉俯予施行示遵由

武昌湖北省政府主席何鈞鑒竊縣長於敬日出巡縣屬二區寢日赴灄口機場當經晤同航會第五處工程師李松泉趙少龍及黃陂縣駐灄警察派出所王所長等視察一週隨將民伕工程有關各點詳細研究茲謹就視察所及應行急速改進各點條陳於後（一）查該場工作地點僅擁有範圍大小標桿其於應填應剷之標準尺度尚未劃定應懇轉請航會從速測出標示俾工作民伕有所依據（二）灄口工作係漢陽與屬縣担任惟彼此工作範圍尚未

7

中華民國二十七年四月　日

第一頁　共　頁

36

# 湖北孝感縣政府快郵代電

字第　　號

事由

劃清此次工程浩大需時頗多一旦貽誤軍機責由誰負且現值鄉村農忙長此遷延更有公私兩誤之虞應請迅予劃分段落以便轉行支配各負其責而免推諉(三)目前軍事吃緊該場工程急待完竣民伕太少需時必多懇請再就較近縣份加征民伕限期趕修俾早完成(四)民伕工具均係責令自帶工作稍久時多損壞即如簸筐一項至少兩人須有三担方能週轉尤以特種工具(如尖鋤一類是)民間缺乏更非公家製備不可應請迅予補充或按

第二頁　共　頁

中華民國二十七年四月　日

37

# 湖北孝感縣政府快郵代電

字第　號
事由

撥給工具材料費俾資製用(五)時值天氣漸熱寒暑不勻露食野宿日有急症發現詢其藥品據報雖經航會負責人發給惟數量過少仍難療治應請酌予加發痧藥或救急水俾便臨時應診(六)民伕火食時有中斷應由航會派員常川駐灄經理以免鼓噪潛逃貽誤工作(七)值茲非常時期縣區要政甚繁此次修築灄口機場本府及區署派有職員帶同警丁常駐管理惟前奉鈞府省保三字第四八零六七號刪代電改進承辦民伕四項下縣即將此

中華民國二十七年四月　日

第三頁共　頁

38.

# 湖北孝感縣政府快郵代電

字第　號

事由

管理監工等困難情形以馬代電請示在案所有管理監督兩項仍請轉商航會派員辦理縣區只負征送點交之責(八)本縣各鄉民伕爲平均勞逸及公私兼顧計已由各聯保自訂更替辦法但屬縣距灄口百餘里民伕往來步行不獨費時抑且誤工而途程往來奔馳消耗之苦更足引起民伕精神上之不快擬懇轉電運輸司令部通知三汊埠以下至灄口各站准予編組民伕往來免票乘車隨到隨運綜上各點係就一時視察所得縷陳除已商請二

第四頁共　頁

中華民國二十七年四月

39.

# 湖北孝感縣政府快郵代電

字第　號

事由

程師李松泉回呈航會外理合電請鈞座鑒核俯予分別函轉航會及運輸司令部立賜施行並乞電示祇遵孝感縣縣長楊鳳翽叩感灝

中華民國二十七年四月　日

# 黄陂县政府关于横店机场已赶筑完成致湖北省政府的呈（一九三八年七月七日）

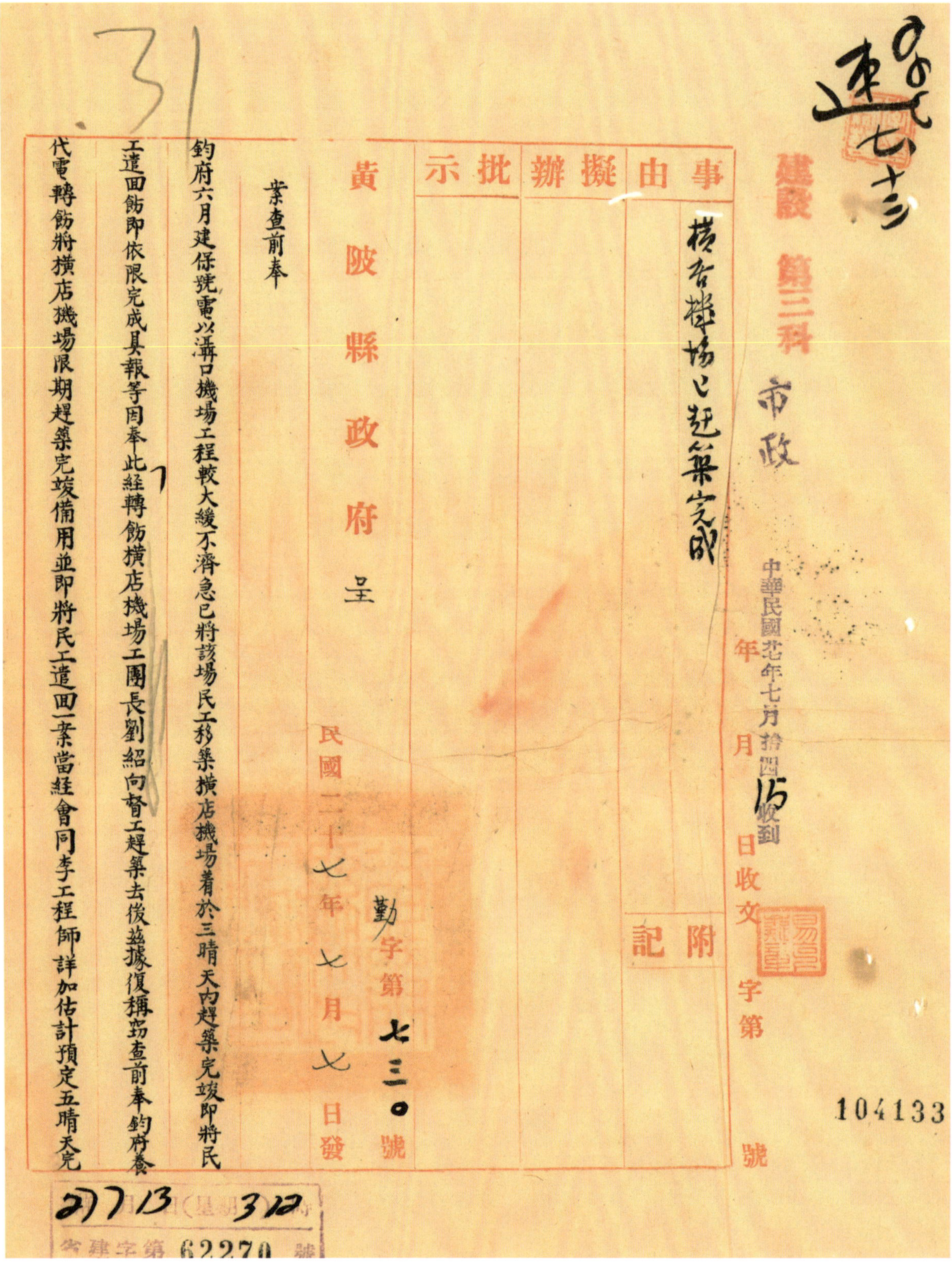

遞 七十三

建設 第三科

市政

中華民國廿七年七月拾四 15 收到

年 月 日收文 字第 號

104133

事由：橫店機場已趕築完成

擬辦

批示

黃陂縣政府 呈

民國二十七年七月七日發 勤字第七三〇號

附記

案查前奉

鈞府六月建保甡電以漢口機場工程較大緩不濟急已將該場民工移築橫店機場着於三晴天內趕築完竣即將民工遣回飭即依限完成具報等因奉此經轉飭橫店機場工團長劉紹向督工趕築去後茲據復稱竊查前奉鈞府養代電轉飭將橫店機場限期趕築完竣備用並即將民工遣回一案當經會同李工程師詳加估計預定五晴天完

27 7 13 3 12

字第 62270 號

成機場七晴天完成隱蔽停機地已於上月二十四日呈報在案嗣以二十八日晚間大雨傾盆致將機場沖壞甚多二十九日三十日又因場內淳泥不能作工乃於本月二兩日繼續修補完工隱蔽地於本月三日完工所有民工均已解散現正辦理結束手續惟查横店機場面積原係規定一千二百公尺長三百公尺寬旋因迭次奉令需用甚急積極趕修現在已竣工程經李工程師勘測計長一千一百一十公尺寬約二百公尺地勢大部平坦可資應用其餘邊坡一時不易修補完整隱蔽地完成寬九公尺長約一千二百公尺此後整個機場由何人接收管理似應報請航空委員會核辦奉令前因理合將横店機場趕築完成情形報請鑒核轉報等情據此除分報航空委員會接收管理外理合備文轉請

鈞府鑒核備查　謹呈

湖北省政府主席陳

黄陂縣縣長丁壽石

丁壽石印

# 航空委员会关于令黄陂县政府设法修整横店机场欠妥之处致湖北省政府的代电（一九三八年七月十七日）

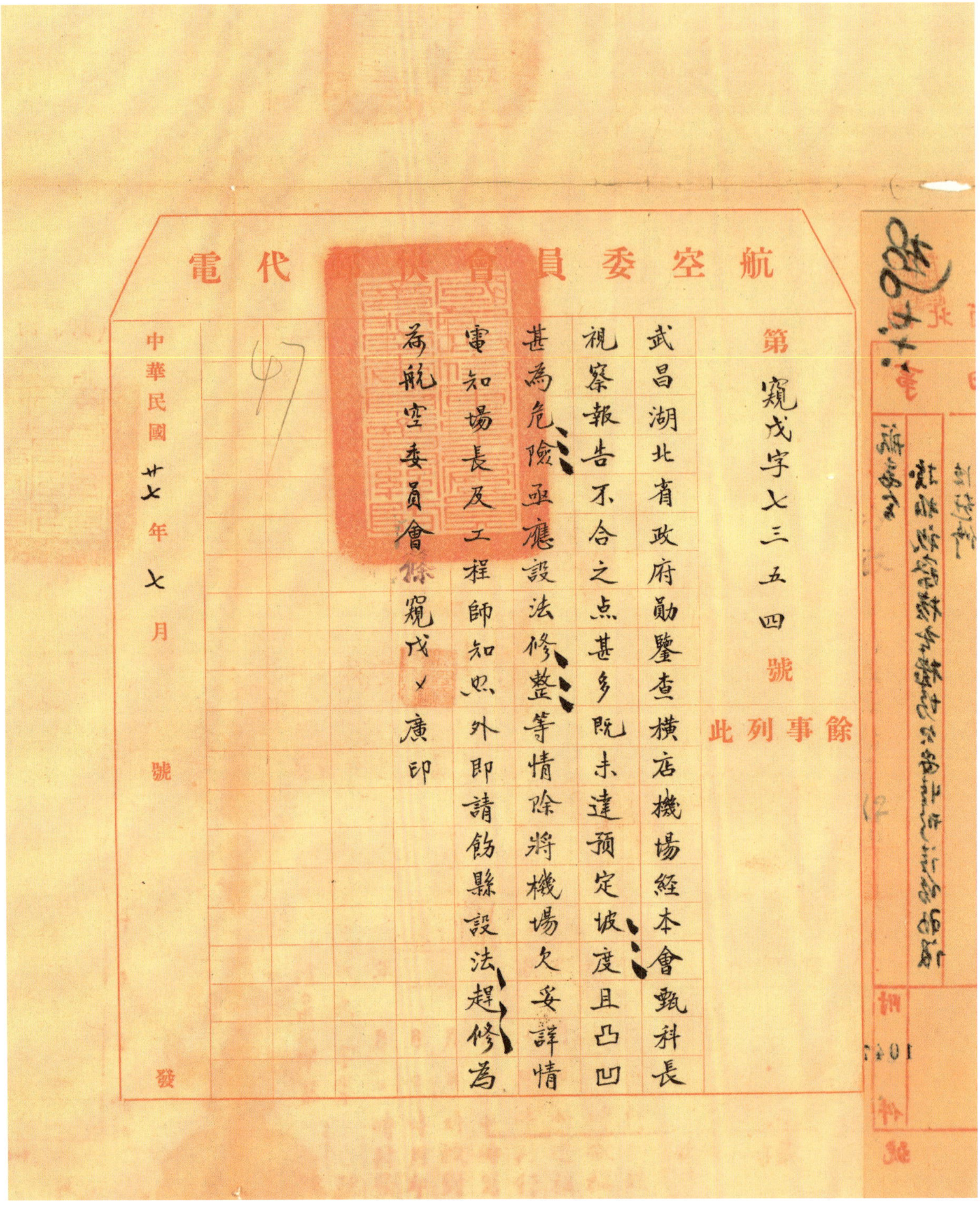

航空委員會快郵代電

第窺戊字七三五四號

武昌湖北省政府勛鑒：查横店機場經本會甄科長視察報告不合之点甚多，既未達預定坡度且凸凹甚為危險，亟應設法修整。等情。除將機場欠妥詳情電知場長及工程師知照外，即請飭縣設法趕修為荷。航空委員會篠窺戊ㄨ廣印

餘事列此

中華民國廿七年七月　號發

# 四、交通运输

湖北省政府关于襄河预设浮桥致汉口市政府等的密令（一九三六年十月九日）

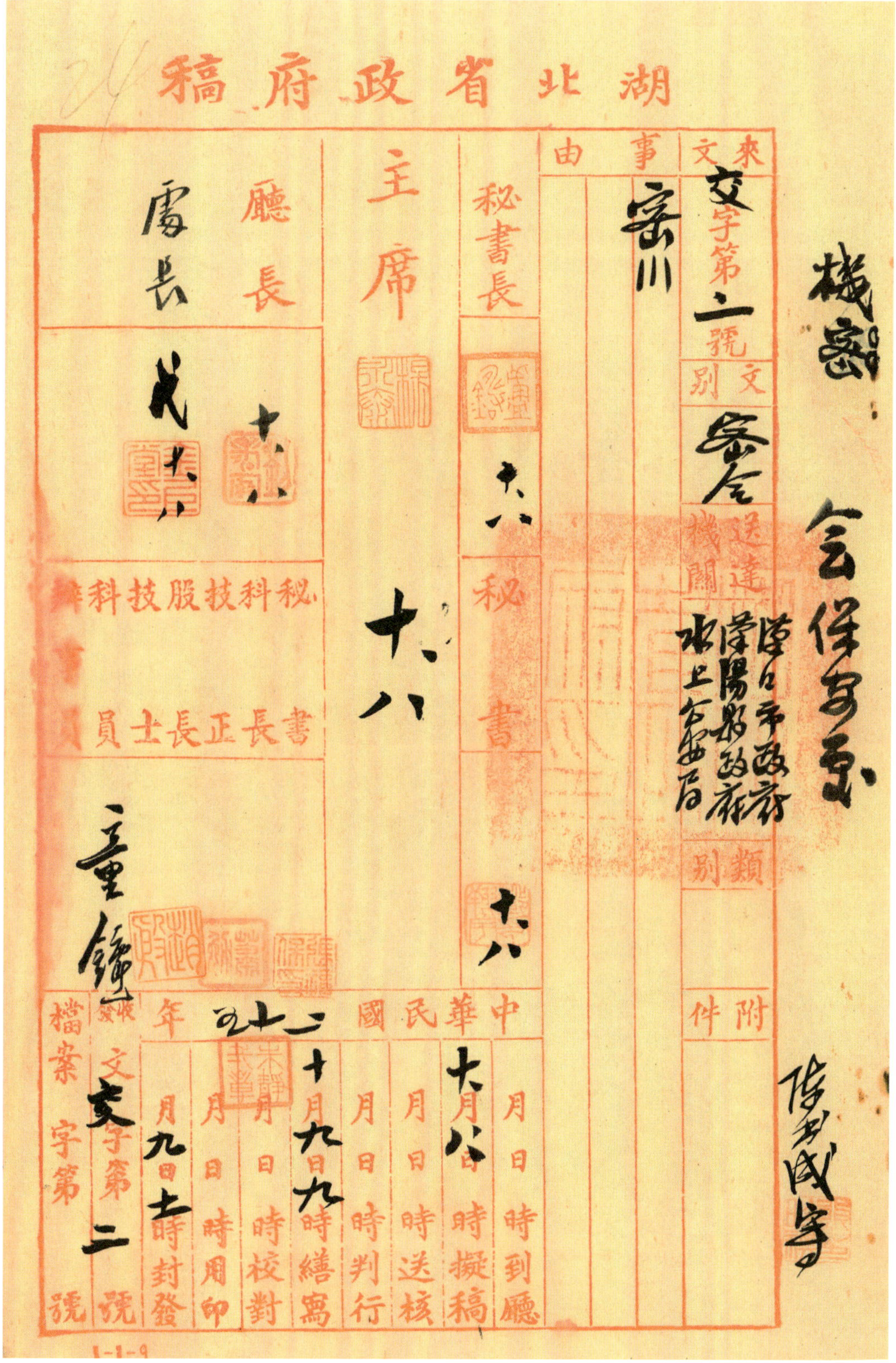
湖北省政府稿

來文：文字第二號

事由：密川

文别：密令

送達機關：漢口市政府、漢陽縣政府、水上公安局

類别

附件

機密

会保安處

陳書農等

秘書長　主席　廳長　處長

秘　書

秘科　技股　技正　科長　書記　士員

中華民國二十五年十月九日

檔案字第　號　收發文字第二號

到廳　擬稿　送核　判行　繕寫　校對　用印　封發

密令　亥字第二号

令 汉口市政府
　 汉阳县政府
　 水上公安局

案据建设厅本月八日签称呈称：

查汉口与汉阳两岸，现仅汉水河流间隔，平时但在

运输交通上殊感不便，其在平时尚无甚影响，

惟值兹非常时期，似应设法筹设，倘遇

事变，汉阳与汉口间之交通，若不确保，

更不足以言防御。兹为策应需要，拟在汉水非

急增设浮桥，以备万一之用，以期清令，

饬汉口市政府于汉阳襄河两岸，选择相当

地点西安，及汉阳县政府於襄河西岸选择相当

地点一处，分别为准备密集材料，至必要时，再由会同

水上公安局征集民船，建立分段浮桥三处，以备维交通

非常时期极端艰危之用

等语。据此，查该厅所陈各节，甚属重要，应准照办。

业经批准照办，除分令汉阳县政府及水上公安局、汉口市政府及汉阳县政府外，合亟令仰

该市政府、县政府切实遵照办理具报为要！

此令。

主席 杨〇〇

1-1-16

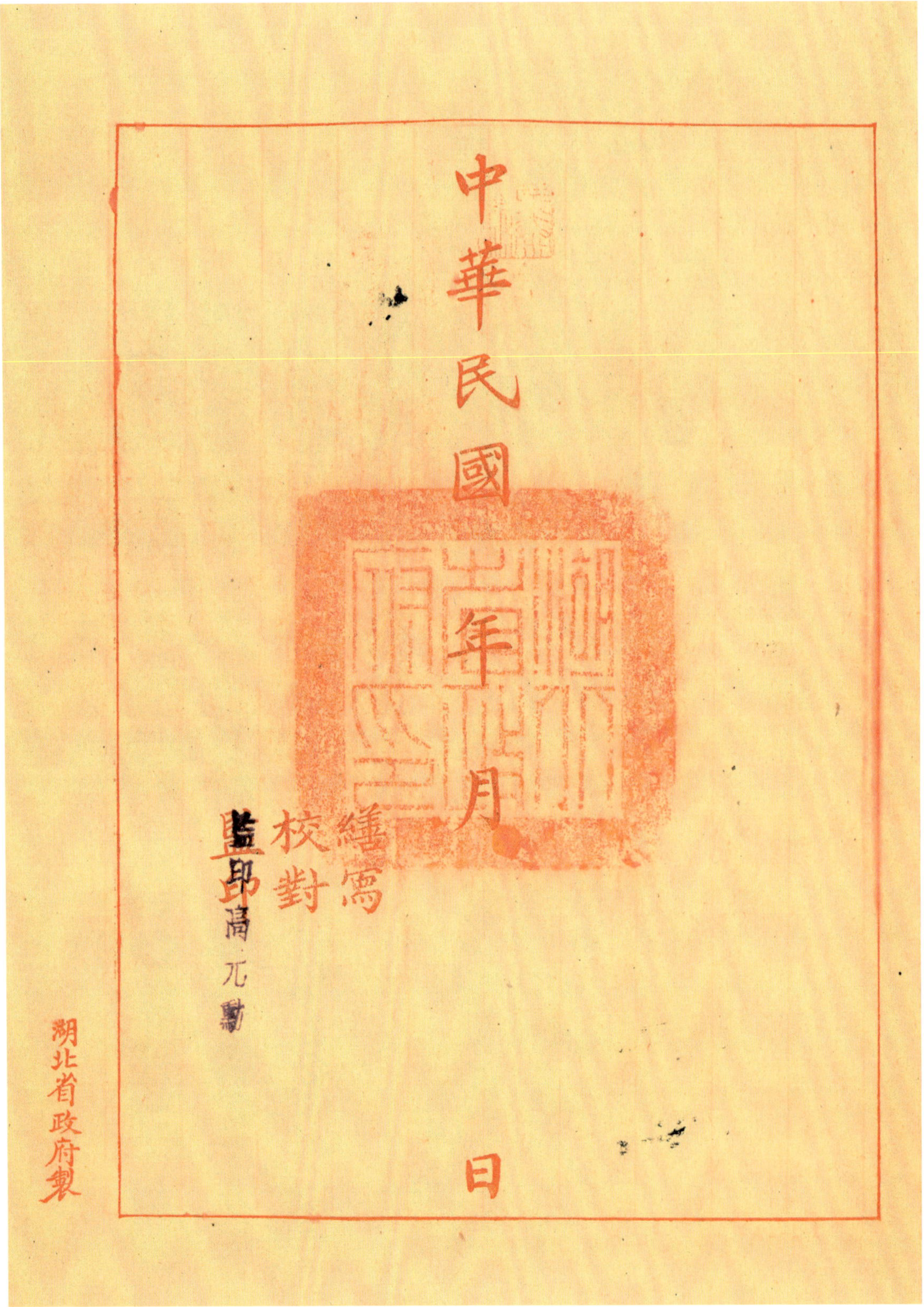
中華民國　年　月　日

繕寫

校對

監印　高兀勳

湖北省政府製

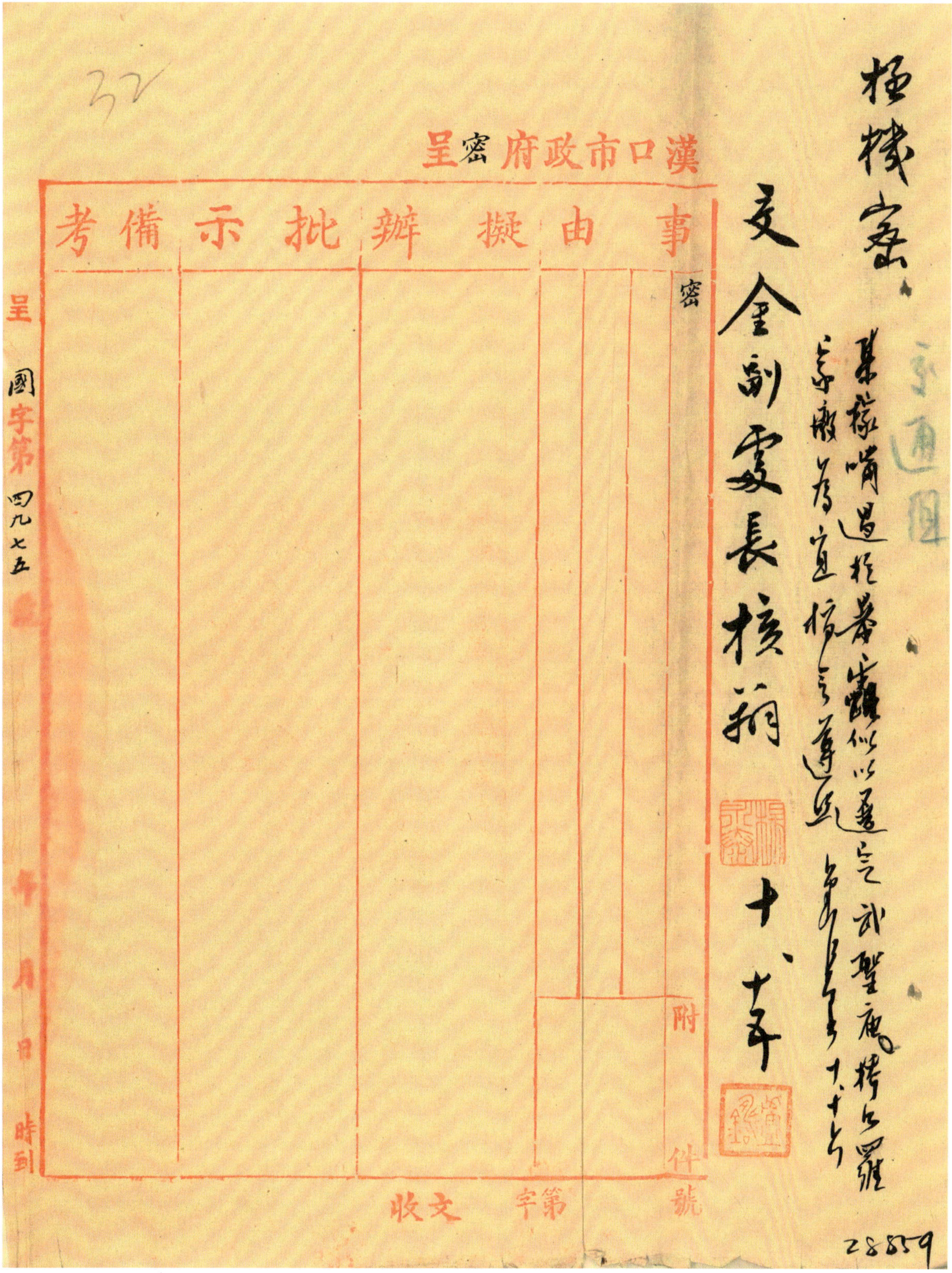
極機密

交全副處長核辦

十、十六

漢口市政府密呈

| 事由 | 擬辦 | 批示 | 備考 |
| --- | --- | --- | --- |
| 密 | | | |

附件

呈國字第四九七五號

年月日時到

收文第字號

28859

汉口市政府关于在集家嘴、武圣庙两码头搭建浮桥材料用量致湖北省政府的密呈（一九三六年十月十四日）

案奉

鈞府本年十月九日文字第二號密令，飭於襄河河岸選擇相當地點兩處，準備材料，以便必要時分搭浮橋等因；奉此，遵經選擇集稼嘴及武聖廟兩碼頭為安設浮橋地點。材料除由水上公安局征集船隻外，計需三吋厚十二吋寬二十四呎長洋松四百六十塊（即三萬三千木尺）及鉛絲等物，如照現在市價預先購就，兩處約共需陸千元。惟此項普通材料本市各行商隨時均有存貨，似可於必要時臨時趕辦，勿庸預先購存。是否有當？理合將遵辦情形具文呈覆

鈞府鑒核！

謹呈

湖北省政府主席楊

漢口市市長吳國楨

中華民國二十五年十月十四日

# 湖北省政府关于汉口市区内襄河东岸拟搭浮桥及选用材料情形致汉口市政府的指令（一九三六年十月二十日）

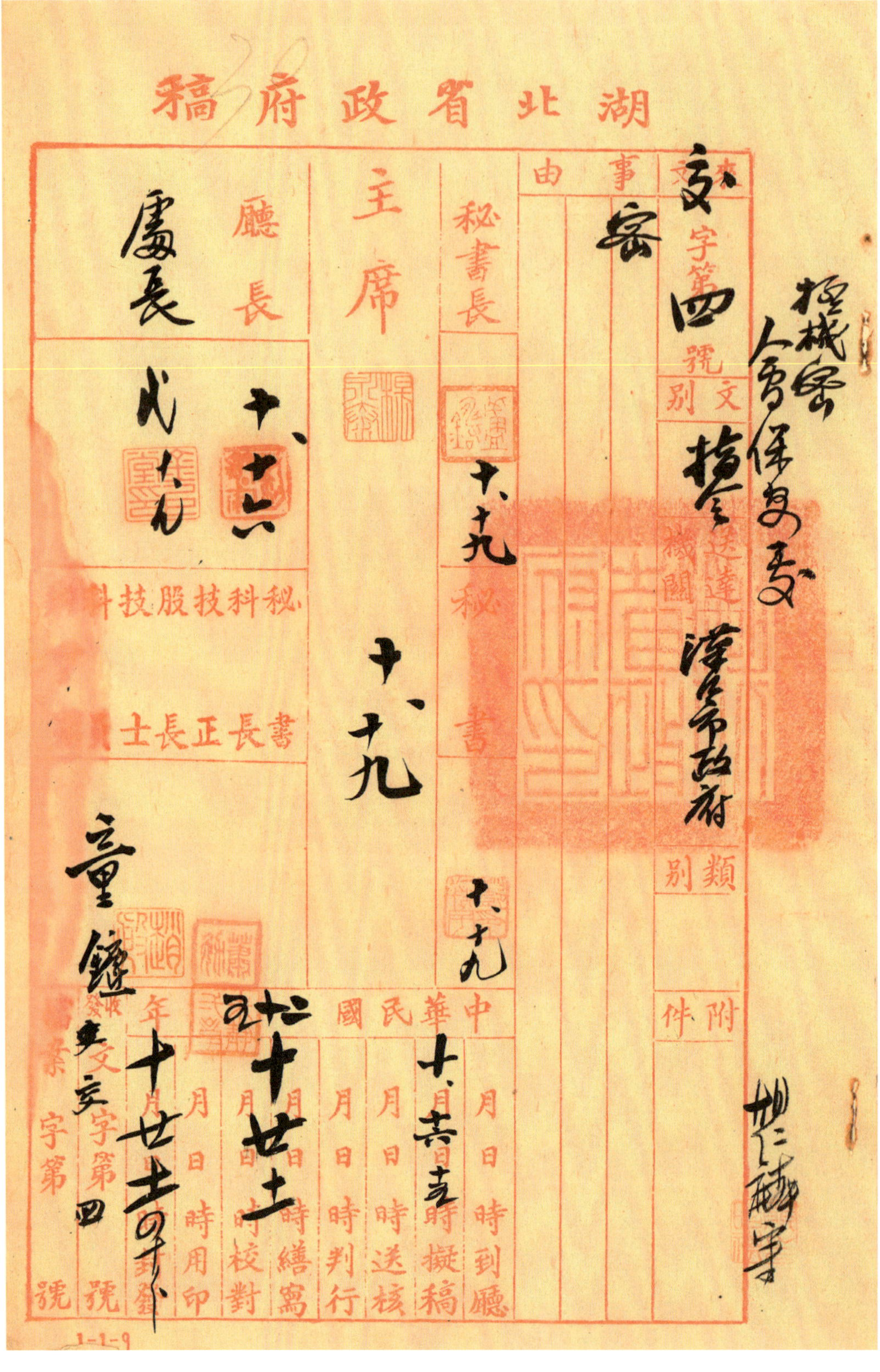

湖北省政府稿

事由

文 字第 四 號

文別 指令

送達機關 漢口市政府

類別

附件

秘書長

主席

廳長

處長

秘 科 技 股 技 科 秘

書 長 正 長 士

中華民國 年 月 日

到廳 擬稿 核 送行 判 繕寫 校對 用印 封發

指令

交字第四号

令漢口市政府

二十五年十月十四日國字第四九七五號呈一件，呈復選定漢口市區內襄河東岸擬搭浮橋地点以及選用材料性能請予核示由

呈悉。茲分別核示於后：

一、查所擬選之浮橋地点，除武聖廟一處尚屬可用，擬所選之口地點緊要，

余准此一外，集家嘴 [illegible] 露，

且 [illegible] 龜山山腳 [illegible] 軍事要隘，區域遼一旦有事，難民忽遇隊殊感

不便，應另就礄口羅家墩一帶重選擇一處，呈候

核奪。

六、此項浮橋僅備非常時期渡濟難民之用，所需材料只求簡便堅實，可否拘用，詳核，惟似早為之[準]備，以免臨時貽誤。

張呈諒事

右列各點，仰即遵照分別迅如具報為要。

此令。

主席楊〇〇

中華民國　年　月　日

繕寫

校對

監印

湖北省政府製

## 湖北省政府关于改选浮桥地点、材料事宜致汉口市政府的指令及致汉阳县政府的密令（一九三六年十一月十八日）

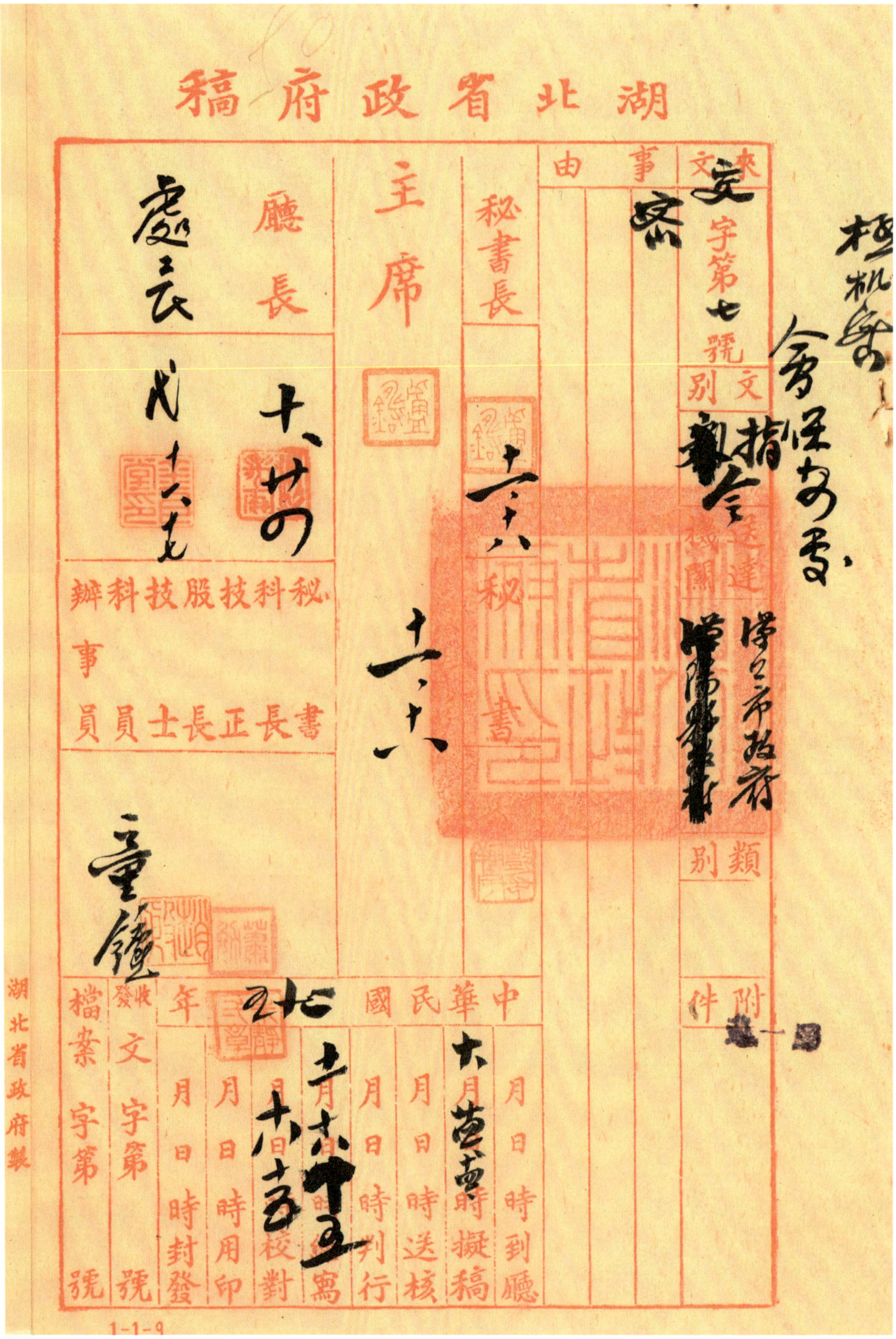

指令 交字第七號

令漢口市政府

二十五年十月二十一日國字第五一二五號呈一件，呈

復改選浮橋地點及材料改用鸚鵡洲木料，

擬議仿漢陽縣政府務為準備由

呈悉。查另擇水廠上首鄉家街、大橋口與羅家

壩中間適當地點架設浮橋，尚屬可行，應准如擬辦

理。惟查鄉家街及前次指定之武聖廟兩處浮橋所需材料

擬用鸚鵡洲木料先行編紮成筏，該會仿漢陽縣政府

預為準備一節，不無與原案牴觸，仰候令行時由本府核辦

不用

覆准市联保主由省市政府先行分区集中材料之需要，规定否令，

同时由汉阳县政府采用县境内之木料编制……

复查切实遵照前令迅速办理，其自临时征发以外之材

料，无论储备或就市区内秘密征备，均须妥为密集，

以备必要时应用为要！

此令。

兼代主席 杨○○ 卢○○

训令 安字第 号

十八发

令汉阳县政府

据建设厅签呈称云云

湖北省政府製

1-1-16

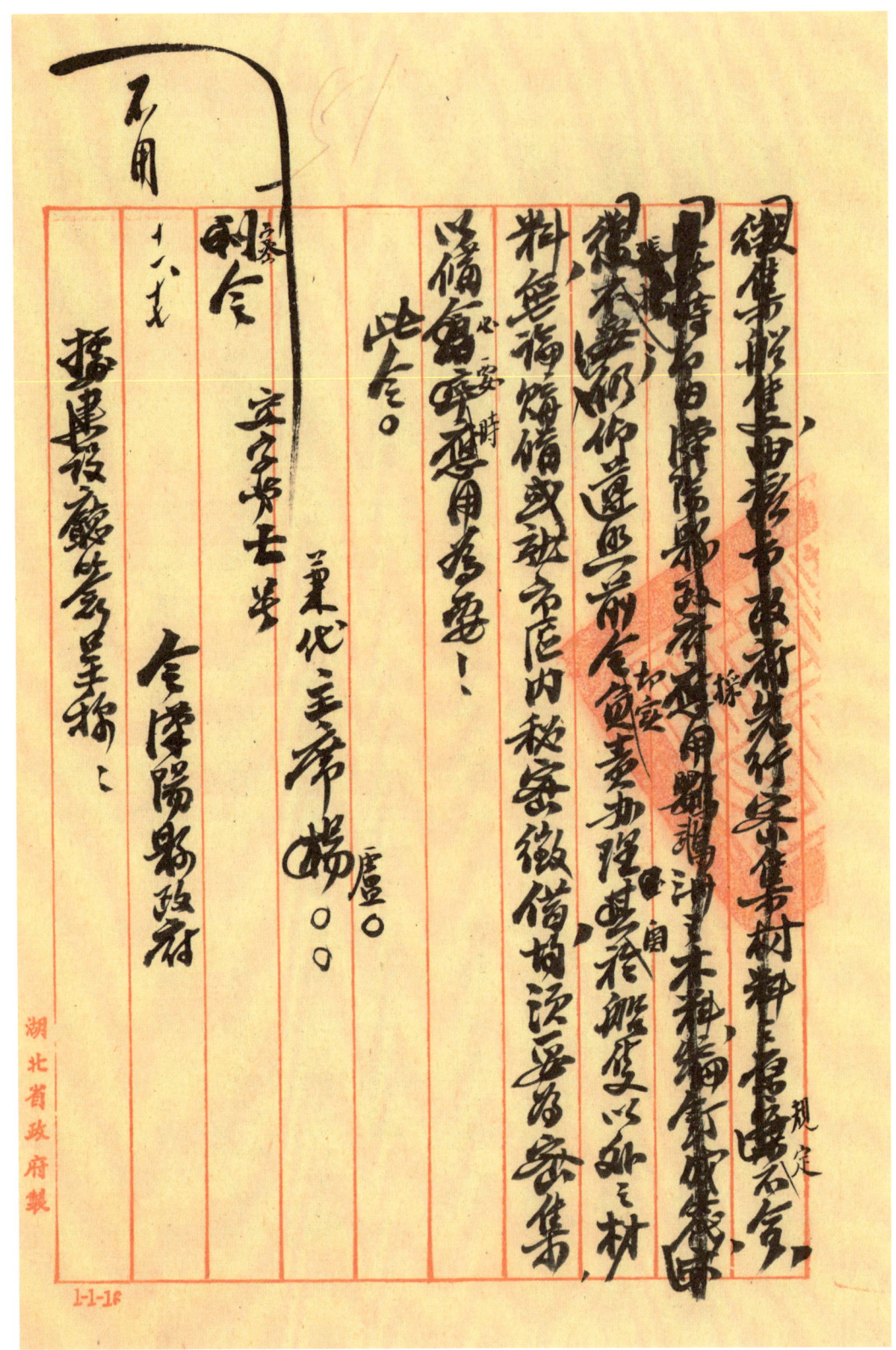

奉
谕 移此移

查武汉三镇相互交通，平时多恃轮渡船渡通行，一旦有事，如因有之轮船、船渡被破坏或不能通过，则三镇交通必感困难，亟宜预先统筹。仰汉阳县政府先在鹦鹉洲一带密查调查杉木、松木排板数目，以便非常时期计算征集，作编造木筏及架搭浮桥之用。并将[illegible]查明厂所、名号、业主姓名、住址具报。仰即遵照，妥慎密查具报为要！

此令。

主席 杨○

中華民國　　年　　月　　日

繕寫

校對　熊昭湛　王秉乾

監印　高元[illegible]

湖北省政府製

湖北省建设厅关于武汉警备司令部请赶筑金口大军山及沌口石咀间码头及渡船设备与连络公路致湖北省航业局的训令（一九三七年七月十五日收）

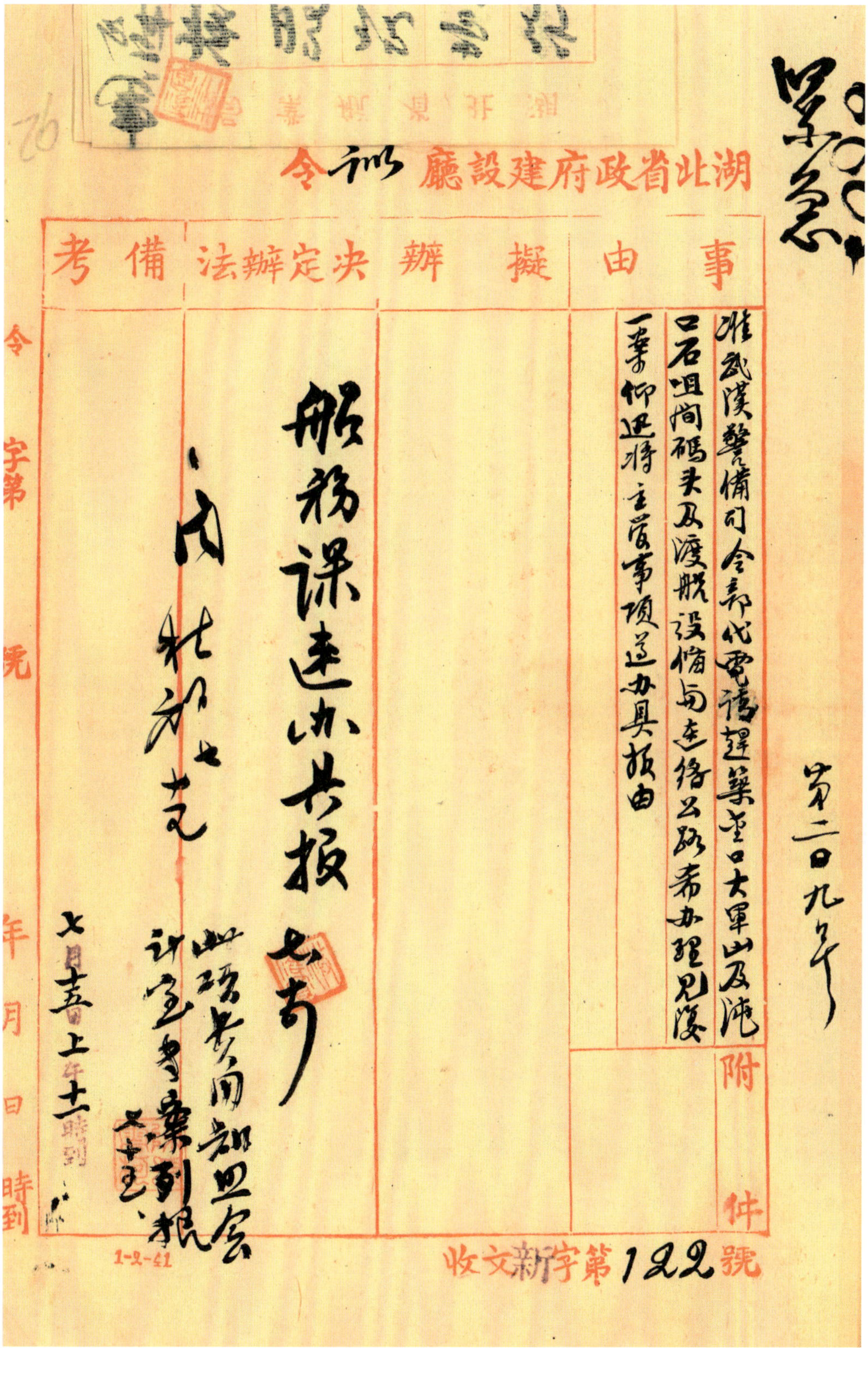
湖北省政府建設廳訓令

| 事由 | 擬辦 | 決定辦法 | 備考 |
| --- | --- | --- | --- |
| 准武漢警備司令部代電請趕築金口大軍山及沌口石咀間碼頭及渡船設備與連絡公路希辦理見復一案仰迅將主管事項逕办具報由 | | 船務課速办具报 七、十五 | |

第二〇九号

附件

收文新字第122號

# 湖北省政府建設廳訓令

省建二字第33698號

令湖北省航業局

案准武漢警備司令部文參代電開：「查非常時期之臨渡，擬定移在金口大軍山間、與沌口石咀間，前經函請建築碼頭在案，惟聞僅在沌口石咀兩岸各用土築碼頭，構造簡陋，以局勢緊張，應請查照前案，迅將沌口石咀兩岸碼頭加築堅固，並趕築金口大軍山兩岸碼頭，暨在該四座碼頭安設躉船、跳板，以能停靠大小臨艇為庫，尤須於該四座碼頭趕修築碎石路連接公路，以利軍運。並希將辦理情形見復為荷。

等由。准此。查沌口石咀間及皇口大軍山間兩處夾江碼头，所須躉船、跳板等項設備，業經本廳令飭前航政處妥為籌備有案。茲准前由，除關於兩處建築正式碼頭，已令公路管理局剋日派員勘估具報。其兩處連絡公路並經電請仍照原案派隊督同附近民工修築外，合亟令仰該局遵照，迅即會同公路局將各該需躉船、跳板，妥速辦就具報。事關軍運，毋再延誤為要！

此令。

1—1—16

# 湖北省政府关于非常时期调用汽车以备军需问题致汽车队总队部的密令（一九三七年七月二十三日）

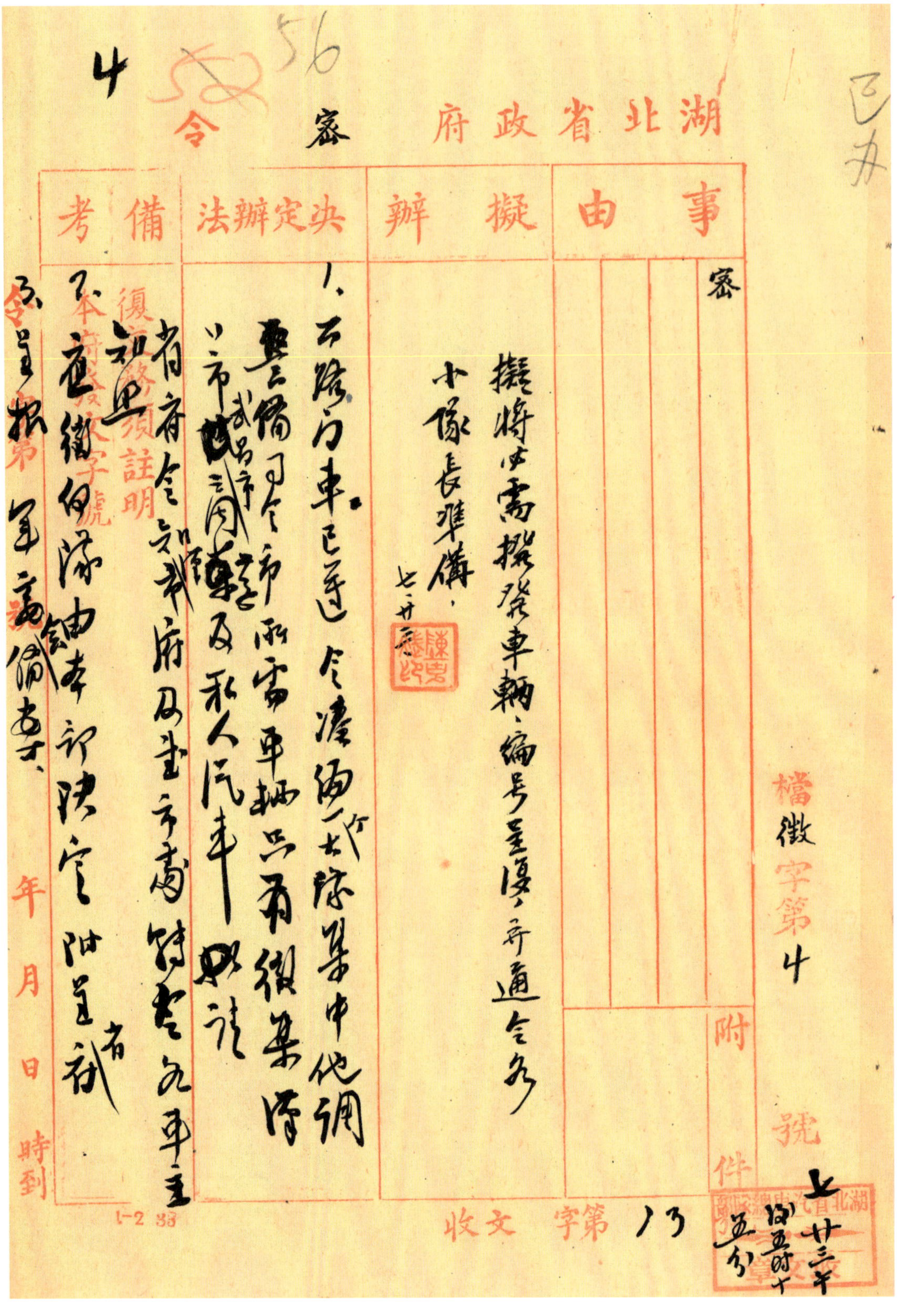

湖北省政府 密 令

事由：密

擬辦：擬將必需擬發車輛、編号呈復，并通令各小隊長準備。七、廿三

決定辦法：[illegible]

備考：復文須註明本府發文字號

檔 徵 字第 4

收文 字第 13

湖北省政府密令

省建二字第34470號

令汽車隊總隊部

案准武漢警備司令部馬參代電開：

「查非常時期，調動部隊，輸送械彈，救護傷兵等項，所需汽車，亟應預為籌備，茲決定非常時期，徵調汽車支配表，送請察照，擬懇轉飭湖北省汽車總隊部，即撥第九十八師及砲兵第十六團載重汽車各伍輛，其餘之數，準備隨時調用，并請飭該總隊部嗣後逕與本部副官處直接洽辦徵調車輛事宜，以免周折貽誤，如何？統祈卓裁示復為禱！」

等由。准此，查武漢方面，隨時準備汽車應用一案，前奉
武漢行營密令到府，業經交由建廳轉飭公路管理處遵辦。旋
據該廳簽呈，路局呈復，已湊編一大隊，計共九小隊，每隊汽車
十輛，以備應用，其餘限於車輛，無法增編，亦經據情呈奉
行營指令，轉飭該路局將三分之二車輛控制江北，其餘置於江南
岸，各在案。茲准前由，自可辦照。惟以前每遇事故，各車隊往
往自由向局索車，彼去此來，不獨秩序凌亂，抑且應付困難。現
該部既組織成立，嗣後徵用車輛，是否須由
行營轉知，以便統籌？抑或即由武漢警備司令部主持，藉
免紛歧？除呈請

行營核示，並電復外，合行檢同支配表一份，令該總隊部遵照！

此令。

附檢發武漢警備司令部非常時期徵調汽車支配表一份。

中華民國廿六年七月　日

主席 [illegible]

建設廳長伍廷颺

校對陳瀛洲

監印高元[illegible]

附：非常时期征调汽车支配表（一九三七年七月二十日）

# 非常時期徵調汽車支配表

民國二十六年七月二十日
武漢警備司令部參二科製

| 部別 | 包含部隊 | 搬運 江北區 | 搬運 江南區 | 乘坐 江北區 | 乘坐 江南區 | 共計 | 備考 |
|---|---|---|---|---|---|---|---|
| 武漢駐軍總指揮部 | | 三輛 | | 五輛 | | 八輛 | |
| 江北區指揮部 | 九十八師及其指揮各砲兵 | 二二 | | 二 | | 二四 | |
| 江南區指揮部 | 未定 | | 二 | | 二 | 四 | |
| 警備部隊指揮部 | 警備旅及其指揮部隊 | 二 | | 六 | 一 | 九 | 江南一輛，係省會警察大隊用 |
| 江防砲兵指揮部 | 砲十六團及其指揮砲兵 | | 一五 | | 一 | 一六 | |
| 總計 | | 二七 | 一七 | 一三 | 四 | 六一 | |

附記

一、本表所列車輛，係以最少數作輸送彈藥及緊急重要傳令與救護傷兵之用，其大部則作為輸送兵力之用。

二、各指揮部應照上項原則以最少數分配所屬各單位，其大部則控制使用之。

# 湖北省公路管理局关于辛安渡、满家岗浮桥搭建完成日期及配置安全设备致湖北省建设厅的签呈

（一九三七年八月三日）

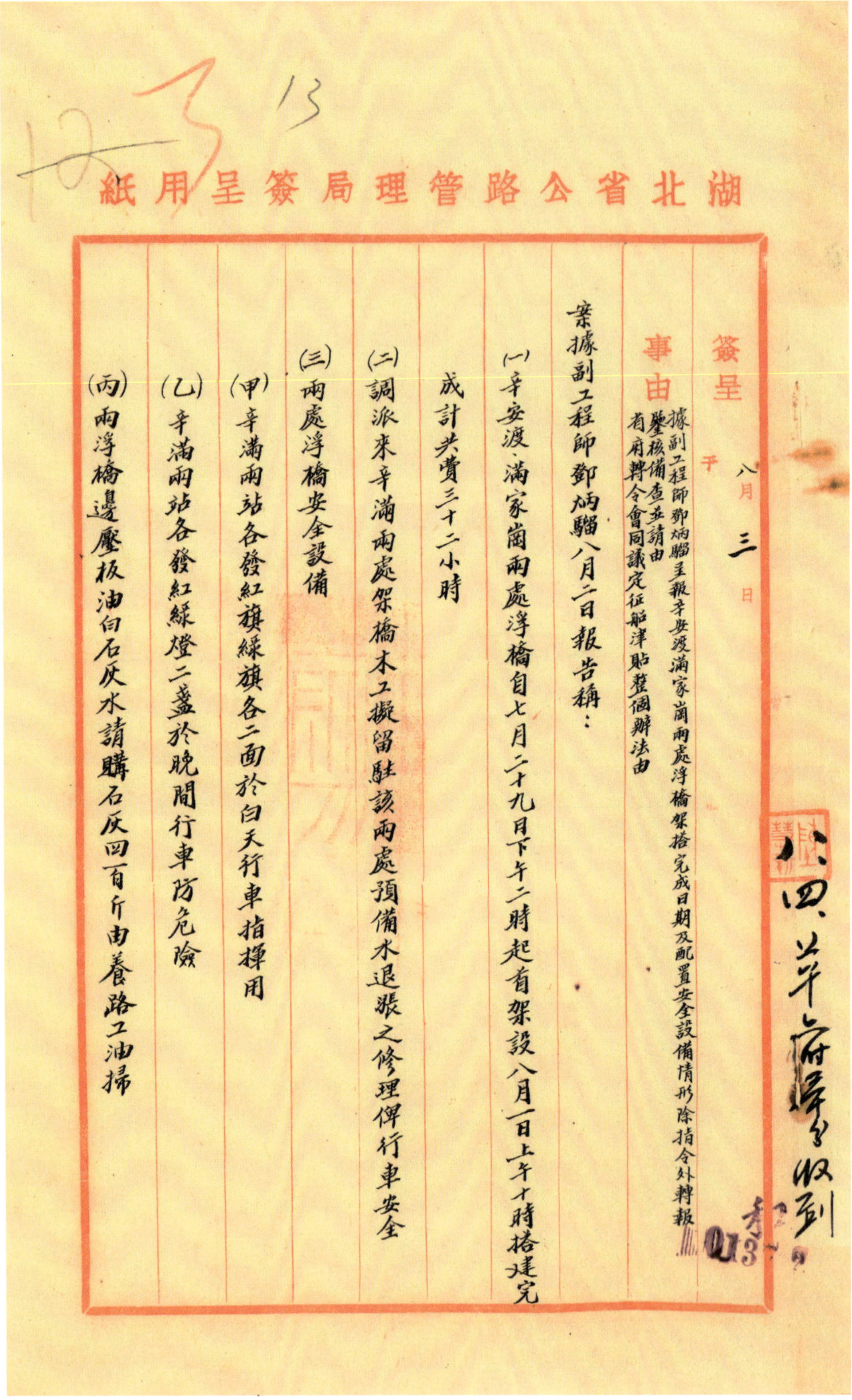

湖北省公路管理局簽呈用紙

簽呈 于 八月 三 日

事由 據副工程師鄧炳騮呈報辛安渡滿家崗兩處浮橋架搭完成日期及配置安全設備情形除指令外轉報鑒核備查並請由府轉令會同議定征船津貼整個辦法由

案據副工程師鄧炳騮八月二日報告稱：

(一)辛安渡滿家崗兩處浮橋自七月二十九日下午二時起首架設八月一日上午十時搭建完成計共費三十二小時

(二)調派來辛滿兩處架橋木工擬留駐該兩處預備水退漲之修理俾行車安全

(三)兩處浮橋安全設備

(甲)辛滿兩站各發紅旗綠旗各二面於白天行車指揮用

(乙)辛滿兩站各發紅綠燈二盞於晚間行車防危險

(丙)兩浮橋邊壓板油白石灰水請購石灰四百斤由養路工油掃

湖北省公路管理局簽呈用紙

簽呈　于　月　日

事由

等情，據此，除原報告(二)(三)兩項業已令准照辦外，所有該兩處浮橋完工及令准配置安全設備情形，理合報請

鑒核備查！

又查該兩處浮橋，按照前次汽車演習成案，係征船三十二隻，每隻日給津貼銀弍元，計每月所需上項開支，將及弍千元之鉅，擬請由

省政府，令行水上公安局與船業公會，統籌整個辦法，俾能長期準備，以節公帑，是否可行？並乞

鑒核！

14 15

湖北省公路管理局簽呈用紙

簽呈　　　　年　　月　　日

事由

謹簽呈

廳長伍

代理湖北省公路管理局局長胡舜生

代理湖北省公路管理局副局長徐世民

胡舜生印

徐世民印

湖北省政府关于召集船业公会妥议架搭辛安渡、满家岗浮桥船只征用办法致水上警察局的训令
（一九三七年八月四日）

建環
湖北省政府稿
緊急
來文 字第376號
事由 密
文別 訓令
送達機關 水上警察局
主席
秘書長
廳長
秘書 科長 技正 技士 股長 科員 辦事員
中華民國 年 月 日
檔案 字第 號
建字第35280

训令

令水上警察局

建設廳案呈：據公路管理局八月三日簽呈，節稱：「查辛安渡、滿家嶺兩處浮橋，擬照前次汽車演習成案，（照抄呈）以節公帑。」

等情，到府。查征船架搭辛安渡、滿家嶺兩處浮橋一案，前經令飭該局辦理有案。此次征用時間，久暫雖定，若仍照汽車演習成案辦理，則費用甚鉅，且此類事件甚多，政府殊難籌措；若不給費用，亦影響於船民生計。顧此種服務，值此長期準備之時，當由全體船民

俾利長期準備，兼使船

担任，不能僅令該三十二艘船民或一部份担負，為集中力量及期担負平允起見，應由該局迅即召集船業公會妥議具體辦法，如應征船隻輪流抽派及未經抽派之船隻酌量幫貼等等，作有條理之整個計劃，時局日趨緊張，繼續征用船隻，事所不免，該公會應本愛護國家之旨，協助政府，詳為籌畫，不容稍存觀望，臨事周章，事機貽誤。合亟令仰迅速遵照辦理具報為要！

此令。

主席黃〇〇

建設廳長何〇〇

1-1-1-7

中華民國　年　月　日

繕寫

校對　周壽祉

監印　高元尉

湖北省政府关于在襄河、谌家矶搭建浮桥致国民政府军事委员会委员长武汉行营的呈（一九三七年八月六日）

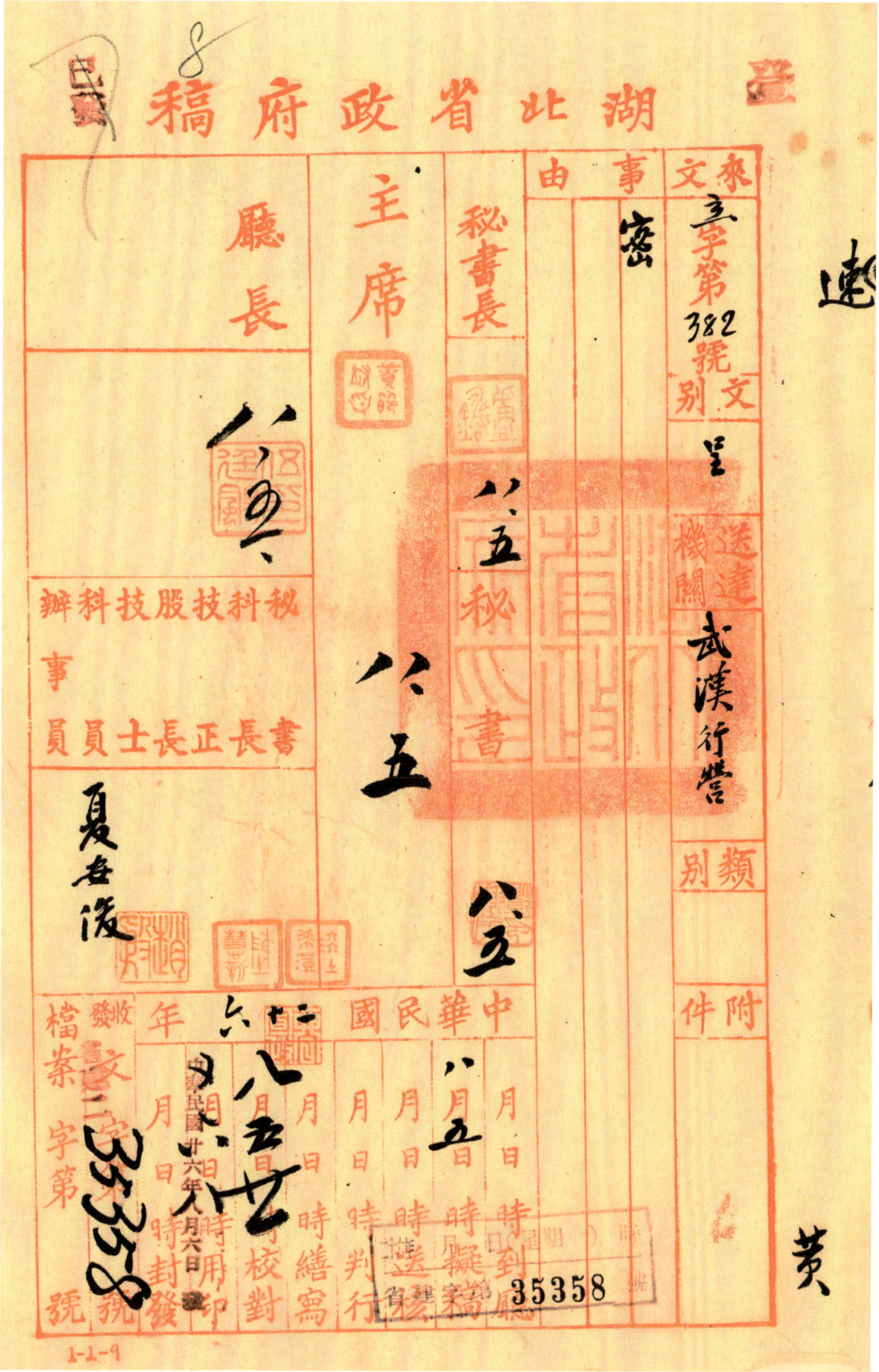

# 湖北省政府稿

速

來文：亭字第382號

文別：呈

事由：密

送達機關：武漢行營

類別

附件

主席　八五

秘書長　八五

秘書　八五

廳長　八五

秘書 科長 技正 股長 技士 科員 辦事員：夏岳俊

中華民國　廿六年八月五日

中華民國廿六年八月六日

收文 發文 檔案 字第35358號

35358

黄

1-1-9

呈

案查前奉

鈞府營七月二十六日鄂參勤字第一四五零號密令，以據

武漢警備司令部轉呈擬在襄河架設浮橋及在諶家磯

附近架搭便橋一案，飭轉飭漢口市政府迅速籌辦，並將辦理

情形詳報等因。遵經密令漢口市政府並呈復在卷。

茲據該市政府八月四日呈復稱：

「正遵辦間，復准鄂司令部龍巳代電（照抄如下）

敬乞鈞府鑒核。」

等情。到府。理合具文呈報

鑒核備查。

謹呈

軍事委員會委員長武漢行營

湖北省政府主席黄〇〇

中華民國　年　月　日

繕寫

校對　張　節

監印　高元勛

湖北省汽车总队部关于非常时期武汉部队征调汽车相关情况致湖北省政府的呈（一九三七年八月十一日）

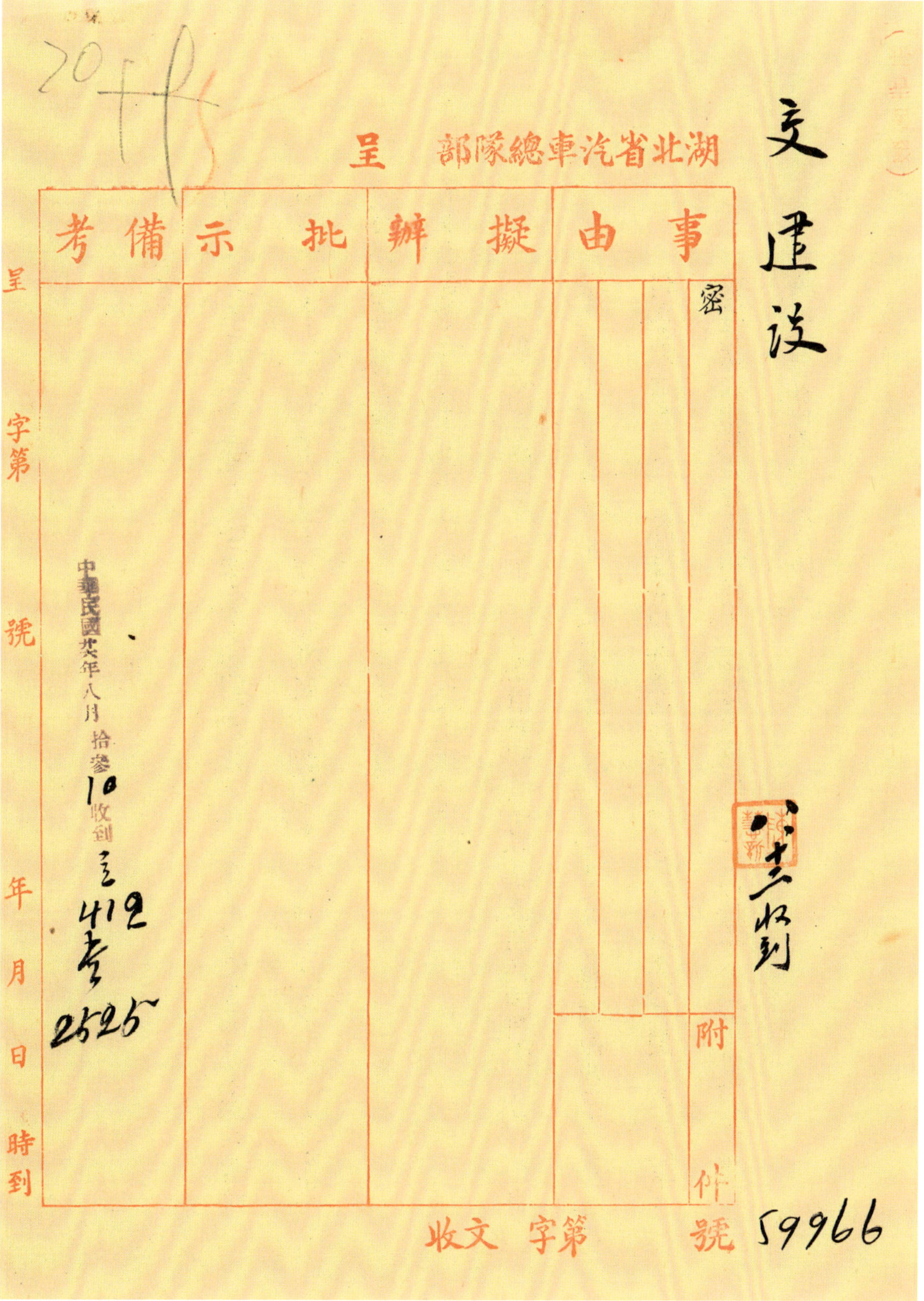

文
建設

湖北省汽車總隊部　呈

| 事由 | 擬辦 | 批示 | 備考 |
| --- | --- | --- | --- |
| 密 | | | |
| 附件 | | | |

呈　字第　號　年　月　日　時到

中華民國廿六年八月拾參10收到

收文　字第　號 59966

前奉

钧府二十六年七月二十三日省建二字第三四四七零號密令，檢發武漢警備司令部非常時期徵調汽車支配表一份，經召集武漢有關機關會議，議決：「呈請臨時徵集第二大隊，先集中一中隊，其餘二中隊隨徵隨到」等語，業已分呈在卷，兹奉

軍事委員會二十六年八月四日執二字第一零八八號指令内開：「呈表均悉，既經應徵着准備案，惟該項汽車徵集後，關於油料零件之補給，損壞車輛之賠償，及司機人員等之薪津等等，均照已頒之非常時期徵用汽車暫行規則及另令頒發之汽車隊經費預算表，由該司令部自行處理，至以後關於該省汽車之徵用，應由徵用機關事先報請本會統籌辦理，以免紛歧，除分令湖北省政府、武漢警備司令部外，仰即知照，此令，表存。」

等因奉此、自應遵照、惟查此案、曾呈奉
武漢行營鄂參勤字第一九四二號指令、關於徵用汽車所需油料及維持費應並呈
鈞府核示、並呈奉
鈞府二十六年八月七日省建二字第三五三五號指令略開、徵集後之費用等如何規定、應候另案飭
遵、各在案、茲奉前因、謹將應請
核辦各點、分陳如次：
（甲）本部遵辦汽車徵調事宜、原期便於統制、若各部隊臨時需用汽車、均向本部徵發、匪特應付
維艱、抑且於統制有碍、今既奉
軍委會明令規定、以後關於本省汽車之徵用、應由徵用機關事先報會統籌辦理、以免紛歧
擬懇

鈞府轉請
武漢行營通令武漢各部隊、一體遵照、如事實上各部隊臨時有急於徵車之必要、應請
行營直令漢市及省會兩警察局、就商營及私人汽車、酌量徵用、較之令本部轉徵頗省手續
（乙）查臨時徵用汽車、除油料外、曾經本部擬定、每輛每日給予租金七元、司機津貼一元、助手
五角、並請
鈞府核示在案、現查臨時撥用汽車部隊、有先墊發租金油料而向本部索還者、有油料租金
均不發給者、亦有僅給火食費二角者、不但本部未奉批示油料及維持費如何籌給以前束手
無策、且信用不無影響、究竟此項租金油料及火食費等、應由使用部隊發給、抑由何處籌
撥之處、擬請
鈞府迅予規定、以便遵循、

（丙）本省汽車第二大隊，一經徵集後，每月用費，約需國幣七千餘元，油料材料車胎等尚不在內，現在徵車通知書雖已發出，而驗收委員會尚未成立，究竟是項汽車，是否亟須徵集，如應即行徵集，其用費應如何籌給，擬請

鈞府迅予核示祗遵，否則即由本部函知武漢市兩警察局，暫將通知書保留，俟奉令再徵，

以上各點理合具文呈請

鈞府鑒核施行，

謹呈

湖北省政府主席黄

湖北省汽車總隊部總隊長胡舜生

副總隊長錢 立代

中華民國二十六年八月十一日

国民政府军事委员会委员长武汉行营关于非常时期为武汉部队征调汽车致湖北省政府的指令（一九三七年八月十七日）

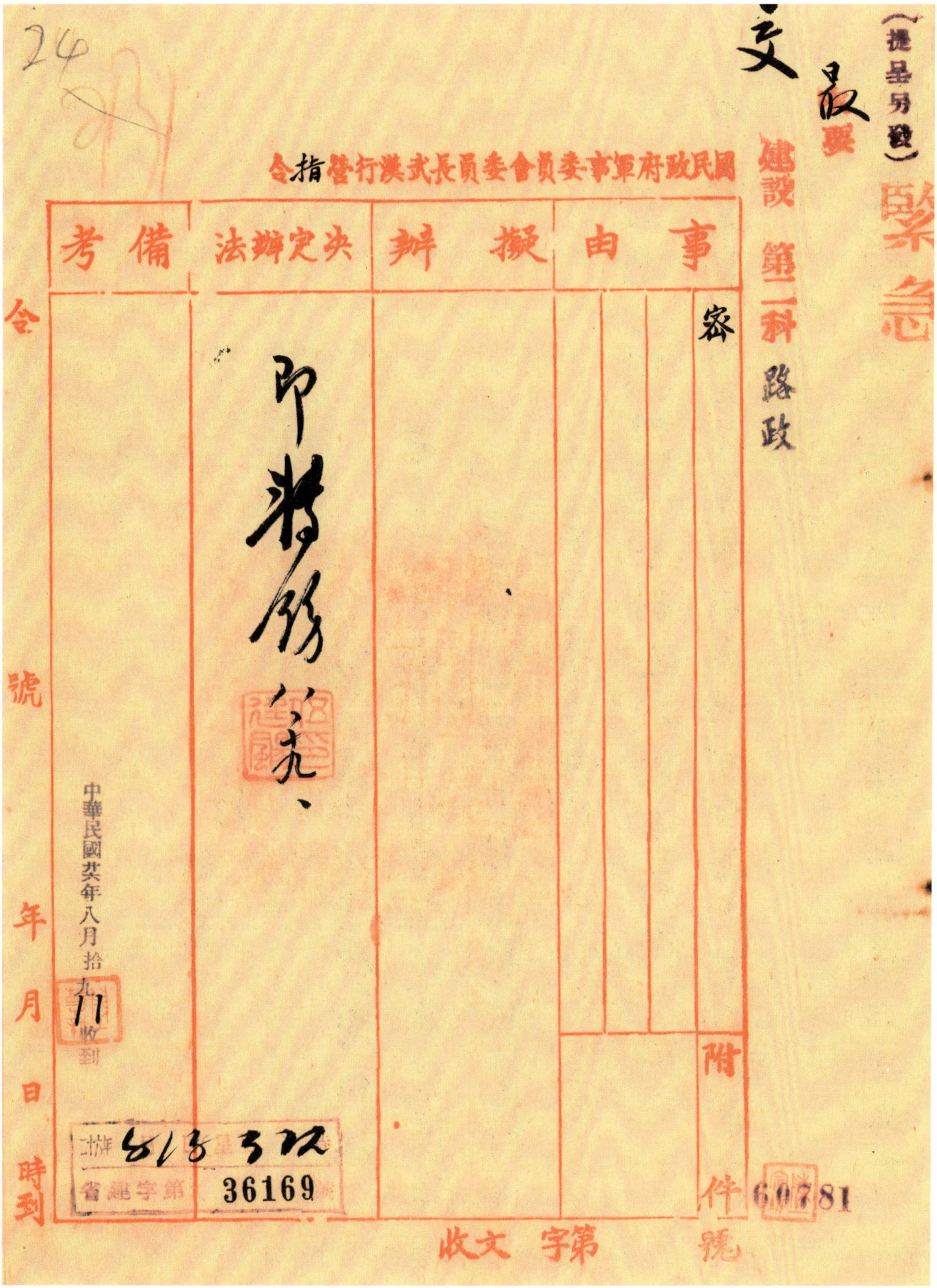

國民政府軍事委員會委員長武漢行營指令

（提呈另發）

最要

緊急

建設第二科 路政

| 事由 | 擬辦 | 決定辦法 | 備考 |
|---|---|---|---|
| 容 | | | |
| 附件 60781 | | | |

令 號

年 月 日 時到

中華民國廿六年八月拾九日收到

省建字第 36169

收文 字第 號

# 國民政府軍事委員會委員長武漢行營指令

鄂參勤字第2303號

令湖北省政府主席黃紹竑

二十六年八月十四日呈一件為據汽車總隊部簽呈甲乙丙三點轉呈鑒核分別指示俾有遵循由

呈述三點均悉，分別逐項指示如左：

甲、關于武漢各部隊需用車輛可否如來呈所擬由省市兩警察局辦理一節。

應照軍委會指令辦理，惟武漢各部隊以後如有

25

臨時需車仍應由該府統籌轉飭該總隊部負責徵集按照規則辦理并仍由本行營令據以一事權。

乙、關于徵車一切用、費一節：

應照軍委會指令按照非常時期徵用汽車暫行規則辦理所有費用由使用部隊照給于撥車予與時由該總隊部逕行通知。

丙、武漢情勢畧有變動汽車第二大隊可否暫緩徵集一節。

應准照辦俟過緊急時期再由本行營令飭

限期集中到武漢情勢雖稍和緩然前後方重心遷移仍屬頻繁臨時需車勢所難免着照甲項指示辦理。

右指示三點仰即轉飭遵照。

此令。

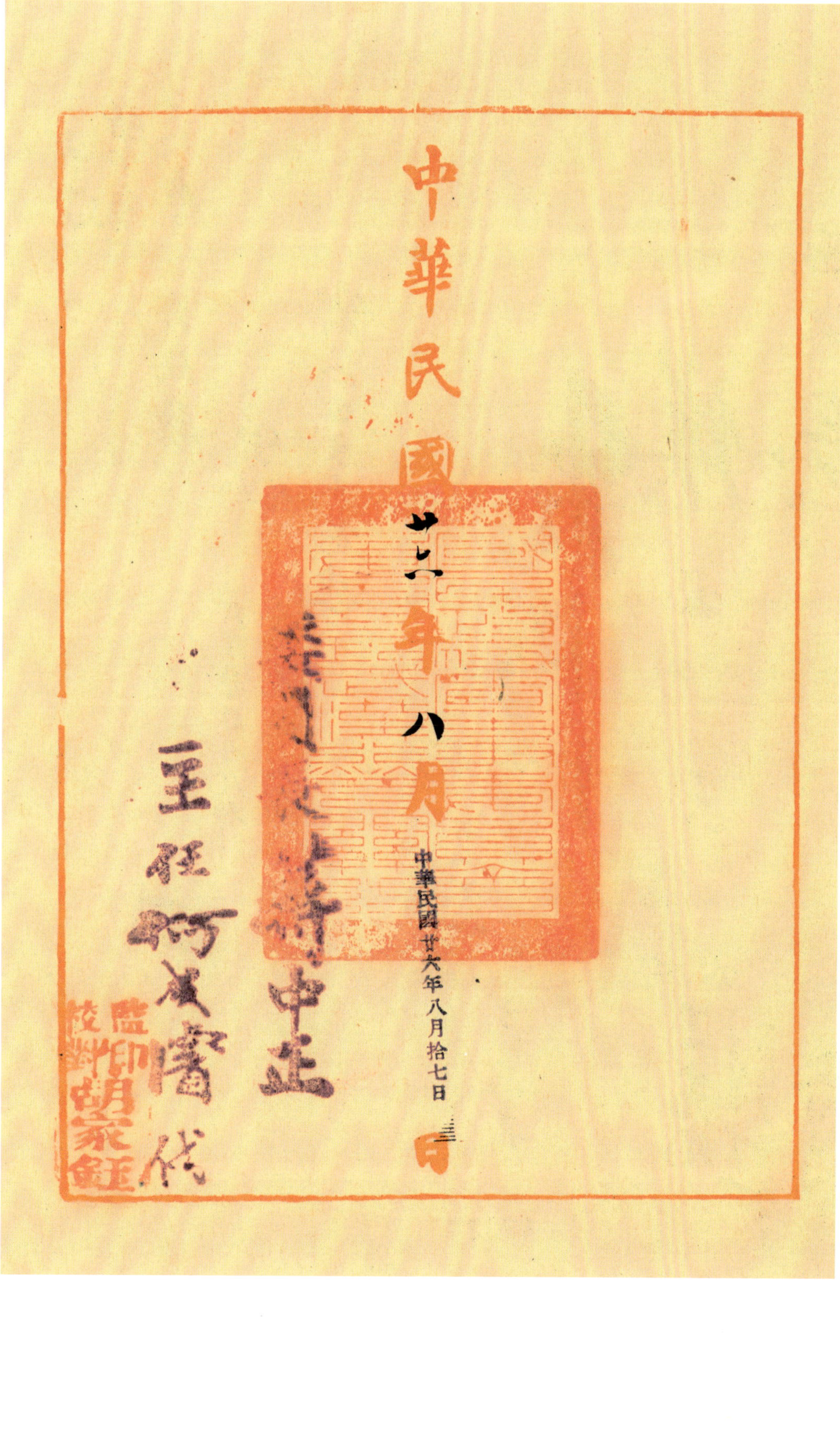
中華民國廿六年八月　日

中華民國廿六年八月拾七日

委員長蔣中正

主任何成濬代

監印胡家鈺

校對

湖北省政府关于迅速构筑武汉近郊工事、道路致武汉警备司令部的公函及致武昌、鄂城等县政府的密令（一九三七年十二月十九日）

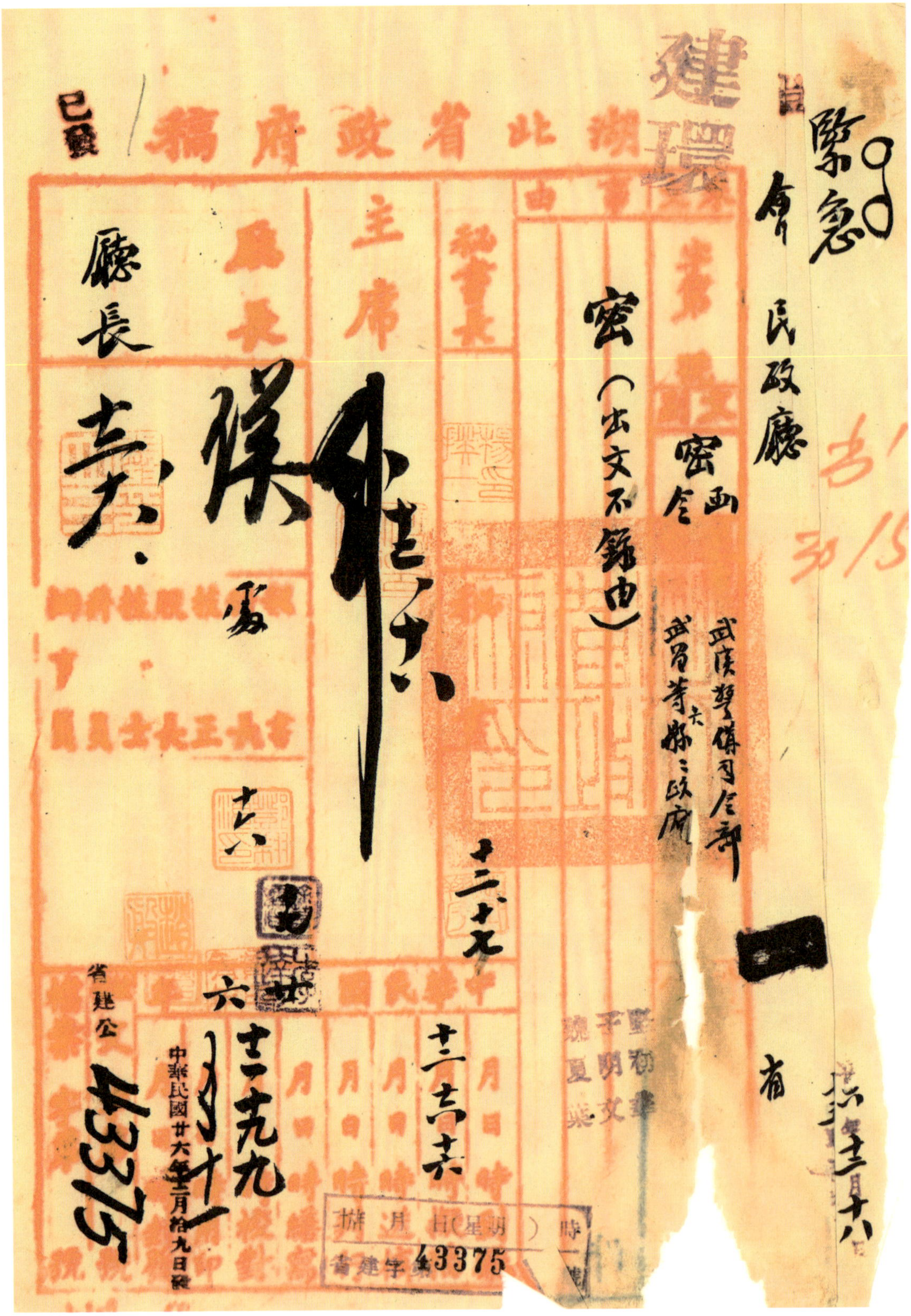
湖北省政府稿

已發

建環

緊急

會 民政廳

密函 武漢警備司令部

密令 武昌等六縣政府

密（出文不錄由）

主席

秘書長

廳長

中華民國廿六年十二月拾九日發

省建公 43375

建字第43375

公函

案准

貴部寒戌參戰代電，以奉令構築武漢近郊工事一案，擬定徵工辦法，囑轉飭有關各縣遵照辦理，並於廿七年一月底以前辦理完畢等由，准此，自應照辦。除分別抄轉原附件，令飭武昌、鄂城、黃陂、黃岡、漢陽、咸寧各縣縣政府遵照籌辦，如限完成具報外，相應函復

查照，並希轉飭一八五師從速派定隊長，先赴各該縣洽辦為荷！

此致

武汉警备司令部

主席何印

密令

令武昌
鄂城
黄陂
黄冈
汉阳
咸宁县政府

案准武汉警备司令部寒戌参战代电

闻：

「頃奉軍委會二十六年十二月十二日一作元字第三十七號訓令開：「照原文辦並於廿七年一月底以前辦理完畢為禱」等由；附徵集民工辦法、及武漢城防公路應增設及修補道路：係圖並清單各一份。到府，自應照辦。除函復請駐鄂一八五師程速派定隊長，先赴各該縣詳辦並分行外，合亟密令該縣政府，令仰該縣政府遵照，趕將圖列境內各段路線，分別徵工趕修；其已成路線損壞部份，並應切實查勘修，限期完成具

附图已请製图室傳製缮用録件请照抄

教，事關國防　事關國防，毋得稍延誤，是
為至要，切切！
此令。
附抄發原送徵工辦法、工程大隊編制表、
路線圖、清單各一份。
主席何○○
民政廳長嚴○○
建設廳長石○

# 構築武漢城防工事徵用民工辦法

一、額數 五二五零名

二、經徵機關由本部函請湖北省政府民政廳轉飭所屬各縣徵集之。

三、編制管理 分編七個大隊（詳細編制如附表）其各隊長由本部函請一八五師派充使任民工管理監督及伙食經理之責。

四、集合地點

橫店 一千人（編一個大隊又一中隊）

道士店 五百人（編兩個中隊）

蔡甸（另撥巨龍崗一部） 二百五十人（編一個中隊）

陽邏 七百五十人（編一個大隊）

武漢警備司令部

葛店（另撥新橋豹子獅各一部）一千人（編一個大隊又一中隊）

御屏峰（另撥石坊舀一部）五百人（編兩個中隊）

賀勝橋 一千二百五十人（編一個大隊又兩中隊）

五、集合日期 十二月三十一日

六、攜帶物件（民工自帶）

1.行李

2.器具 每十[illegible]中須帶鉄鍬四把鉄鎬三把扁担土筐三付以此類推

七、待遇 分隊長每日每人發給伙食及津貼四角隊士每人每日發給伙食法幣二角如增工或特別勤勞時另行獎勵。

八、完工期限 預定為兩個月。

九、徵僱民夫決不抽作兵役完工後派兵妥送回家。

武漢警備司令部

## 附二：应该增修道路清单

# 清單

（一）應增修之道路

○1、漢口—陽邏線

2、五里界—石坊曹線

3、紙坊—土地堂—賀勝橋線

4、金口—土地堂線

5、舵落口—巨龍崗線

6、姑嫂樹—道士店線

7、豹子澥—白滸山線

（二）應修補之道路除武葛路外其餘各路之路面橋樑均應加強以能通過

十噸以上之卡車並不受天[illegible]之阻礙為良。

## 湖北省公路管理局工务处一九三七年非常时期行政计划（一九三七年）



二十六年工務處非常時期行政計劃

(一)整理漢宜路　查該路為京川幹綫之一段，自漢口至宜昌，長三百六十公里，貫通本省中部各重要縣市，運輸至為繁盛，惟自經先後兩次大水，迄今未能恢復原狀，並以經過數處較大河流，咸用渡船載車渡河，更感不便，至若向者先後完成之各段碎石路面，亦以種種原因，漸見破壞，以是本局決定先就該路加以根本整理，擬具計劃，分別實施，計第一步翻修路面，自本年四月間開工以來，完成過半，在最近期間即可全部告竣，此外如添建各大河流橋樑及機器渡船碼頭架設行車專用電話，行道樹，里程牌，行車標誌，養路工棚等，亦均已分別計劃完施，預計在本年度內，一律完成。

（二）繼續完成各新修公路　查本省公路，各重要幹支各線，大部均已完成，其尚有局部聯絡工程，如汴粵幹線之大冶湖堤，京川幹線之團柳段及巴河大橋暨襄花路沙河堤，武穴至田家鎮支線橋涵等工程均極重要，除花園沙河堤外，其餘均已分別着手進行，年內均可完成。

（三）鋪築各重要路之路面工程　查本省境內各幹線，已鋪有路面者尚仍少數，每遇雨天，交通梗阻，行旅深感不便，茲擬於本年度內，將武咸段，咸崇段，大冶至陽新界牌，路面橋涵工程，及汴粵幹線之黃陂至麻城段，戴家山至灄口段，廣濟

16

至武穴段、洛韶幹綫沙市至十里舖段、及漢宜支綫皂市至湯池等路段，總長一百八十餘公里路面，分别鋪築完成，

（四）改善已成各路之各項工程　查本省已成各路，其接自商辦或縣道者，未經正式測量，修築圖多不合，即經政府撥款正式修築者，亦每以限於經費，或應急剿匪運輸之需要，限期迫促，倉卒完成，工程均不免簡陋，益以年遭水患，毀壞日甚，本年度内擬擇重要數段，先行改善，如京川幹綫黄陂至麻城、洛韶幹線沙市至襄陽及長江埠至安陸、鄂南大冶經陽新崇陽至通城等路段，或則待鋪路面，則交通頻繁其路基橋涵，均擬分别加以改建補修，又襄花路花園至老河

口一段，現雖已由平漢鐵路修築支綫，該段公路將來會失其重要性，原無澈底整理之必要，不過在鐵路未修成以前，軍運交通仍有相當時期之需要，故擬就最低限度予以補修，以暫維短期內交通為原則。

(五)組織路工隊 查非常時期，修築各項工程，因其性質之重要與緊急，每不適用平時之包工制度，故本局特遵照中央規定，設置路工隊辦法，並參以本省以往各路段鋪築路面工隊成案，設置路工六大隊，每大隊分設三中隊，每中隊轄工六班，綜計六大隊工人，共達三千人左右，其組織完全採工隊軍事化，所有各級隊長，概以具有軍事學識者充任，同時為兼顧施工便利，增進效率起見，並以工程人員充任各級隊附，俾期組織健全，推行盡利。現就已組成之六大隊，分配於鄂南武崇、鄂西沙十兩段，担任補修路基及鋪築路面工作，將來遇有需要時，再圖擴充。

（六）實行民衆養路

遵照國民政府軍事委員會頒佈民衆養路暫行辦法實行民衆養路，因本省公路各路情形不同，大別之分為四類：（一）類已鋪路面之營業路綫，（二）類未鋪路面之營業路綫，（三）類因車輛缺乏，停營業，尚須維持交通以供軍用之路綫，（四）類完全停止通車路綫。（一）類路綫全部由本局養路工担任養路，（二）類劃一〇二四公里(三)類路線全部交民眾養路隊担任養路由本局派各養路段人員負責指揮督促凡關於民眾養路稍有收入之路線每公里每月津貼國幣一元民眾養路線經過之縣分共三十三縣中現有八縣尚未組織就緒現正由各養路段段長與各縣政府交涉促其從早組織完成本省全部路線之橋梁由本局組織橋梁班六班計有二十人担任修理之

(七)準備養路材料

養路材料從前預備尚未用完者有面板六十餘方丈大小洋松八十根橋木三十根新由購料委員會購到之材料計有面板百六十方丈大小梁三百餘根大小橋木三百二十餘根鄭東郡

南郭西郭北各专派货车一辆运送此种材料就破坏最多之桥梁尽先修理如材料不敷用时再由武汉或就地县办补充之

二十六年業務處非常時期行政計劃

關於營業方面

一、停止營業清淡路線

各營業清淡路線收入不敷開支者甚多值此車輛不够之際除有關軍事者外概行停止已於八月份分別辦理

二、取消短距離之代辦站

為節省代辦站津貼縮短行車時刻經濟消耗及預防通同舞弊起見凡不上十公里距離之代辦站概行取消已於八月份起分別辦理

三、收入不豐之委辦站改為代辦站

凡每月平均收入不滿百元之委辦站改為代辦站以節經常費之開支但有關

交通檢查之要隘道口仍保存之已於八月份起分別辦理

四、調整車務段及車站人事與工作

車務段及車站向無一定組織與職權亦無規定薪資亦未按照等級而等級亦未按照營業進款故不能不加以調整已於八月份起分別辦理

五、訓練站務人員

各站人員對外不能和平處事既不合乎商業化對內不能按步就班復未合乎科學化影響營業實非淺鮮擬組織站務人員訓練班先行招生三十名嚴格訓練後分派各站替回原有職員受訓依此替換直至所有人員訓練完畢為止預計共須十四個月辦理完畢擬自十月份起開始辦理

六、辦理水陸聯運

為求便利旅客維持後方交通起見經與航政局妥商辦理水陸聯運先行試辦漢口至長江埠預計自九月份起開始辦理并與四川公路局商洽由本省咸豐至石門坎及由川省黔江至石門坎之接運辦法一俟商妥即可開始辦理

七、定期召開業務會議

為改進業務發展工作效能起見每月定期召開業務會議一次由各段廠主管人出席報告本月份工作概況商討下月份改進事項已於八月份辦理

八、改善虧損運輸

為求運輸上不致虧損起見擬呈請

上峯將車用油費按照本局實在成本計算將每車每公里二角改為三角

八分三厘或二角以來達到長遠維持後方交通之目的

九、整理因公乘車及長期免費證

因公乘車及長期免費乘車證素來漫無限制影響營業莫此為甚值茲國難嚴重百物昂貴之際此項損失非本局所能担負擬呈請上峯設法限制以期多售客票而裕收入

關於行車方面

一、編定軍用車

奉令編汽車一大隊北上服務運輸經集中各段班車檢發編隊出發共編一大隊計一三五輛車工程車九輛大隊部指揮車二輛共一四六輛

二、支配剩餘車輛

除編隊車一百四十六輛北調外本局僅剩餘殘損不堪行駛車六十三輛並設法拆修
報廢車四十輛維持後方交通 計分配鄂東十四輛鄂南二十一輛鄂北二十六輛礄口
十輛巴東十四輛武穴十二輛羊楼洞七輛共一百零四輛

三、調整行車班次

值此車輛征調材料缺乏之際須使車輛行駛在經濟原則之下適合營業之
需要縮減班次并使車輛同樣牌號行駛於一路段以便於支配材料固定車
輛駕駛人以便保護車輛規定每車須裝足以十分之七客貨方准開行已於
八月份起辦理

四、訂定車輛過渡收費辦法

車輛過渡收費不一致阻碍交通甚巨而營收亦無所獲故不能不改訂辦法

已於九月份呈
鈞核示

五、厲行徵收車輛放空費

值此非常時期凡有運輸須調用車輛往他處裝載客貨時應按放空遠近照章收取放空油費每公里柒分對于各機關用車擬呈請
上峯按放空收取油費以免虧損

六、租車營業

本局自車輛北調以後所剩殘損不堪之車輛數量不足營業支配且現值營業旺盛之時致有求過於供之事實為增加營收起見擬租用商車行駛以補維持後方交通之不足擬自十月份起辦理

七、厲行技術人員登記

凡司機及技工已發給執照者雖已登記而未經登記者為數不少除協同武汉兩

市廠家檢查外擬厲行登記從業及失業者為應付非常時期之用

八、辦理技術人員保險

技術工人保險法已由

上峯頒布擬按照各技工工資收入十倍保險以符功令而為技工之保障已

於九月份辦理

關於材料方面

一、規定材料油類管理辦法

本局材料油類管理向無一定辦法領購驗收審核職責不清且無合法帳

傳因此浪費不少故不能不從新規定於九月份辦理

二、取消分庫制

各地分庫對於修車廠應用材料不但不能協助而且加多一層阻碍故一律撤消併入修車廠藉節公帑而免多一浪費物料之机関

三、整理登記賬

將各項材料登記後妥為預算先行籌劃需用者預購之無法購買者自製之庶外無待候之虞内有數量可考登帳與保管之職責俾分請購與領用之手續完備紊亂之事實可免而調節自然有方也

四、清理各廠積存之新舊料

查各廠之新舊材料諸多係管不善散亂無章除新料依管理辦法整理

外所有舊料一律清理運回可修者則分別修理不可修者則改為原料其殘廢
無用者則設法拍賣擬自十月份起辦理

五、改進油類供應

就各綫車輛數目支配各站備油量以資適合需要就各種車輛消油量
規定標準數以資考核庶保管者不至有多備之担險及流弊用油者漫無限
制則稽核有自而浪費可免也

六、盤查材料

汽車所用材料種類繁複而各種車輛之配件復以車輛牌別年份之不同種類
尤為繁雜收發時往往易於錯誤若不按時清查僅憑簿記登載頗易滋
生弊端茲規定各廠所存之材料每月清查一次局內材料庫所存之材料每三月

由關係部份會派人員清查一次俾實際所存之量簿記所載之完全符合即倘有錯誤亦易於糾正以資核實擬自十月份起實行

七、購備需用材料

關於徵調出發之車輛所需零件五金輪胎工具等項業經造具三個月預算銀額表呈

鈞轉請

軍委會撥款以便購辦本局現在行駛車輛已先預算三個月所需零件五金品名數量列單送請購料委員會購發備用

關於機務方面

一、調整修車廠職工工作

各修車廠向無組織及職權之規定茲自八月份起規定職責充實組織材料及職工之管理等以便利工作效能自然增加車輛行駛之百分數自然加高也

二、充實修車廠應用工具

各修車廠工具素感缺乏除將已停辦之二處分給各廠略資增加外擬於最欠缺之各廠分別增添以發揮其工作效率

三、充實大修車廠

值茲材料不易購到之時凡所缺之零件在大修車廠自製本局定購機件未到以前擬向各商辦修車廠租用一部份并增加翻砂間補胎間電氣間鍛工間以為應付非常時期之用此項計劃擬自十月份辦理

四、拼修報廢車輛

原報廢車共柒拾五輛擬就原有同一牌號車設法拆修馭用其剩餘之舊件則儘量利用以之改造新件或修復存庫備發各廠應用

五、規定大修車廠出品價格

凡大修車廠新製之件照新料百分之八十計價修復之件照新料百分之五十計價所修車輛照工料費外加百分之二十作管理費以此標準計核大修車廠之盈虧及各修車廠之考績

六、改善技工管理

大修車廠以按月給資制對於請假星期例假等時間之消耗不僅公私不利且無法計核工程進行而於加班仲工等辦法更屬難於稽考擬改為按件給資制以發揮其工作效能擬自十月份起試辦

七、勵行基本工資工作工資制

各司機及修理技工往往不顧行駛里程之多寡按月給資因而怠工者有之勞逸不均者有之應以技術為標準規定基本工資以工作效能為標準規定工作工資擬自十月份起試辦

八、按月統計行車消耗

行車消耗如無統計則無法勵行節流亦無法考核各廠之成績擬自十月份起辦理右項統計以資借鑑庶能而勵來茲

九、勵行員工考核

凡司機司油機匠用料職員對于行駛里程公物保管經常開支素少注意擬規定考績辦法實行以分數制考核成績以為獎懲之標準

# 五、城防工事

武汉防空高射炮配备位置表（一九三六年）

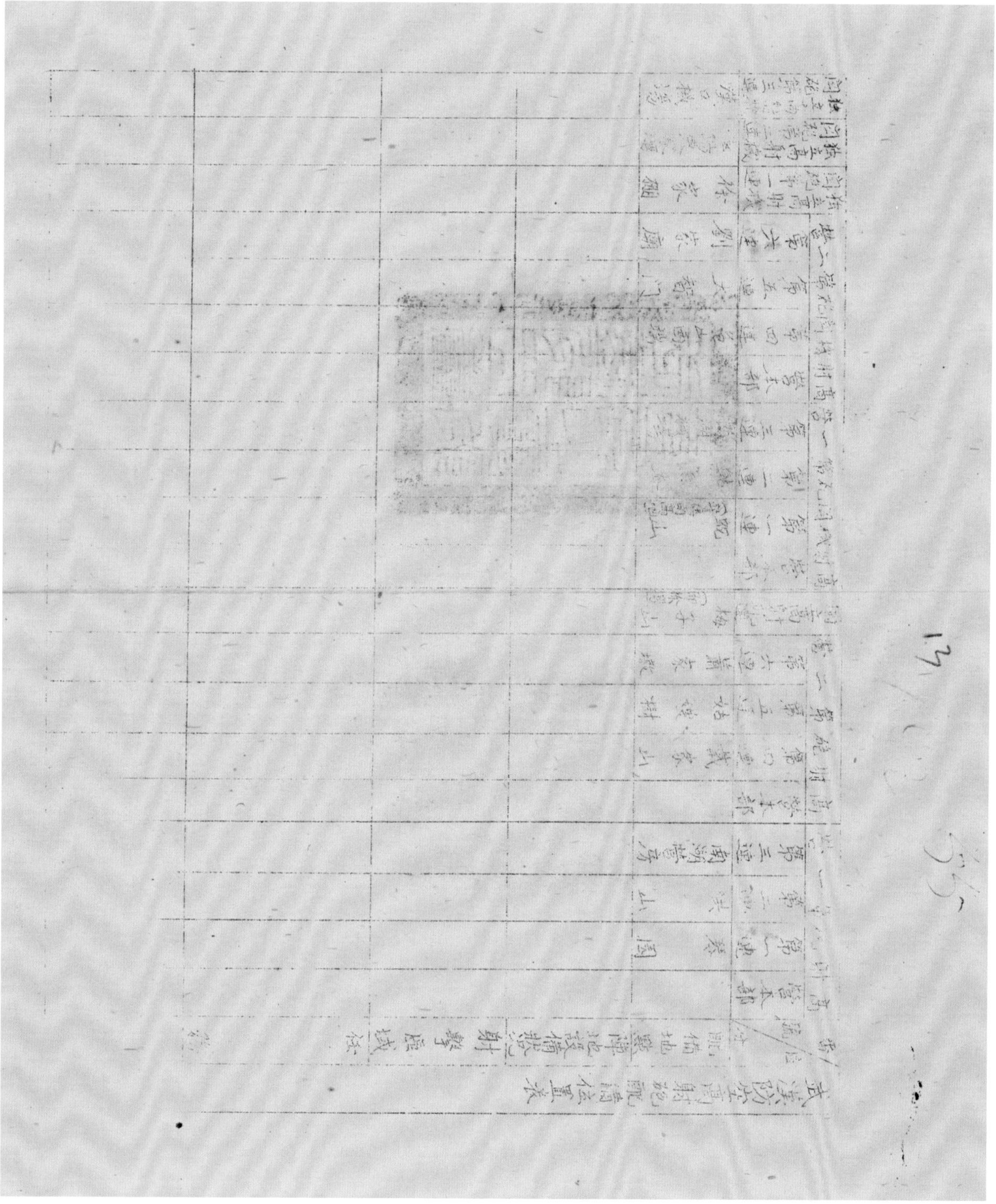
武汉防空高射炮配備位置表

# 国民政府军事委员会委员长武汉行营关于密购麻袋四万条并交于武汉警备司令部防务备用致湖北省政府的代电（一九三七年七月十四日）

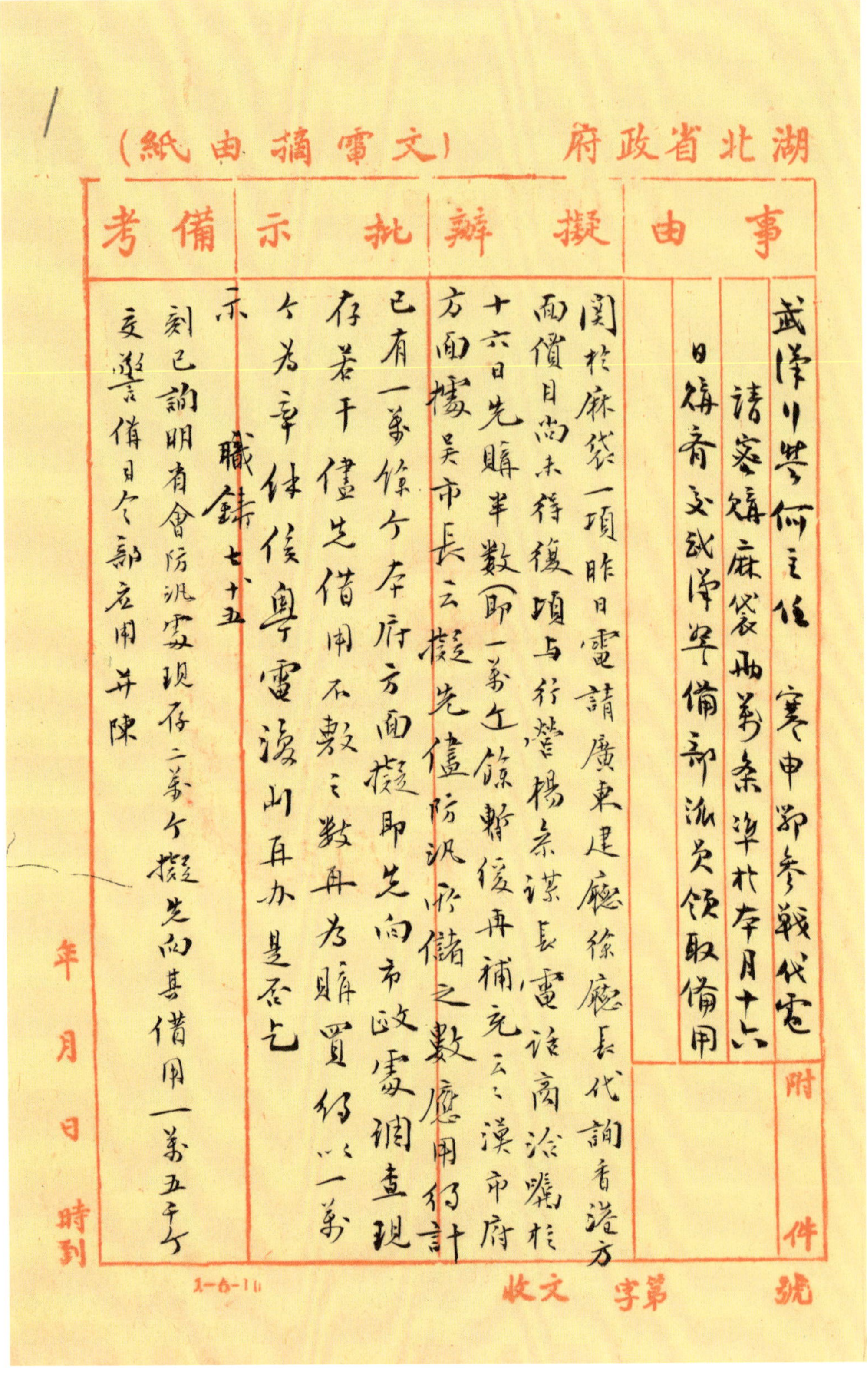

湖北省政府（文電摘由紙）

事由：武漢行營何主任寒申鄂參戰代電
請密購麻袋四萬條準於本月十六日備齊交武漢警備部派員領取備用

擬辦：關於麻袋一項昨日電請廣東建廳徐廳長代詢香港方面價目尚未得復頃與行營楊參謀長電話商洽暫於十六日先購半數(即一萬五)餘數俟後再補充云云漢市府方面據吳市長云擬先儘防汛所儲之數應用約計已有一萬餘个本府方面擬即先向市政處調查現存若干儘先借用不敷之數再為購買約以一萬个為率俟粵電復後再辦是否乞示 職鑄 七、十五

批示：

備考：刻已詢明有會防汛處現存二萬个擬先向其借用一萬五千个交警備司令部應用并陳

年　月　日　時到

收文　字第　號

1-6-11

2

國民政府軍事委員會委員長武漢行營快郵代電

鄂參戰字第1062號　共　字第　頁（共　頁）

武昌黃主席季寬兄查本行營籌備武漢防務共需用蔴袋四萬條茲着省市政府各負購兩萬條準於本月十六日購齊交由武漢警備司令部派員領取備用除分令并飭武漢警備司令遵照外特電遵照辦理切毋遲延為要委員長蔣中正主任何成濬代寒申鄂參戰印

年　月　日到

# 湖北省政府保安处关于秘密调查广州香港两地麻袋价目致广东省建设厅的电（一九三七年七月十四日）

湖北省政府保安處電稿

保一急五 1064

事由

判行 嶽

核稿

擬稿

| 月 日 時 分呈稿 | 七月十四日十七時 分核行 | 月 日 時 分譯發 |
| --- | --- | --- |

廣州建設廳徐廳長賡陶兄（借用省府）：密。刻因需要，煩調查廣州香港兩地麻袋價目，見示為感。弟黃〇〇（寒）保一

民國26年7月14日18:00時譯發第3955號 計45字有線

第 頁 去電號數 歸檔 字第 號

到秘書處 七 十四

1-5-3

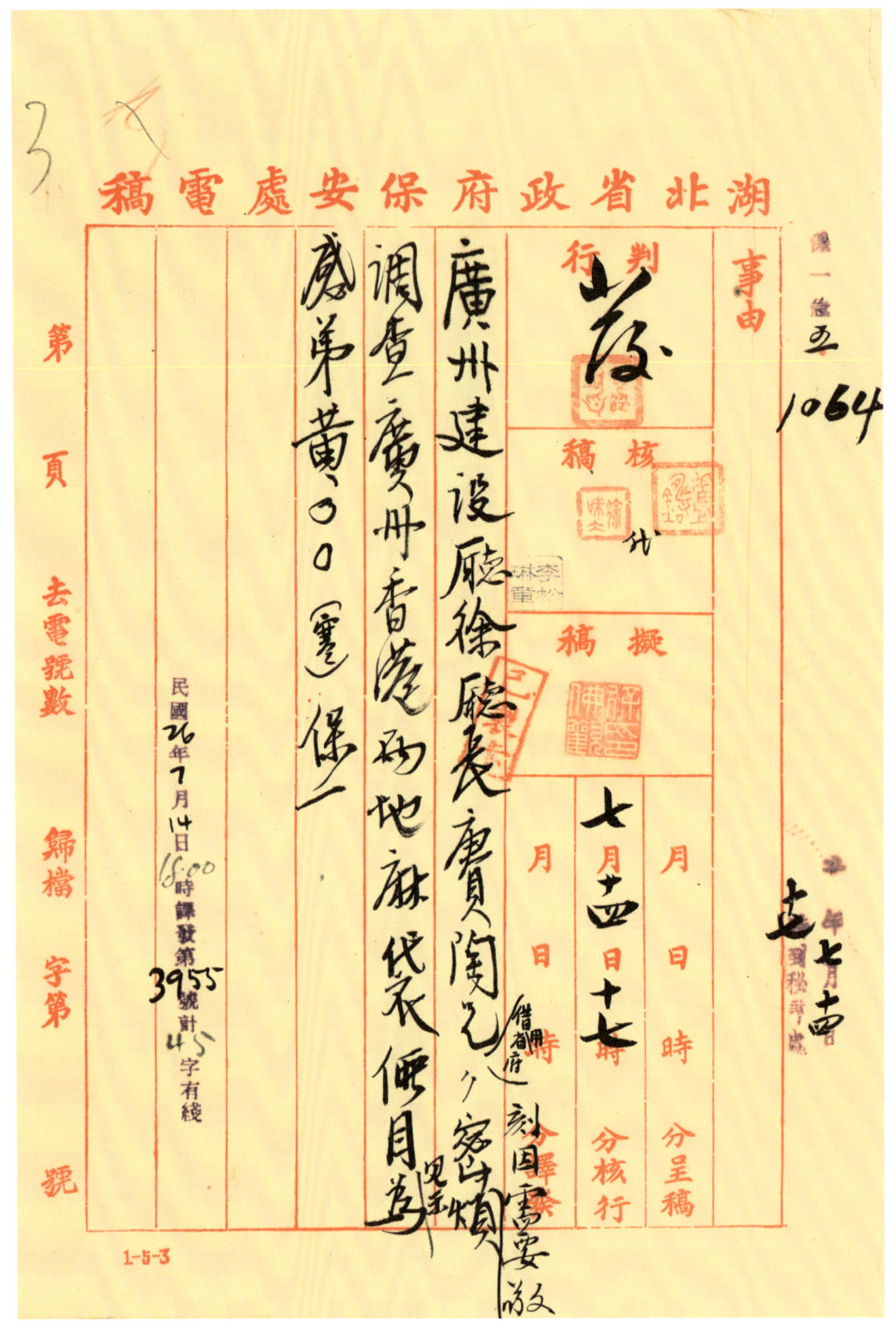

汉口市政府关于平汉铁路沿线建造碉堡勘查情形致湖北省政府的呈（一九三七年七月十九日）

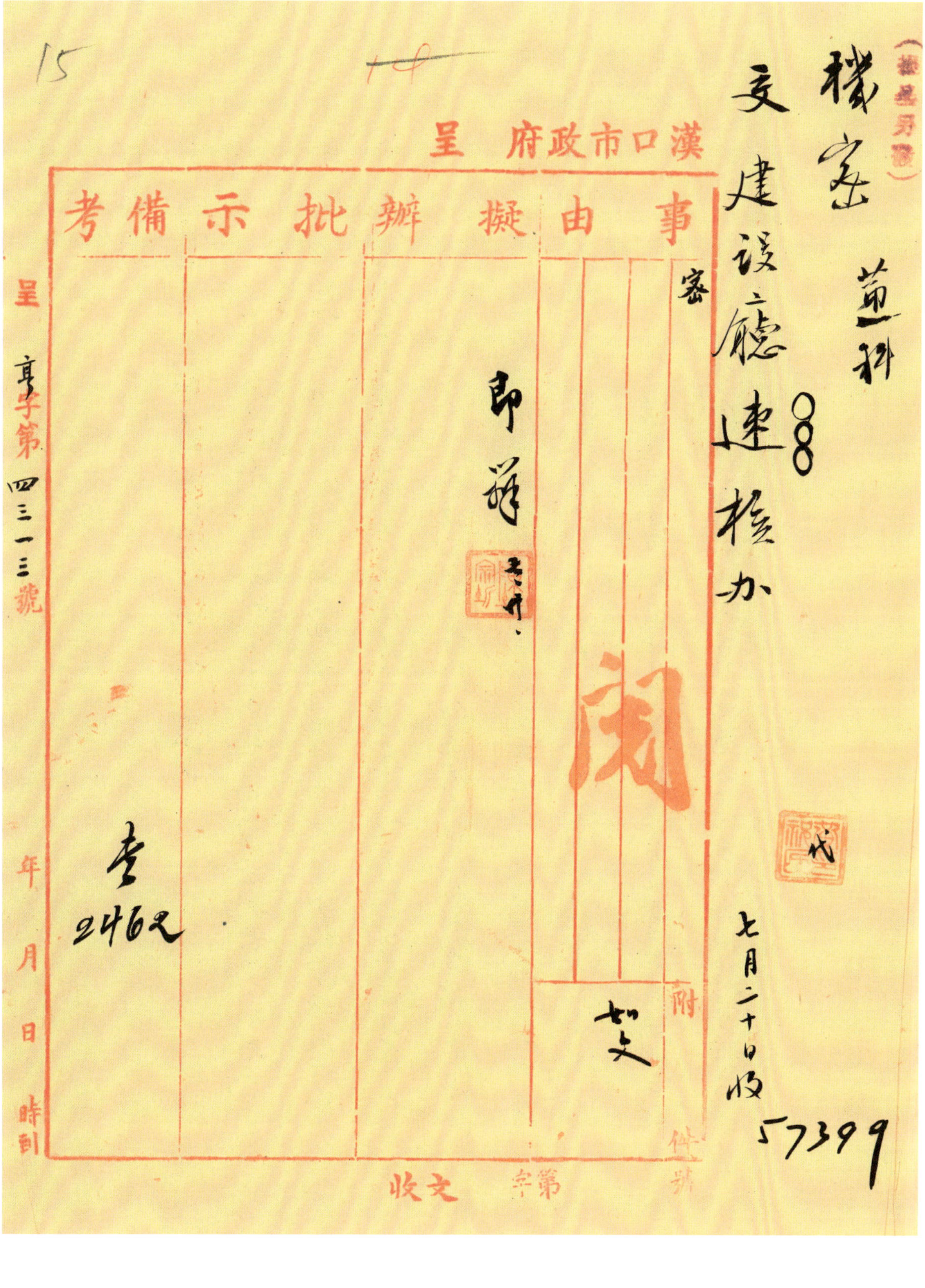
15

14

漢口市政府 呈

（機密另識）

| 事由 | 擬辦 | 批示 | 備考 |
| --- | --- | --- | --- |
| 密 | 即辦 | | 李 2462 |

附件 如文

機密

交建設廳速核办

道科

閱

七月二十日收

57399

呈 亨字第四三一三號 年 月 日 時到

文收 第 號

案准平漢鉄路管理局二十六年七月十六日密函開：
「查本路沿線奉令建築碉堡業已勘定地點將次興工茲于本年七月五
日經武漢行營上校參謀樊煥卿豫皖綏靖主任公署少校參謀周傳經本
路軍事專員辦公室主任詹化球本局產業課主任齊家善江岸工務
分段長汪桂馨等赴諶家磯一帶復勘建碉地點關於頭道橋北建碉地
點（諶家磯站南）因須拆除民房甚多且過河不便樊參謀等擬改在造
紙廠東南角馬路轉灣處較為便利（附圖）唯該地係由財政部囑託貴
市政府派員保管應先徵求貴市長意見以便着手興工此項建碉工程
全屬軍事範圍而遷移地點亦復歸其指導相應檢同草圖隨函送達
即希查照見復為荷」

等因，附送草圖一份到府，查該廠地址，前經呈奉
鈞府二十六年六月二十一日省建一字第二五一三二號令准轉咨
財政部查核收回，尚未得覆，茲准前因，案關軍事，該廠又在停辦期中，似屬可行，
除函復外，理合抄同原附草圖，備文呈祈
鈞府鑒核，咨部查照！

謹呈

湖北省政府主席黃

附抄原圖一紙

漢口市市長吳國楨

中華民國二十六年七月十九日

附：拟改建排硐地点草图

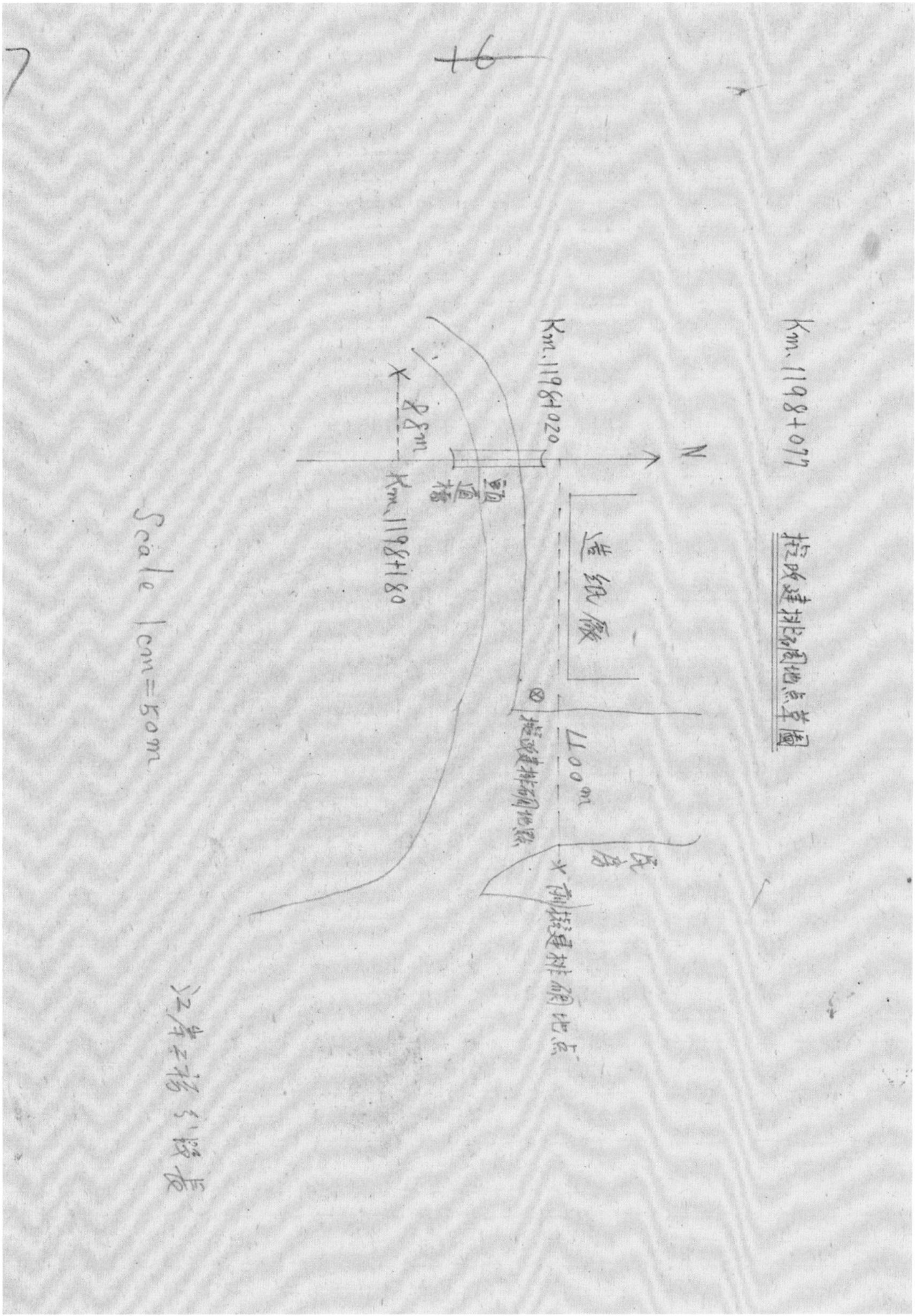

Km.1198+077
N
拟改建排硐地点草图
造纸厂
400m
Km.1198+020
Km.1198+180
28m
Scale 1cm=50m

## 武汉警备司令部关于武汉作战准备经费筹拨致湖北省政府的代电（一九三七年七月二十七日）

送財廳

已令由財廳照撥 印復

武漢警備司令部快郵代電

武昌湖北省政府黃主席賜鑒查時局益趨嚴重關於武漢作戰準備經費一項昨經行營召開談話會議決由大府籌撥四萬元漢口市政府籌撥壹萬元在案現以加掛陽葛專綫及購辦各部應用巷戰器材各項開支需款孔殷擬請迅賜先撥兩萬元以應急用其餘兩萬元俟有需要再隨時向大府請領事後實報實銷茲派本部經理處科員郭淼森携據前來即請僉照飭廳撥交該員具領為禱武漢警備司令郭懺感未經

經字第537號共　字第　頁（共　頁）

監印 斯載章

校對 譚叔隆

年　月　日到

湖北省政府保安处关于拟定构筑防空壕位置数目致省政府的签呈（一九三七年七月二十八日）

湖北省政府保安處簽呈

案由

擬定搆築防空壕位置數目請　核示由

說明

奉

面諭飭擬防空壕設計圖案遵經依照指示方針會同市政處技正劉崇謹等擬具圖說計本府官邸搆築一個辦公廳附近三個並擬飭由市政處派定員工開始工作又鄉政訓練所擬搆築十個即由學員自行工作是否有當理合簽請

鑒核　謹呈

主席黄

鄉訓所教育長趙才標

保安處科長徐佛觀

許士奇

七月廿八日

附圖一張 説明書一份

附一：防空壕设计图

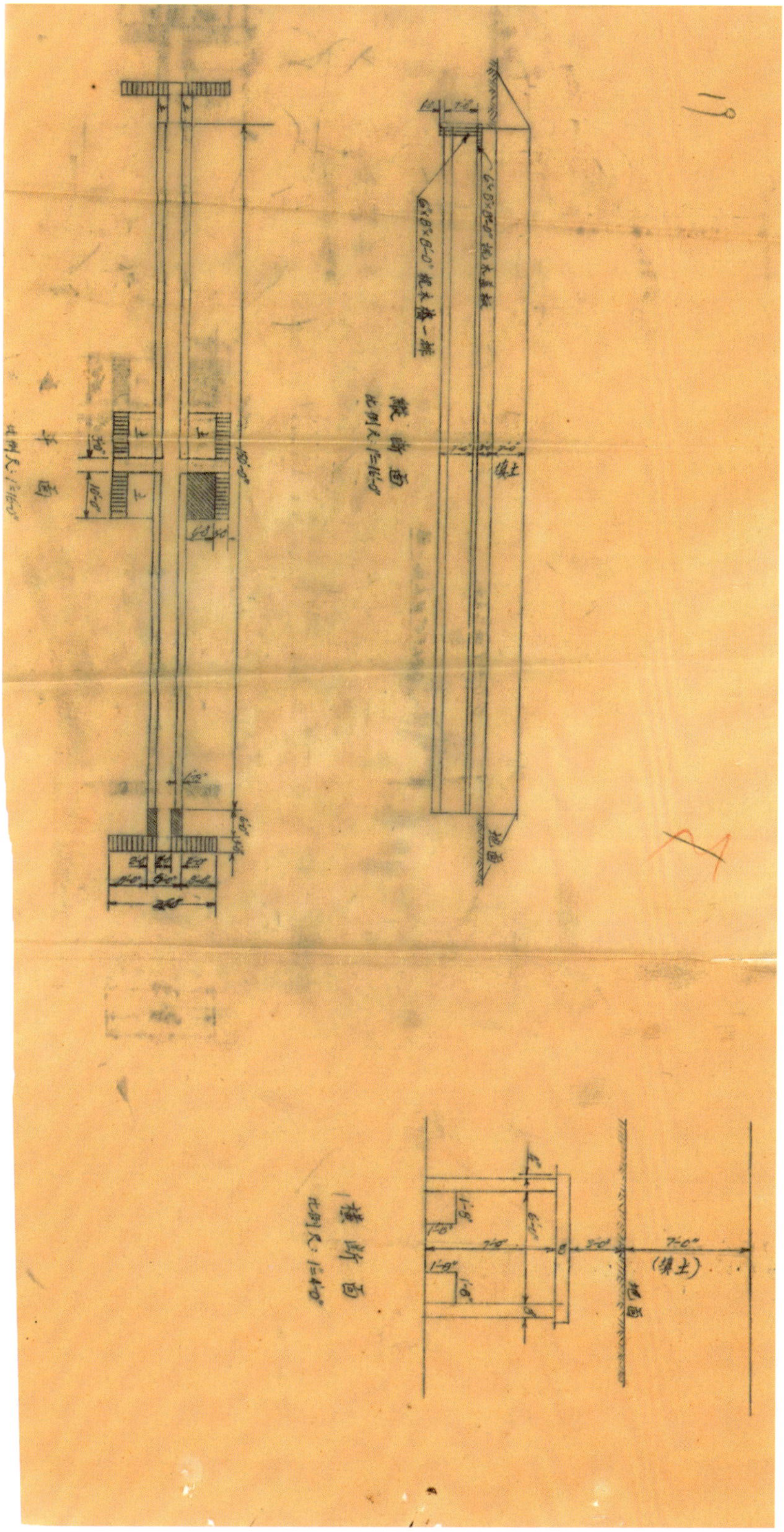

附二：建筑防空壕说明

建築防空壕說明

正壕長一百五十呎淨寬六呎淨高七呎

地面夯結

壕牆用枕木排列入土深一呎

壕頂蓋6"x8"枕木上鋪白鐵一層然後填土深七呎

入壕門寬三呎走道長六呎門外土梯寬三呎

1-1-16

I. 土方

| | | | |
|---|---|---|---|
| 坵壕 | | 135 | 每人每日作 0.3 方 |
| 走道(入口) | 4 | 8 | $\frac{314}{0.3}=104.6$工 |
| 梯子 | 4 | 18 | |
| 填土 | | 153 | |
| | | 314 | |

II. 枕木

| | | |
|---|---|---|
| 蓋面 | 1800/6 = 300 根 | |
| 圍墻 | 3600/6 = 600 根 | |
| 入口 | 96 | |
| | 996 根 | |

排枕木 人工 約需 30工

III. 白鉄 50 張

IV. 通風管 4–4″ф 20′0″

1-1-16

# 武汉警备司令部关于修筑汉阳梅子山炮兵阵地道路致湖北省建设厅的代电（一九三七年七月三十一日）

武漢警備司令部快郵代電

參字第2316號

事由：為檢圖請修漢陽梅子山陣地進入路並希見復由

第一頁（共二頁計　字）

已覆

湖北建設廳伍廳長展空兄密本部現已選定漢陽梅子山構築砲兵陣地並決定砲兵進入路綫如附圖藍綫所示特電查照即請轉飭於四日夜内趕修三公尺寬之道路兩條一自龍燈隄南頭起南接陽蔡公路一自龍燈隄頭無名村落起就片點綫路東經徐家灣南呂家灣西直達梅子山鞍部再上項道路在無名村落之分岔處及與公路之交叉處其曲半徑均須在七公尺以上以利砲車之迴旋并請將飭辦情形見復為荷弟郭懺世參二印附

中華民國二十　年　月　日發

武汉警备司令部快邮代电

字第　号

事由

梅子山图一份

中华民国二十六年七月廿一日发

监印斯载章
校对谭叔隆

第二页（共二页计　字）

附：梅子山图

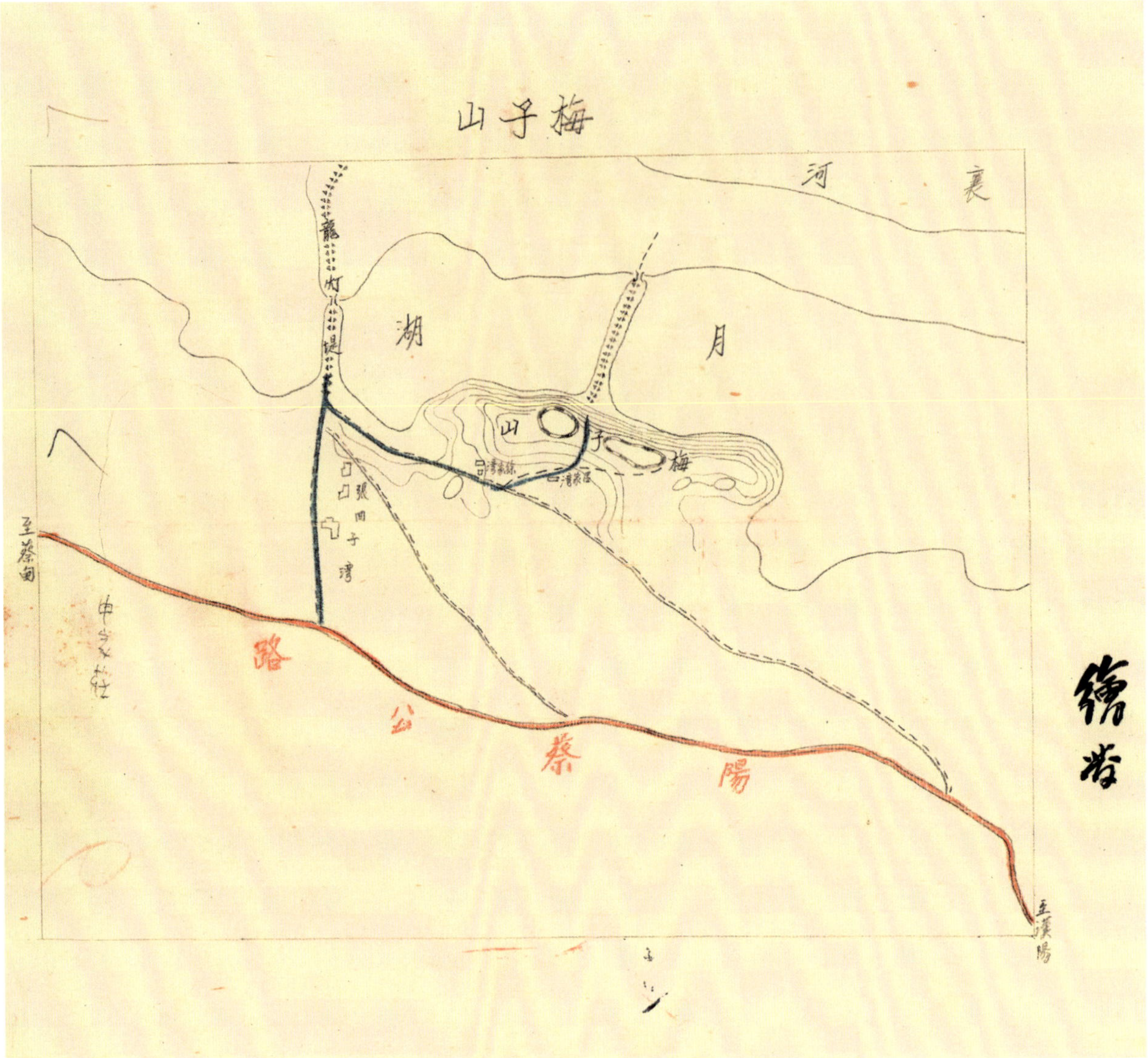

5　4

擬

湖北省公路管理局簽呈用紙

簽呈　八月二日　于工務處

事由　報告勘察梅子山陣地進入路情形

案派勘察漢陽梅子山陣地進入路線，遂於当日（八月一日）偕
會同警備司令部陳參謀趕來赴漢陽縣政府，請派人引導
前往實地勘察。
該線起點在武漢警備司令部後該山下，約半里平路，兩邊有
稻田，須放寬六公尺，餘計切填土方約為四百公方，過稻田至終
因子港，違港路境路面平，切寬為三公尺，切土約五百公方，由終
因子港至徐家灣，路面平，惟有小坡，切填土方約為一百公方。
徐家灣至二七宮徐家灣，經過池塘土坡，為八土方，總約填切為三



湖北省公路管理局关于勘察梅子山炮兵阵地进入路情形的签呈（一九三七年八月二日）

6　5

湖北省公路管理局签呈用纸

签呈　　年　月　日

事由

五公方，如欲商请填塘之土，则须将池塘左方田地之大树数株锯去，占地二公尺，由石家湾至梅子山下，原本现为人行小道，如切实二百三公尺，须拆去，填塞甚多，查此路为行走至施工之间，故路须稍从宽，以免陷时发生故障，以上总共约需征工壹千贰百名，分于三日夜内完成，须每日夜各四百名。谨此签呈

鉴核

任鹤如　谨呈

（速）即签复建厅，请由厅电饬汉阳县政府赶速征工修筑，一面令本局黄副工程师桢为前往指导办理（两件俟厅）（限本日发出签稿并呈）

六

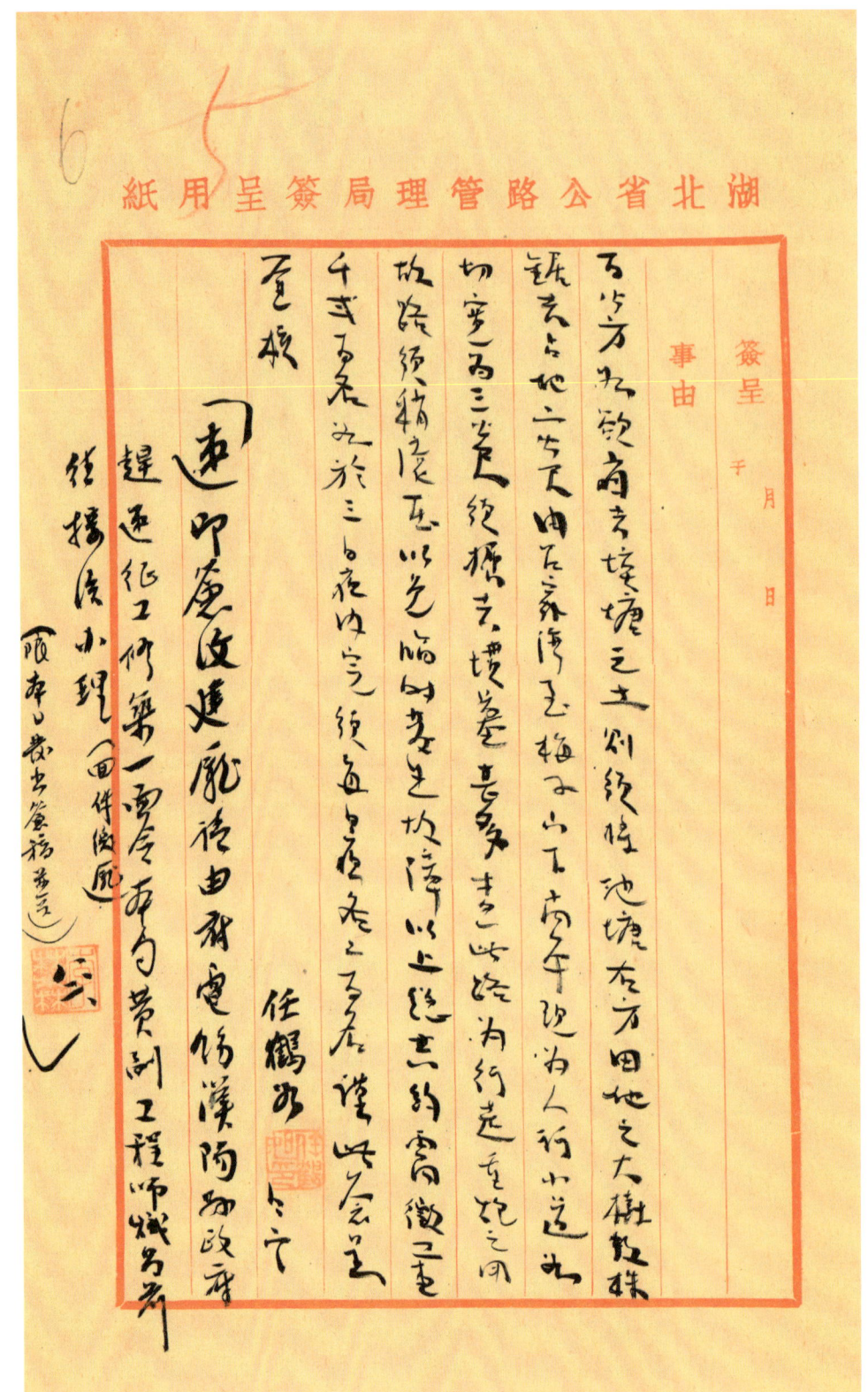

# 林蔚关于需用工事木材并早日购运致湖北省政府的电（一九三七年八月十二日）

4978

湖北省政府電務室

來電摘由紙

第3716號

| 來處 | 職銜 | 姓名或機關名 | 電別 | 收到 | 送出 | 備考 |
| --- | --- | --- | --- | --- | --- | --- |
| 石家莊 | | 林蔚 | 裔工石 | 8月12日 時 | 8月12日 時 | |

大意：需用工事木料請早日購運漢鄂

交辦

擬辦

批示

# 湖北省政府祕書處電務室來報紙

發報局石家莊第3716號計61字

武昌先次經如甚應弟
黃生明工軍理急林
主、事委此即待蔚
席密需会項請形叩
季閱要電太早電示
寬
本請料日復工
於料貴待彌為石
此曾府需運若叩

26年8月12日8時30分[illegible]譯

武汉警备司令部关于凤凰山赶筑工事及对有妨碍的居民住房进行拆迁致湖北省政府的代电
（一九三七年八月十五日）

緊急

武漢警備司令部快郵代電

交二科速辦

八十六

中華民國廿六年八月拾七 10 收到 三433

湖北省政府黄主席賜鑒：密。案奉軍政部長何灰務塞電開：八八公分砲四門均位置於武昌城西北角之鳳凰山構築臨時砲座。又奉文務塞電開：八八公分臨時砲座已定位置於鳳凰山，現時局緊張，務須即日標測開工，星夜趕築，期早完成，以應急需。除令城塞組兵工署派員星夜趕辦外，望將開工及完工日期並進行狀況隨時電復各等因。現正由城塞組兵工署武漢行營及本部派員會同砲兵第十六團王團長、高射砲兵第五連王連長等星夜着手構築中。查鳳凰山上居民房屋計有七棟，均妨碍工事之構築，擬請大府將該處居民房屋給價收買，令飭尅日遷移，並乞賜復為禱。武漢警備司令部 戡删亥參一 附武昌鳳凰山上居民戶主姓名單一紙

參字第2683號共 字第 頁（共 頁）

監印 斯載章

校對 譚叔隆

年 月 日到

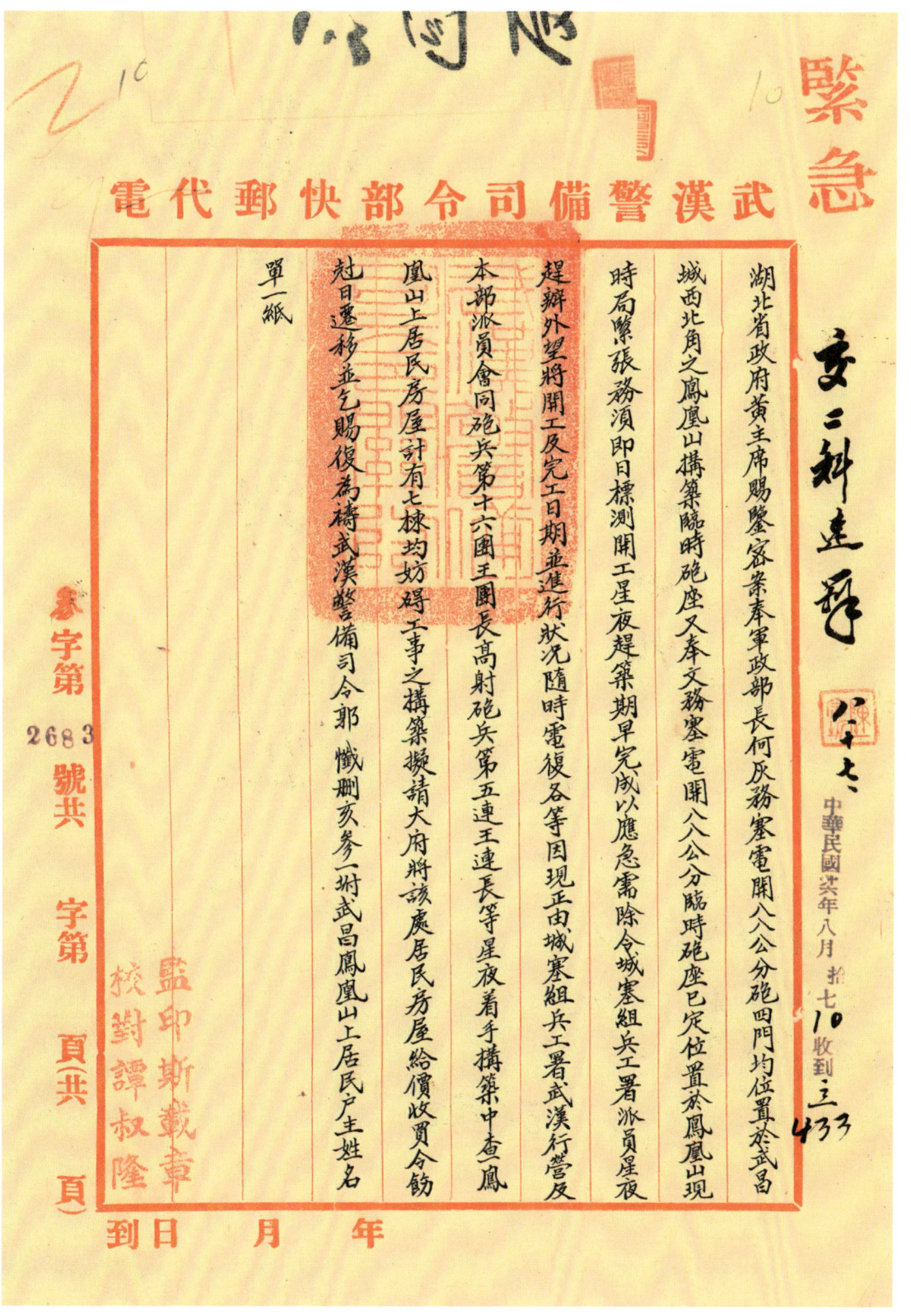

## 湖北省政府关于派员勘查凤凰山炮兵阵地妨碍工事之房屋情形致武汉警备司令部的公函

（一九三七年八月十九日）

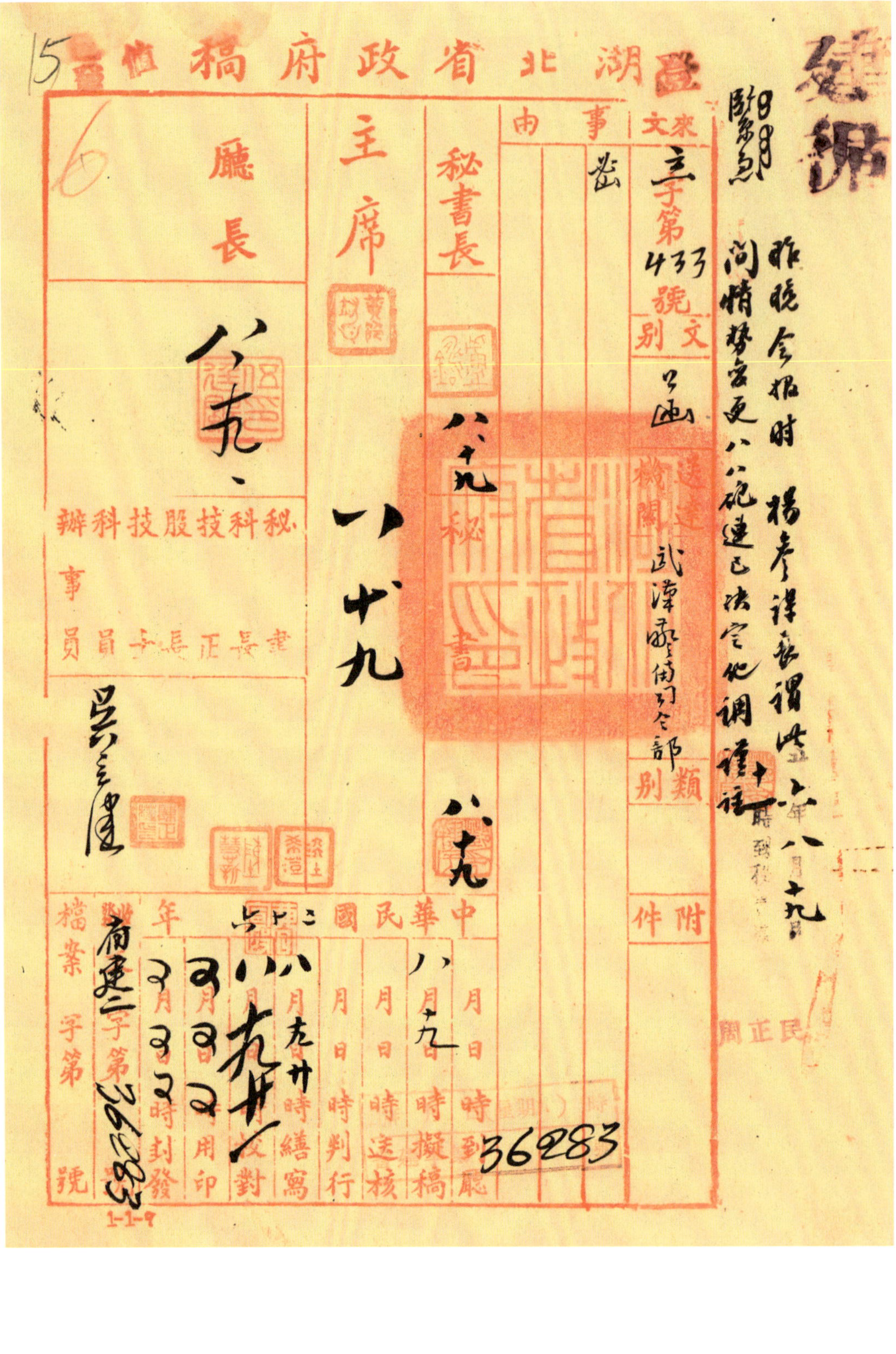
湖北省政府稿

來文：三字第433號

文別：公函

送達機關：武漢警備司令部

廳長　主席　秘書長

秘　科　技　股　技　科　辦事員

中華民國　年　月　日

到廳　擬稿　送核　判行　繕寫　校對　用印　封發

檔案　字第　號

36283

公函　省建二字第　號

案准

貴部十二月十五日參字第二六八三號刪函暨參一代電，嘯收鳳凰山居民房屋七棟，强行收買，以便構築砲壘等由，附鳳凰山居民戶主姓名單一份，准此等由。經派據本府建設廳技佐孫寧兮會同民昌市政府派員前往踏勘，並復稱：

「遵於會同民昌市政府李聞猷前往踏勘，經查明該居民等房屋評，理合據實呈報並請鑒核。」

等情，據此，相應函復即煩

唐总司令！

此致

武汉警备司令部

主席万○○

1-1-17

中華民國　年　月　日

繕寫

校對　秦繩祖

監印　高元勳

# 湖北省财政厅关于拨发特别防务费情况致审计部湖北省审计处的公函（一九三七年八月）

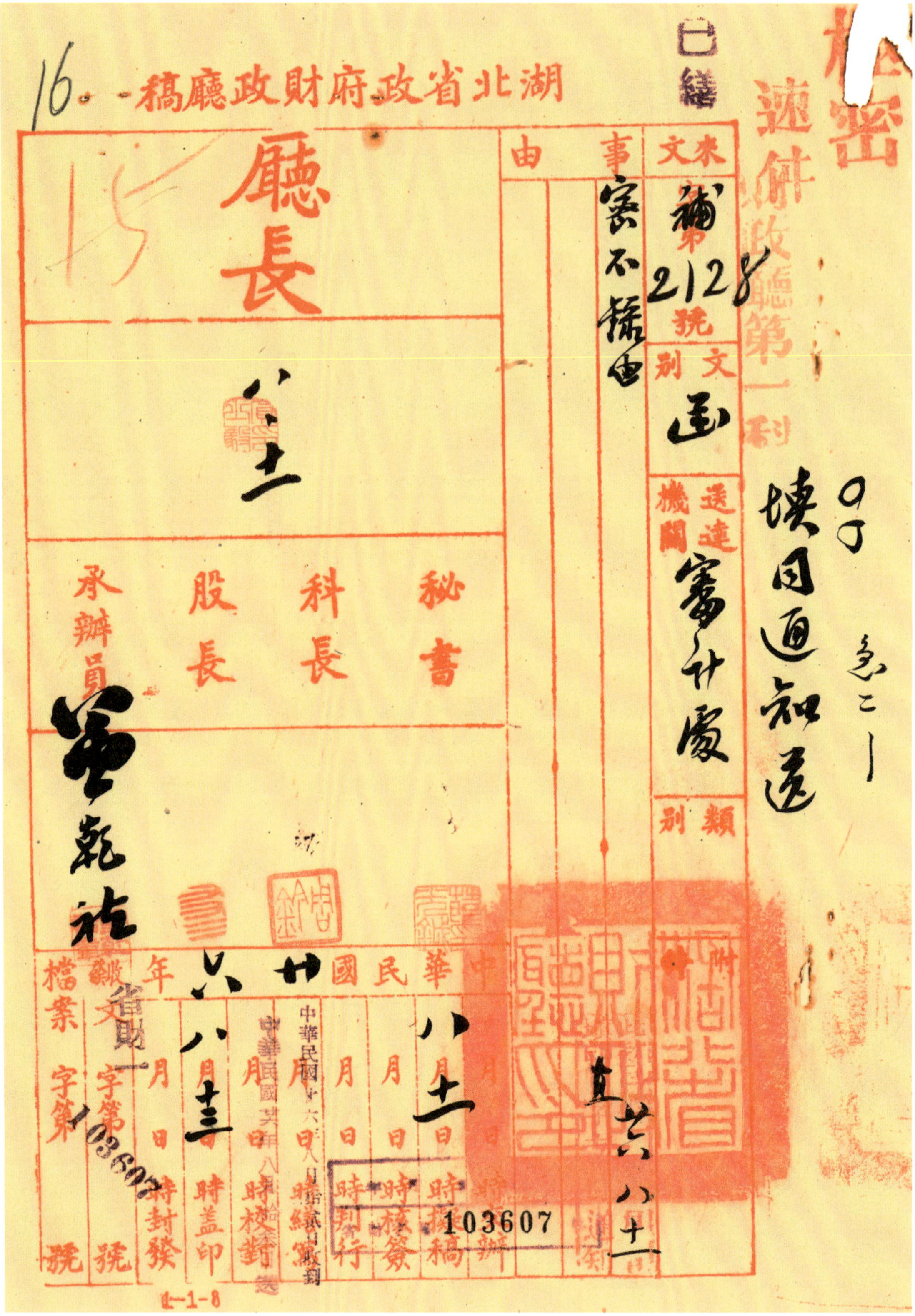
湖北省政府財政廳稿

機密

速件 財政廳第一科

已繕

| | |
|---|---|
| 來文 | 補第2128號 |
| 文別 | 函 |
| 送達機關 | 審計處 |
| 事由 | |
| 類別 | |

廳長

秘書 科長 股長 承辦員

中華民國廿六年 八月 日

檔案 字第 號

103607

公函

案奉

省政府省財一字第一零一零二八號密令內開：

「案奉

武漢行營何主任鄂總計俭代電內開：云云（並原令敘出）

此令。」

等因；奉此，查關於武漢特別防務費，前經遵令先撥墊款充，交武漢警備司令部領用，並呈達 貴處查照有案。茲奉令前因，並由 武漢行營派員備領到廳，自應將其餘墊款充，

17

迅予補撥，藉資應用。除已填印支付書送請

核簽外，相應函達

貴會查照為荷。

此致

審計部湖北省審計處

中華民國廿六年八月　日

繕寫

校對　校對員李天颸

監印　監印朱敬初

## 湖北省航业局关于如不能构建坚固防空洞请多掘防空坑致驻常办事处的密令（一九三七年九月二十七日）

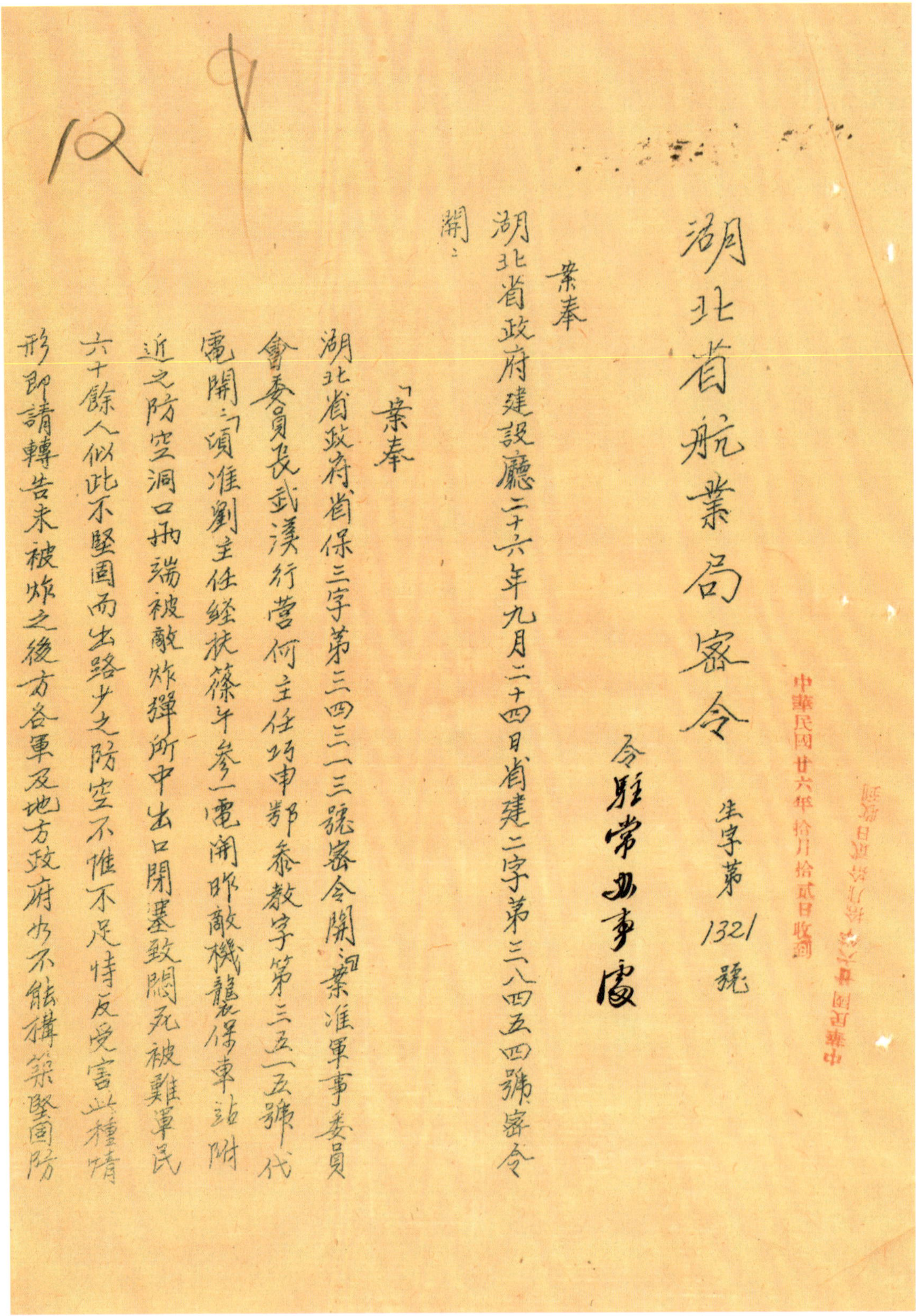
12

湖北省航業局密令

生字第1321號

令駐常辦事處

業奉

湖北省政府建設廳二十六年九月二十四日省建二字第三八四五四號密令開：

「案奉

湖北省政府省保三字第卅三一三號密令開：『案准軍事委員會委員長武漢行營何主任巧申鄂參教字第三五一五號代電開：「頃准劉主任經扶篠午參一電開：昨敵機襲保東站附近之防空洞，口兩端被敵炸彈所中，出口閉塞，致悶死被難軍民六十餘人。似此不堅固而出路少之防空不惟不足恃，反受害。此種情形，即請轉告未被炸之後方各軍及地方政府，如不能構築堅固防

中華民國廿六年拾月拾貳日收到

空洞最好多掘各個防空坑猶較完全也等語特電轄知希即飭

屬注意為盼等由准此除分行外合亟令該廳遵照飭屬注意為

要此令等因奉此除分行外合亟令仰該局遵照並飭屬注意為

要

等因，奉此，除分令外，合亟令仰該處遵照！

此令。

中華民國二十六年九月廿七日

局長洪雁賓

副局長陸桂祥

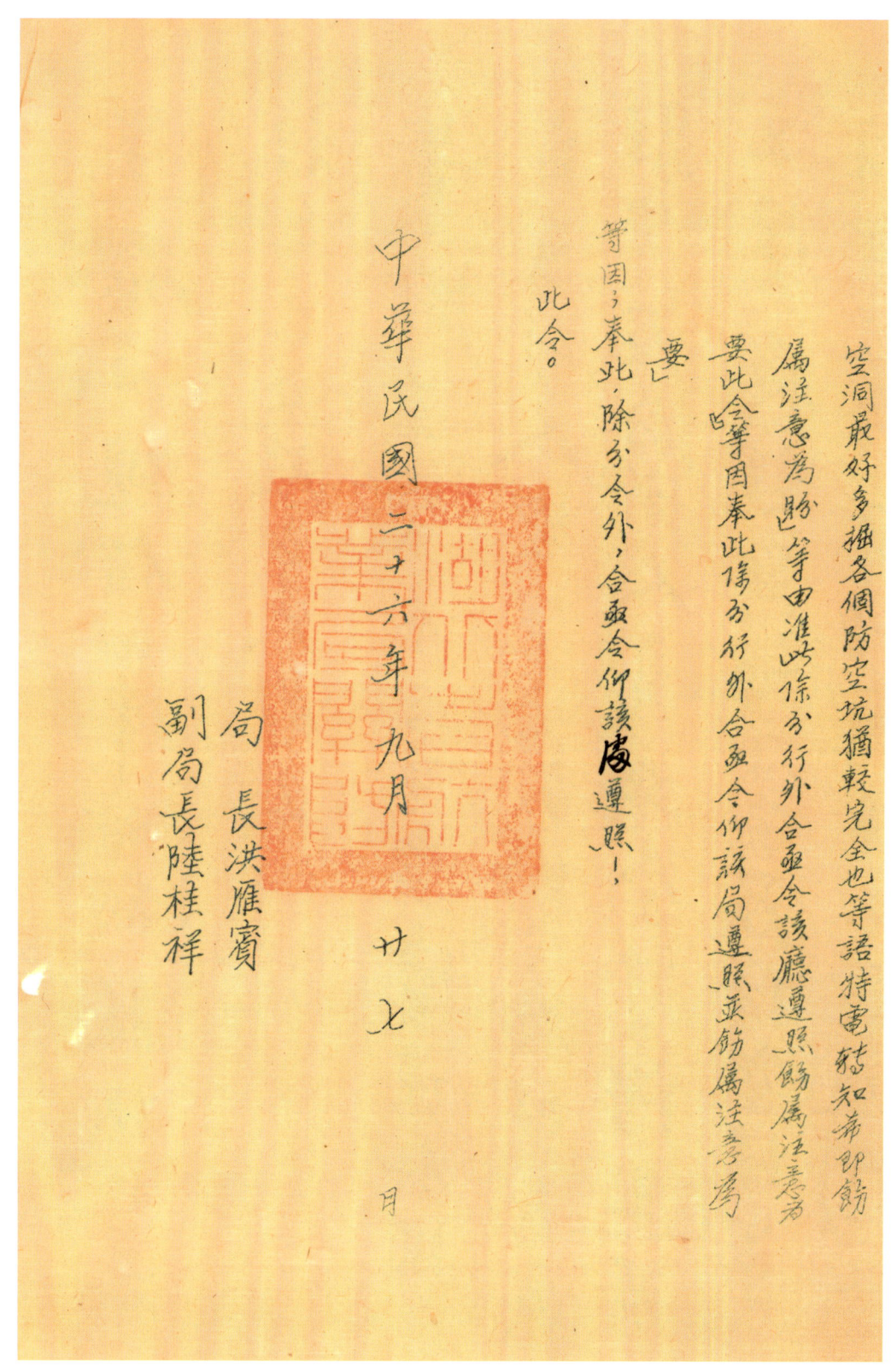

## 武汉防空司令部警卫排、高射排与汉镇既济水电公司关于构筑防空工事的来往函（一九三七年九月）

### 武汉防空司令部警卫排、高射排致汉镇既济水电公司的函（一九三七年九月）

逕啓者：現值非常時期、敵機殘暴

行為已遍及各大都市，

貴廠為本市之重要實業機關

自為敵人空軍轟炸之標的，為策

駐軍及廠方人員安全計，請

逕派工星夜趕築地下室及防空壕等

防空設備、并增築高射槍

逕圍之、

天香閣紙莊印

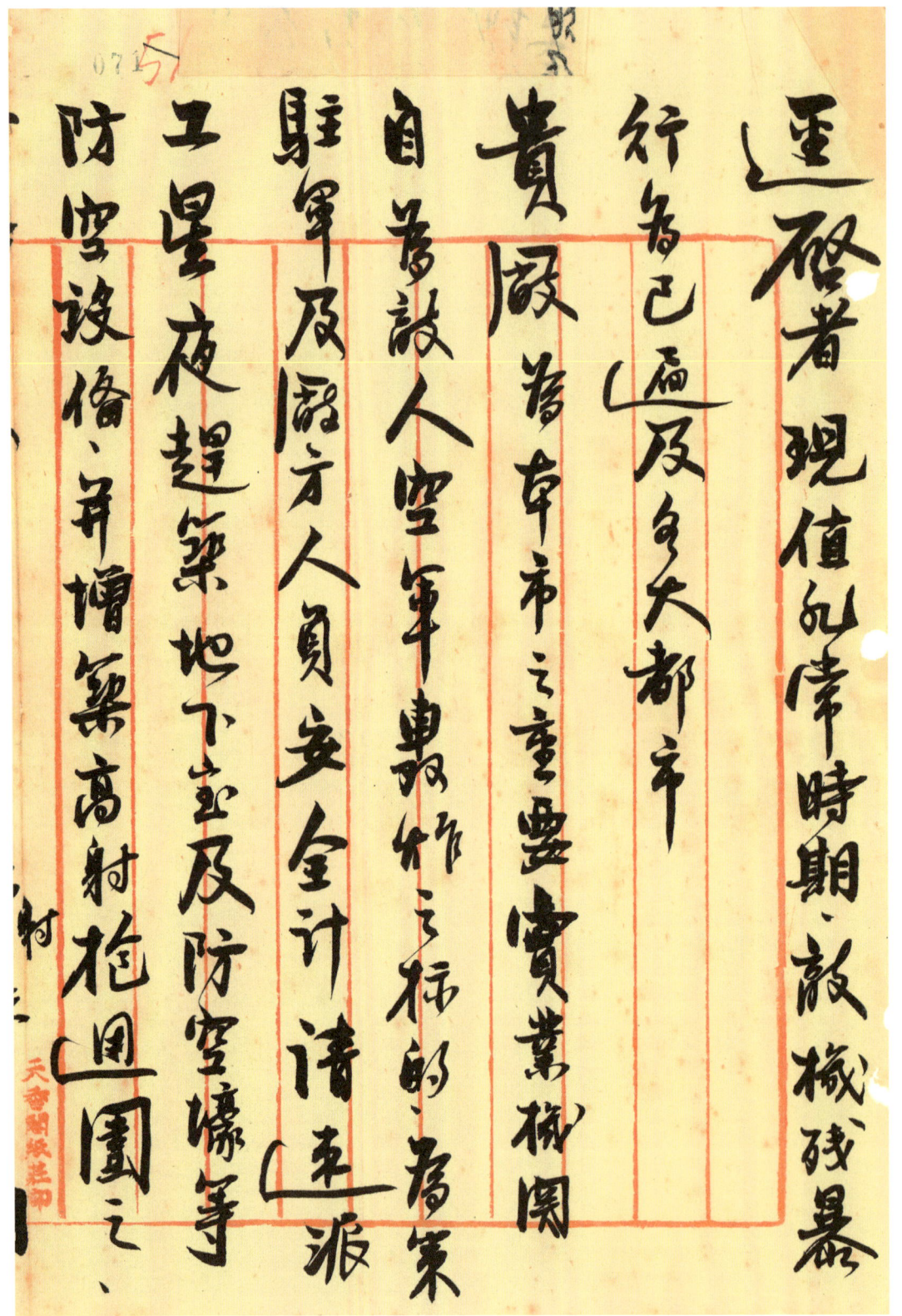

掩體藉減少敵空軍掃射之慘害，同

事關空防刻不容緩，用特函達

貴總經理請煩查照見復為荷

高射部部長李朗清
防警衛部部長許樹清
合叩

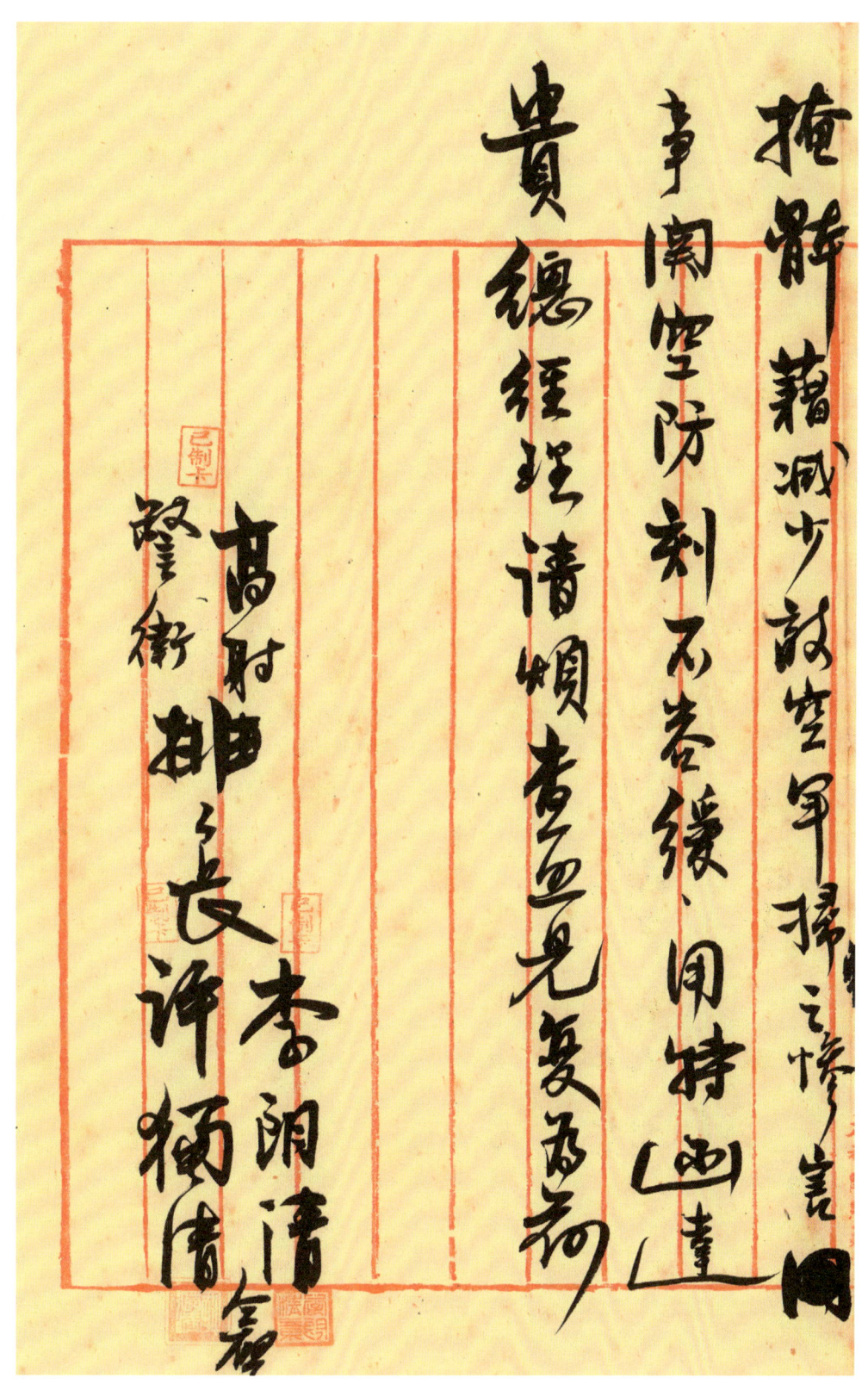

# 汉镇既济水电公司致武汉防空司令部警卫排、高射排的函（一九三七年九月二十七日）

068

49

漢鎮既濟水電公司稿

文別：出函

送達機關：高射排長李毅清、警衛排長許培清

事由：為本漢電廠趕造避難室及各照以前構築防空壕情形請查照由

類別：

附件：

總經理　協理　主任　科長　工程師

總務科科長　文書股股長　辦稿員

任秋卿

中華民國廿六年

收文　九月　日　時
交辦　月　日　時
擬稿　九月廿七日　時
核簽　月　日　時
判行　月　日　時
繕寫　九月廿七日　時
校對　九月廿七日　時
蓋印　月　日　時
封發　九月　日　時
收文發文相距　日　時

收文字第　號
發文字第　號
檔案字第　號

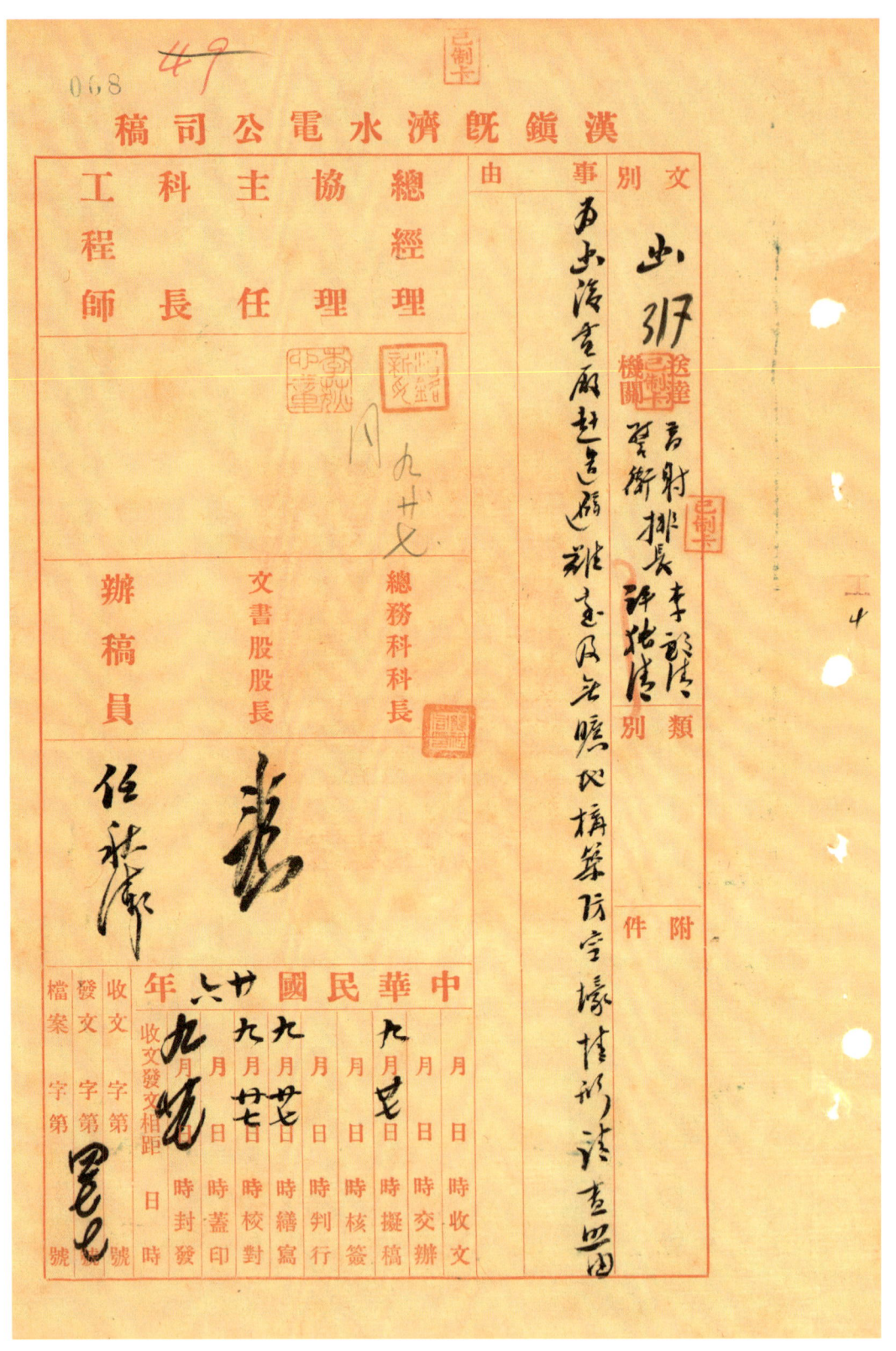

逕復者、頃接
來函、屬即趕築電廠地下室及防空壕與防空設備、
並增築高射槍之掩護等節、自屬必要之圖、敝公司
對於該廠避難室、現已在計劃趕造之中、惟防空壕以無空曠
地址、難於構築、至高射槍應如何增築掩護之處、應請
貴排長自行計劃、如公司可自當儘量協助、以重防務、相應
函復、即希
查照為荷、此致
高射
警衛 排長 李
許
（公司章）啓

已制士

式 1118-26-7-1000

中華民國廿六年九月廿七日

已制士

繕寫 李遠蓀

校對 周澄影

監印

湖北省航业局关于抄发防空壕、避难室、地下室图样及办法致修船厂的训令（一九三七年十月二日）

1

民國26年10月4日 收

字第 63 號

湖北省航業局訓令 修船廠

| 事由 | 擬辦 | 決定辦法 | 備考 |
| --- | --- | --- | --- |
| 奉建廳令發防空壕室圖樣及辦法轉飭遵辦具報由 | | 已辦件存 10/10 | |
| 附 六 件 | | | |

字第 號 年 月 日 時到

收文 字第 號

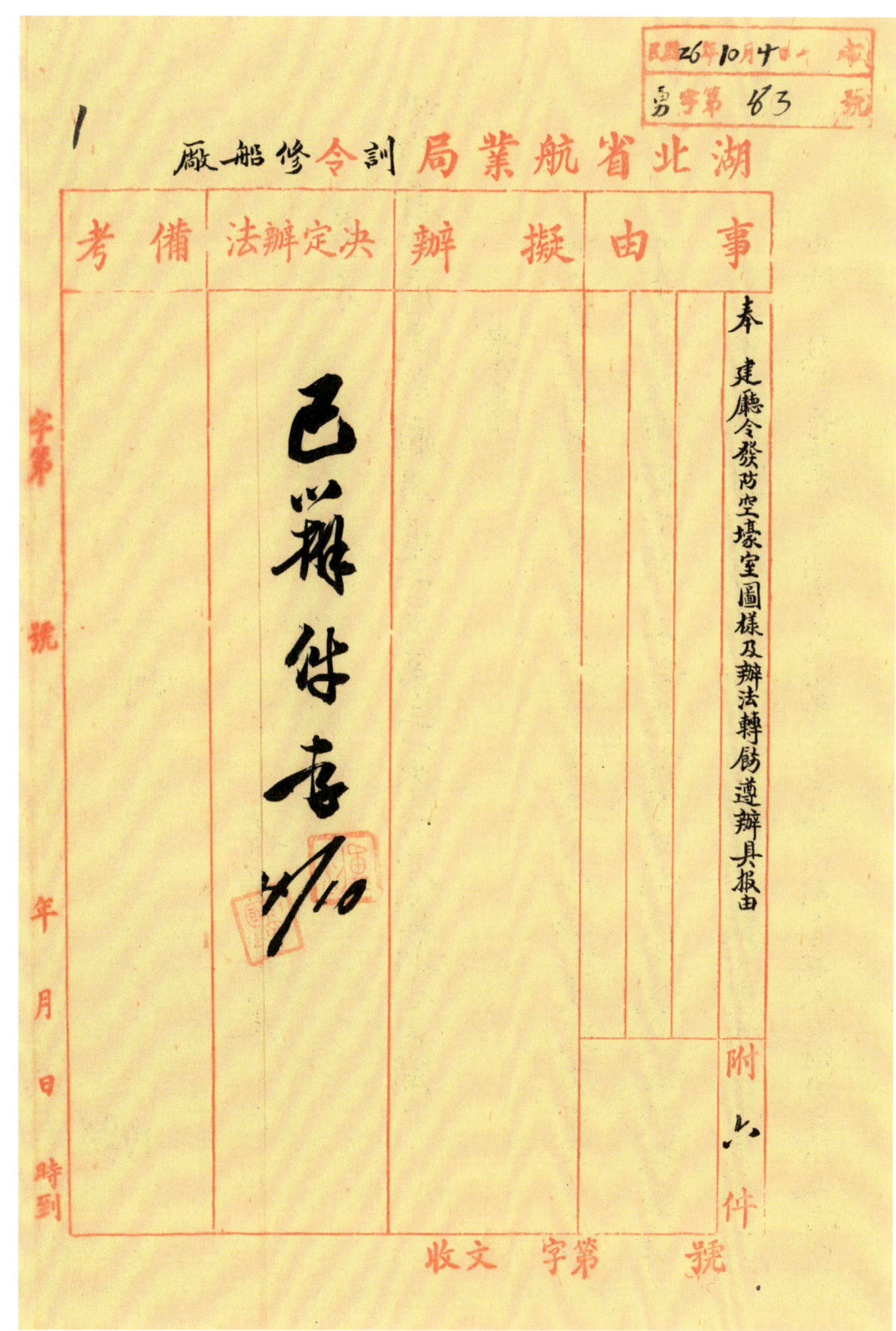

# 湖北省航業局訓令

生字第1428號

令修船廠

案奉

湖北省政府建設廳省建二字第三八零六零號訓令內開：

「案奉

湖北省政府省保三字第三三五四七號密令開：「案准武漢防空司令部

本年九月灰防三代電開：「本部為謀預防武漢市民受敵機襲擊減

少傷亡起見經擬具一般構築辦法繪成避難室地下室防空壕等圖樣共

九種并設計工程之繁簡估定需費之低昂以期各就人力財力之所及適宜

52

應用除呈　武漢行營察核備案并印發武漢各机関團体學校暨各
防護團并佈告民衆遵照依式構築外特檢同前項办法一份圖樣一百份電
請貴府轉飭所屬各廳處如照尅日參照式樣儘量構築以防萬一而策安
全再貴府教育廳已由本部直接寄奉圖樣請免再發合併声明」等由
附办法一份圖樣一百份准此查本府防空壕及地下室業經分別構築次第完
成各該廳處所屬机関學校如認為有構築之必要時自可依照圖樣呈准
構築准函前由除分行外合亟抄發原送办法一份檢發圖樣五種每種十五份
令該廳遵照并飭屬一体遵办為要此令」等因附抄發原办法一份檢發圖樣
五種每種各十五份奉此除分行外合亟抄發原办法一份檢發圖樣五種每種
各二份令仰該局遵照办理為要」

4

等因附抄發原办法一份檢發圖樣五種每種各二份奉此除遵办外合行抄發
办法一份檢發圖案五種每種各一份令仰該廠遵照办理為要

此令

附抄發办法一份檢發圖樣五種每種各一份

此文因文附圖樣五種每種各一份均由
廠長地下留存

十月十二日

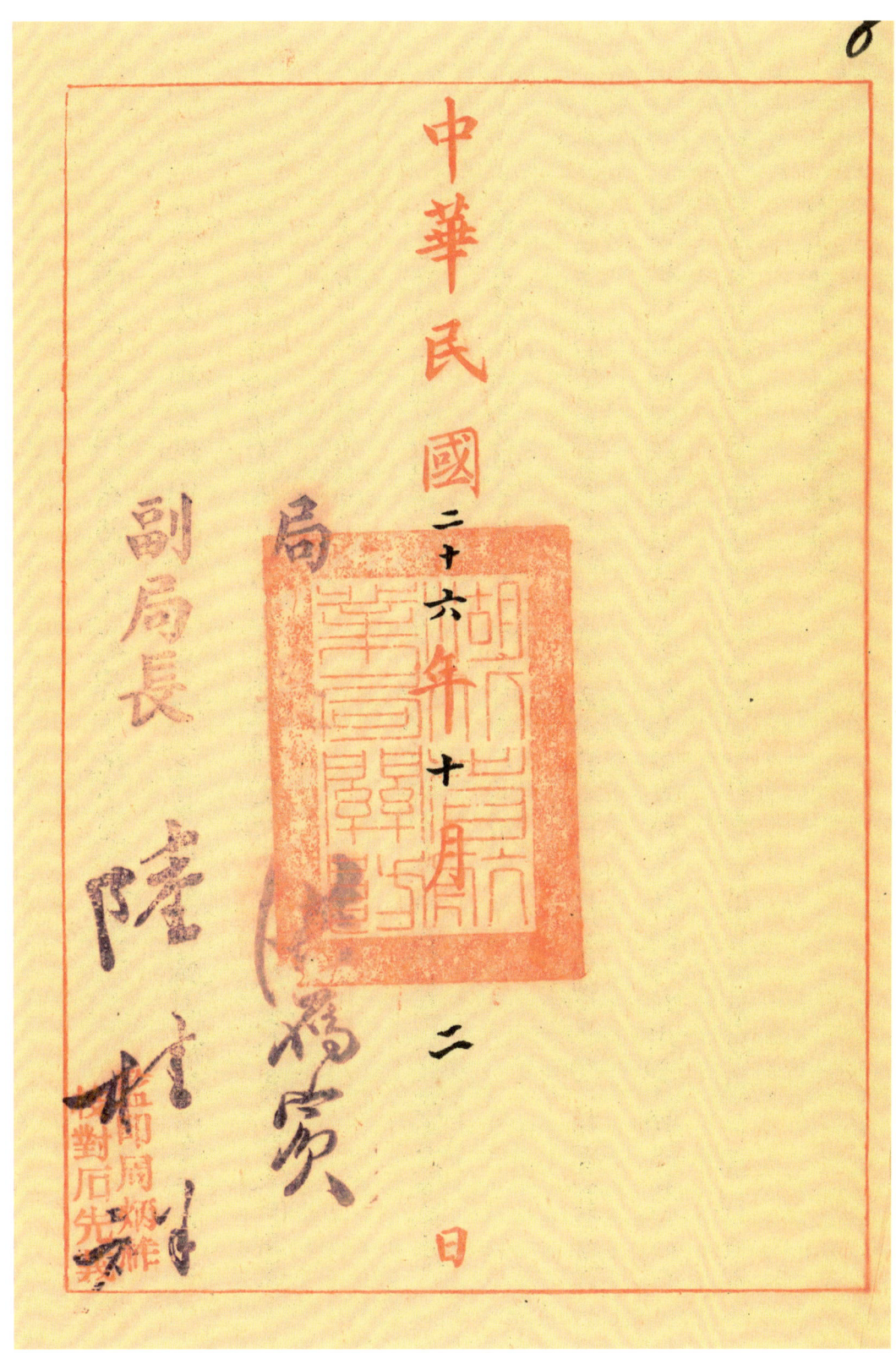

中華民國二十六年十月二日

局長

副局長

## 附：武阳汉三镇构筑防空壕、避难室、地下室一般办法

### 武陽漢三鎮構築防空壕避難室地下室一般办法

(一) 武陽漢三鎮各机関團体學校廠號居民俱應依照圖樣所示各就力量所及在住所隙地内逕築防空壕或避難室地下室以策安全其長度依需要多寡可照圖樣所示伸縮之

(二) 凡各防護區團所轄地段内如有官地或隙地時應即構築公共防空壕或避難室其應需費用可責令本地段内住户捐助之

(三) 各里弄得聯合構築各種防空壕或避難室但其構築地点須不妨害公共交通

(四) 學校机関團体構築防空壕等如為財力所不許時可利用勞働服務完成之

(五) 凡在室外構築防空壕或避難室地下室者應先報告該管防護區團即警察分局経其許可方得構築

6

（六）構築時除第一種地下室外其餘各種均得向就近駐紮之警備旅請其派員指導之

# 湖北省政府关于抄发武汉防空司令部召集三镇构筑防空工事会议纪录致秘书处的训令

（一九三七年十月二十六日）

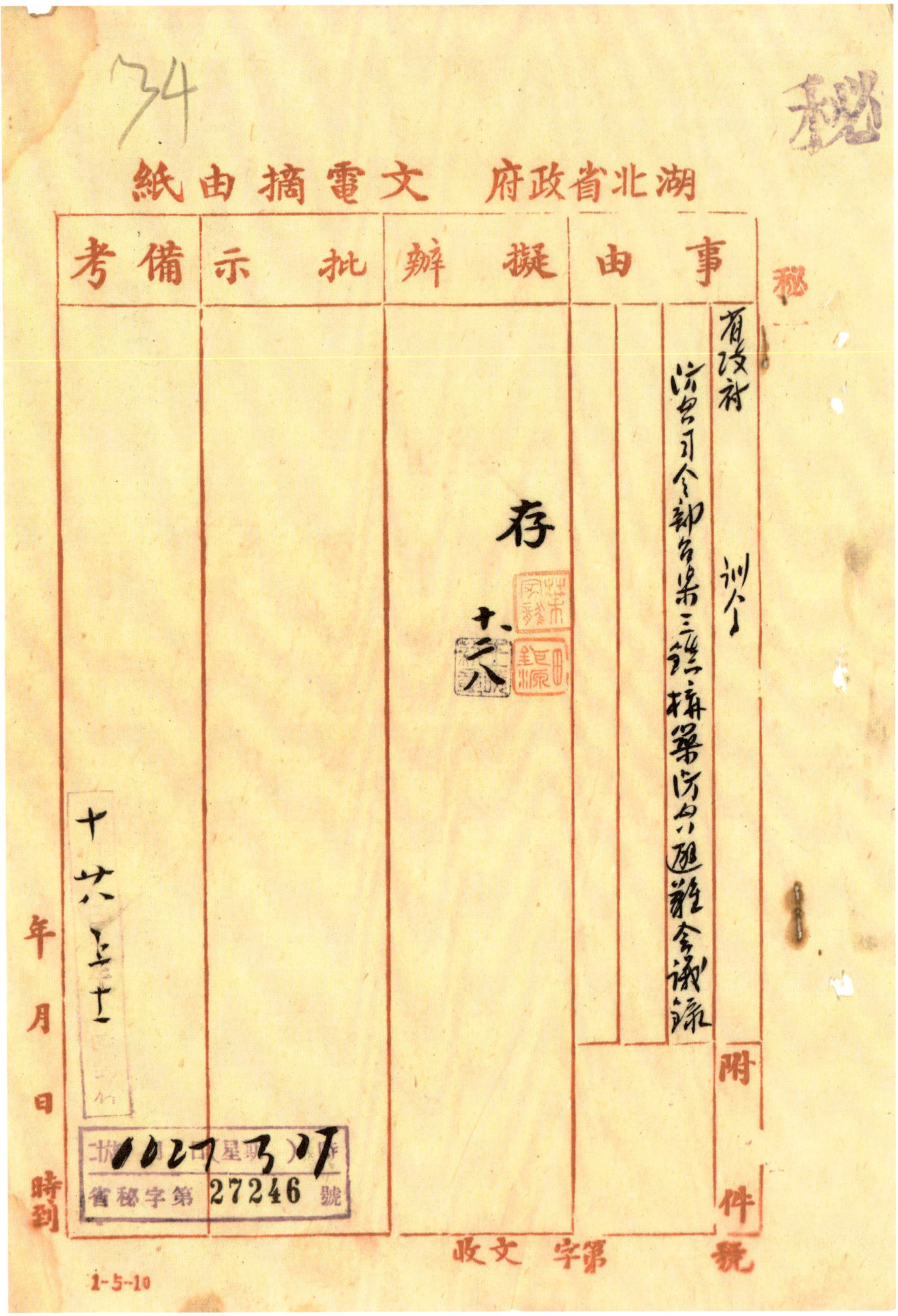
34

秘

湖北省政府文電摘由紙

| 事由 | 擬辦 | 批示 | 備考 |
|---|---|---|---|
| 省政府訓令 防空司令部召集三鎮構築防空工事會議錄 | 存 十六 | | 十廿六上十 |

年 月 日 時到

1027 3 17

省秘字第27246號

附件

收文 字第 號

1-5-10

令發武漢防空司令部召集三鎮構築防空壕避難室地下室會議錄仰知照由

# 湖北省政府訓令

保三字第35938號

令秘書處

案准武漢防空司令部本年十月元防三代電開：

「武陽漢自上月敬日遭敵機空襲以後，人民對於防空避難設備之構築，雖較前踴躍，但依三鎮人口比例，仍不敷全體避難之用。本部為促進普遍建築起見，特於本月齊日會同漢口市政府、武昌市政處邀請武陽漢各商會、業主會、保安公益會、防護團暨特三區管理局在漢口新生活俱樂部，舉行會議，經共同詳細商討，決定構築辦法五項，紀錄在卷。除函請漢口市政府、武昌市政處、特三區管理局按照決定各項詳討辦法，分別布告市民周知，並積極推行外，茲特檢同是項會議錄電請鈞察。

等由、附送會議紀錄一份、准此除電復暨分行外、合亟抄發原會議錄一份、

令仰該處知照！此令。

計抄發原會議錄一份。

中華民國二十六年十月貳陸日

兼代主席兼全省保安司令何成濬

保安處長丁炳權

校對高培

36

附：武阳汉三镇构筑防空壕、避难室、地下室会议纪录（一九三七年十月八日）

# 武陽漢三鎮構築防空壕避難室地下室會議紀錄

時間　二十六年十月八日下午三時

地點　漢口新生活俱樂部

出席人　郭司令懺　金副司令巨堂（武漢防空司令部）　吳市長國楨（漢口市政府）　郭局長泰禎（漢口特三區市政管理局）　楊處長錦昱（武昌市政處）　黃主席文植（漢口市商會）　江主任委員述之（漢口保安公益會）　左主席仁親（武昌商會）　漢口防護團代表王郁芬　武陽防護團代表吳光韶　特三區防護團團長馮鎰鏗　周理事長少恒　熊委員漱樓　程委員稻蓀　華委員祝安　樂委員善鳴（漢口業主會）　吳委員惠軒（武昌業主集會辦事處）

列席人　許處長士奇　劉秘書光雲（武漢防空司令部）

缺席人　周主席文轩（汉阳县商会）
主席　郭司令
纪录　许士奇　刘先云
甲、报告事项
一、主席报告
略谓：今天请各位先生来共同讨论构筑武阳汉防空避难设备问题，承各位热忱参加，无任佩感。本部对于武阳汉三镇人民防空壕避难室地下室之构筑，前经拟具一般办法，绘制各种图样，公告各界依照人力财力之所及，尽量构筑，并分令警备旅及各防护团，随时督促民众之要求，竭诚指导。嗣以三镇房屋栉比，泰半建筑不坚，或年久失修，为免敌机投弹牵连殃及起见，复经按照防空法第八条第四款，“因防空之必要，得修改或扩大街道住完建築之全部或一部之規定，拟逕後折除朽屋，騰出隙地，普遍構築防空壕，此種辦法，一方面可補救隙地之不足，一方面可免震塌及全部焚燬之虞，所需經費，責由業主住客各半担任，早經專函省市政府統籌辦理，最近又以沿江路旁，應利用防水堤構築，市內馬路兩旁住户應在大門內外自用蔴袋積土作成各個堅固防空壕，莫不殫精竭慮，勸告實行，無如武漢市民在過去未受敵機轟炸以前，對於防空避難設備，多意存觀望，迨上月二十四日慘遭損害以後，始感覺重要，連日均自動構築，請求本部派員指導者，頗形踴躍，不過与京粵各地比較，仍欠積極，所以南京方面大本營第六部來電督促，湖北民眾抗敵後援會亦有函督責，我們深知此種工作之進行，全恃政府力量，殊嫌不够，應由地方人民自動办理，現在大家已明瞭利害關係，咸願各竭其力，以期早日完成，但因為尚無詳细办法之規定，尤其是籌集经費尚欠统一，以及領導機關之責任不專等等，不免感覺困難，影響遲緩，因此本部及漢口市政府、武昌市政處特會同邀請各位來此会議，希望共同討論一具体办法，以資策進，使武漢三鎮一百三十餘萬人民於空襲時能以減少損害，才不負本日会議召集之意義，最後要附帶說明的，堅固之地下室，在市面鋼筋水泥缺乏之今日，如有困難，盡好以多構防空壕為宜，因防空壕之功用，只在抵禦破片及避免機槍掃射，而不堅固之地下室，其效用亦不過如此，同時構築防空壕時，上層掩蔽不必過厚，但求能禦破片及子彈為已足，過厚如支柱不固時，反有震塌危險，希望各位轉告各界人士注意及之為幸。

二、吳市長報告市政府所屬各機關學校構築防空避難設備、進行程度，及早已停止不急經費之開支情形（畧）。

三、楊處長報告武昌方面公共防空避難設備，原擬利用蛇山構築隧道，嗣經黄主席將此項經費改為普遍構築防空壕之用，全數三十五萬元，恐不能全部撥到，現正積極辦理中，至各學校方面，已派員協同教育廳指導構築。

四、武陽防護團代表吳光齡報告督促人民構築防空壕程度，並貢獻意見，工廠工人之避難，似不能因空襲而停工（畧）。

五、漢口防護團代表王鄉芬報告漢口方面構築防空避難設備，大致分為（一）公共地下室，設于通衢廣場，一般人民均得入內避難，（二）里巷避難室，設于各里巷內，限于該里巷居民避難，（三）場所學校廠店避難室，設于各該場所學校廠店之內，限于各該處人民入內避難，（四）住户簡易防空壕，由住户單獨構築或數户共同構築，以上四種，均經遵照規定分別進行情形（畧）。

六、特三區鄭局長報告本區情形特殊，雖無隙地而房屋大都堅固，各大公司之下層作避難室，足以收容本區民衆而有餘，惟外來避難者甚多，拒絕既不可能，不設法限制，交通又發生問題，希望大家討論。

七、江主任委員述之報告調查羅家墩、姑嫂樹、劉園、老圃、江岸、劉家廟、新新遊藝場等處可以構築防空壕之隙地及老君廟、關聖祠一帶無隙地可以利用情形（畧）

八、黄主席報告，希望特三區開放各大堆棧，盡量收容外來之避難人民，其餘當竭力疏散，總之希望早日完成。

九、左主席報告構築防空壕，希望按規定構築堅固及分配平均。

乙、討論事項

一、時間問題，如何限定案。

決議：限十月底一律完成，屆時由防空司令部派員檢查其不構築者依法處罰。

二、地點問題，如何決定案：

決議：

(一)公共防空壕，應普遍構築，其他點以人民能于空襲警報後十分至二十分鐘內到達之處為原則。

(二)所有各里巷前後，或房屋前後，及市外邊緣隙地，均須構築防空壕。

(三)若里份又無隙地之處，而能於室內構築防空避難設備者，應勒令建築之。

(四)所有堅固建築物之下層，由各防護團剋日調查報由防空司令部派員勘定，一律開放，作為臨時避難室，不得循私或拒絕。

三、經費問題如何決定案：

決議。

(一)防空壕避難室構築經費在一個月租金數目之內者，由主客各半担任，其超出一個月租金數目之上者，房主僅担任一個月租金之半數，其餘悉由房客担任。

(二)里份房屋應構築防空壕或避難室者，其經費照第一項規定辦理。

(三)里份或房屋附近有隙地者，由各防護團負責劃撥地段建築之構築費照第一項規定辦理。

(四)已共同構有防空避難設備，如再欲獨自構築時其經費應自己担任。

(五)非里份又無隙地而室內又不能構築防空設備者，甚至無力担任經費者，由各防護團會同商會業主會合籌的款，於附近地方構築公共防空壕，武昌方面，其已實行之辦法，仍照常施行，並由武昌市政處酌量撥款補助之。

四、材料問題，如何補救案：

決議：構築防空避難設備，所有蔴袋如不易採辦時，得用篾簍或空洋油箱木箱代替之（砂袋困難可用泥土代之）

五、關於構築經費之收支審核，工程之指導，糾紛之排解，如何處理案。

決議：

（一）由業主住客雙方及當地防護區團會同組織某區團避難設備構築委員會。

（二）由市政府市政處及防護團本部商會業主會保安公益會等共同組織防空避難設備指導委員會。

（三）上項組織規程，武陽與漢口不必一律，由漢口市政府武昌市政處分別擬定之。

臨時動議

黃主席文植提議

一、防空司令部所屬各縣防空監視隊哨員兵，晝夜勤勞，待遇極低，應如何設法增加津貼案：

決議：由防空司令部建議湖北省政府設法增加。

二、前項監視人員，夜間監視，急需棉衣以禦風寒，如何設法救濟案。

決議：黃主席文植慨贈每人棉風衣一件，數目由防空司令部函達黃主席查照。

# 湖北省航业局关于加紧构筑防空设备致驻常办事处的密令（一九三七年十一月三日）

湖北省航業局密令　生字第1875號

令駐常辦事處

中華民國廿六年十一月七日收到

案奉

湖北省政府建設廳二十六年十月省建一字第四西四六號艷代電開

「案奉

省政府省保三字第三七〇七五號代電開「案奉國民政府軍事委員會銑一總文字第八四號代電開「為令遵事自抗戰以來敵方不顧人道敵機時至我內地省市肆行轟炸值此嚴重時期必賴我政府人民上下協力堅定應付始足共濟危难乃近查各省市對於防空設備尚有多付缺如即对於民衆緊急避难處所亦鮮有切實指導致一遇敵机侵襲輒自張皇引避殊非沉毅應变之道合行令仰該省市政府遵照

并封條所房一律遷照對於防空設備應即妥事籌維如遇敵
机空襲其各該主管長官尤應鎮靜應付維持秩序關於公
共之安全勉爲僚屬之表率是爲至要等因奉此查關于避難室
地下室及防空壕等之防空設備業經先後准本武漢防空司
令部檢送圖樣分別通飭加緊預爲構築用資防護至遇
敵机空襲各該長官應鎮靜應付維持秩序以圖公共之安全亦
經迭令并飭武陽漢各防護團切實執行各在卷奉電前因除分
電外合亟令仰該廳遵照切實辦理并將房屋一律遷照等因奉此除分電外
合亟令仰遵照
等因奉此除分令外合亟令仰遵照！此令。

中華民國二十六年十一月三日

局長 洪雁賓

副局長 陸桂祥

武汉城防工程处与湖北省航业局关于派员前来面洽河川工程的来往公函（一九三八年二月一日至五日）

武汉城防工程处致湖北省航业局的公函（一九三八年二月一日）

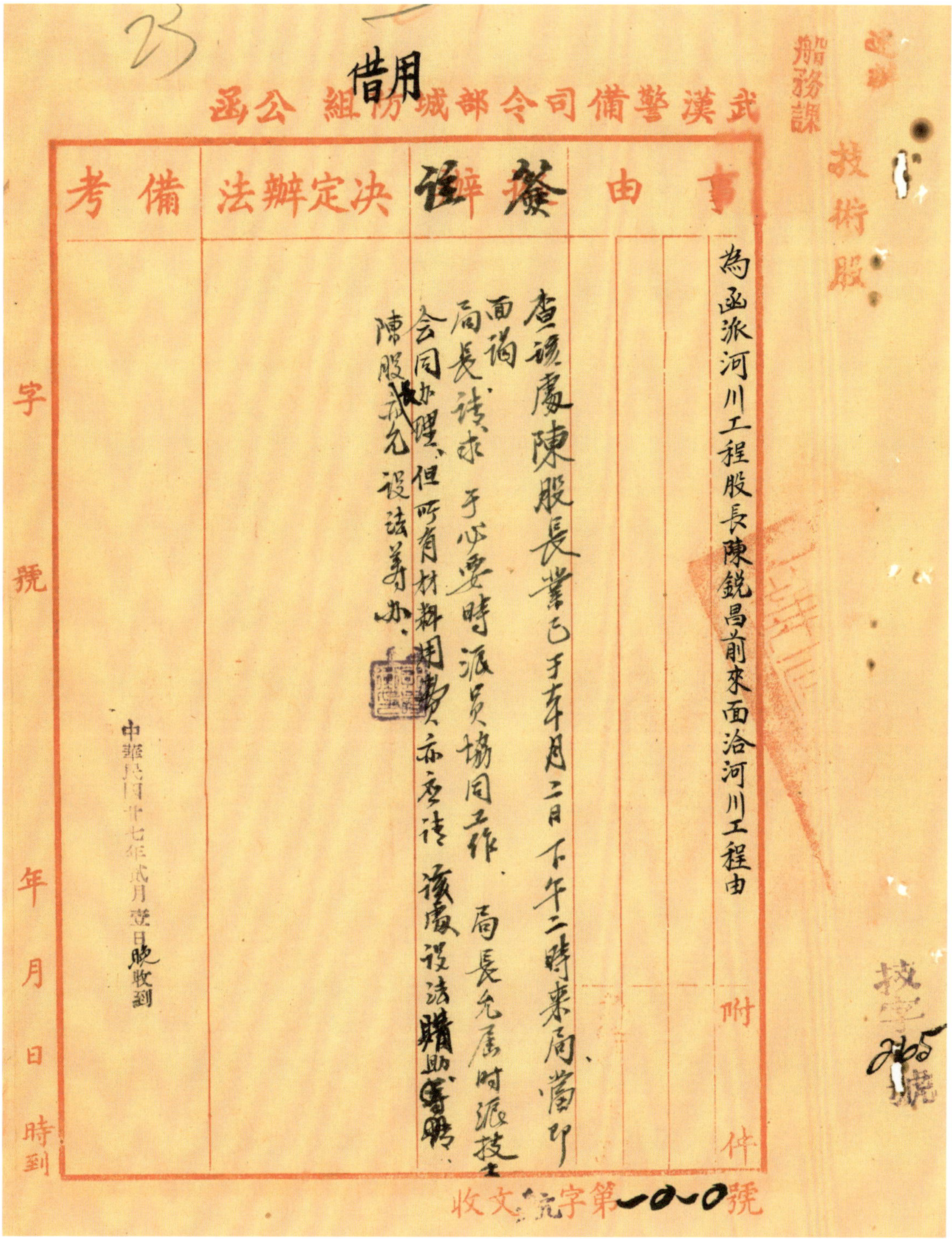
23

借用

武漢警備司令部城防組公函

船務課

技術股

| 事由 | 擬辦 | 決定辦法 | 備考 |
| --- | --- | --- | --- |
| 為函派河川工程股長陳鋭昌前來面洽河川工程由 | 發 | | |

查該處陳股長業已于本月二日下午二時來局，當即面謁局長，請求于必要時派員協同工作。局長允屆時派技士會同辦理，但所有材料用費亦應請該處設法賠助，嗣陳股長允設法籌辦。

中華民國廿七年貳月壹日晚收到

字　號　年　月　日　時到

附件

技字265號

收文航字第一〇〇號

# 武漢城防工程處公函

總字第318號

查本處所有河工進行事宜應與

貴局取密切連繫以利進行茲派本處河川工程股長陳銳昌前來面

洽即希

惠予接見並指導一切相應函請

查照為荷

此致

湖北省航業局

處長馬崇六

中華民國二十六年二月一日

# 湖北省航业局致武汉城防工程处的公函（一九三八年二月五日）

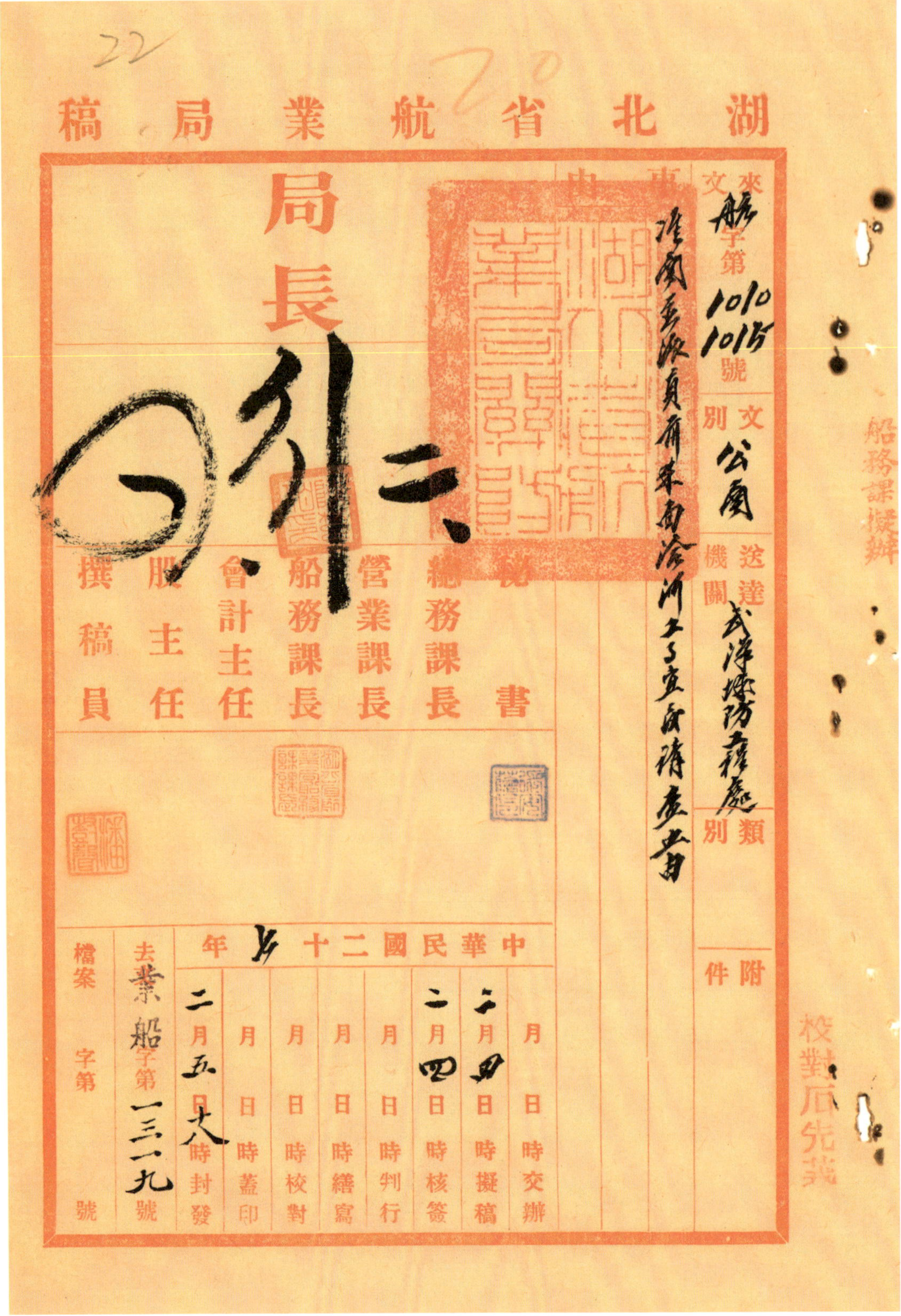

湖北省航業局稿
局長
秘書
總務課長
營業課長
船務課長
會計主任
股主任
撰稿員
來文 船字第1010 1015號
文別 公函
送達機關 武漢城防工程處
類別
附件
事由 准函委派員前來南岸河下了查勘請查照由
船務課擬辦
校對后先送
中華民國二十七年
二月五日 時封發
二月四日 時核簽
二月四日 時擬稿
去文 船字第一三一九號
檔案 字第 號

公函　　字第　　號

逕啟者：

貴處總字第三八八號公函並派河川工程隊葉隊鵠昌前來面洽河工事宜等由到局，當經與隊長鵠昌洽定，之後工程到達時，須雙方派員協同工作，時即請函知，並由本局派技士會同辦理，但所有工程材料用費則應由貴處設法籌辦，准函前由，相應請查照為荷。

此致

武漢堤防工程處

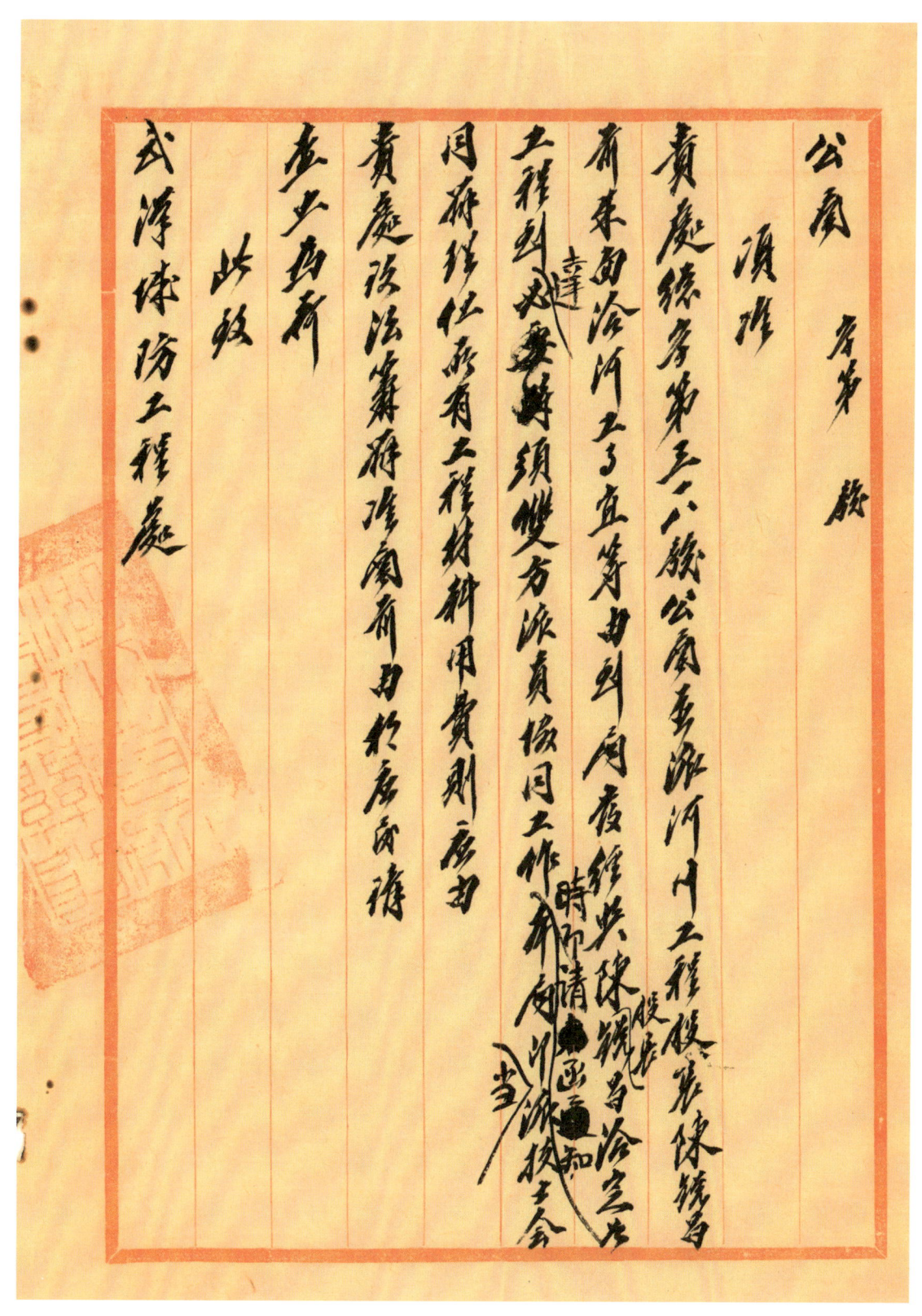

# 武汉城防工程处关于代运钢筋至蔡甸致湖北省航业局的密函（一九三八年二月十六日）

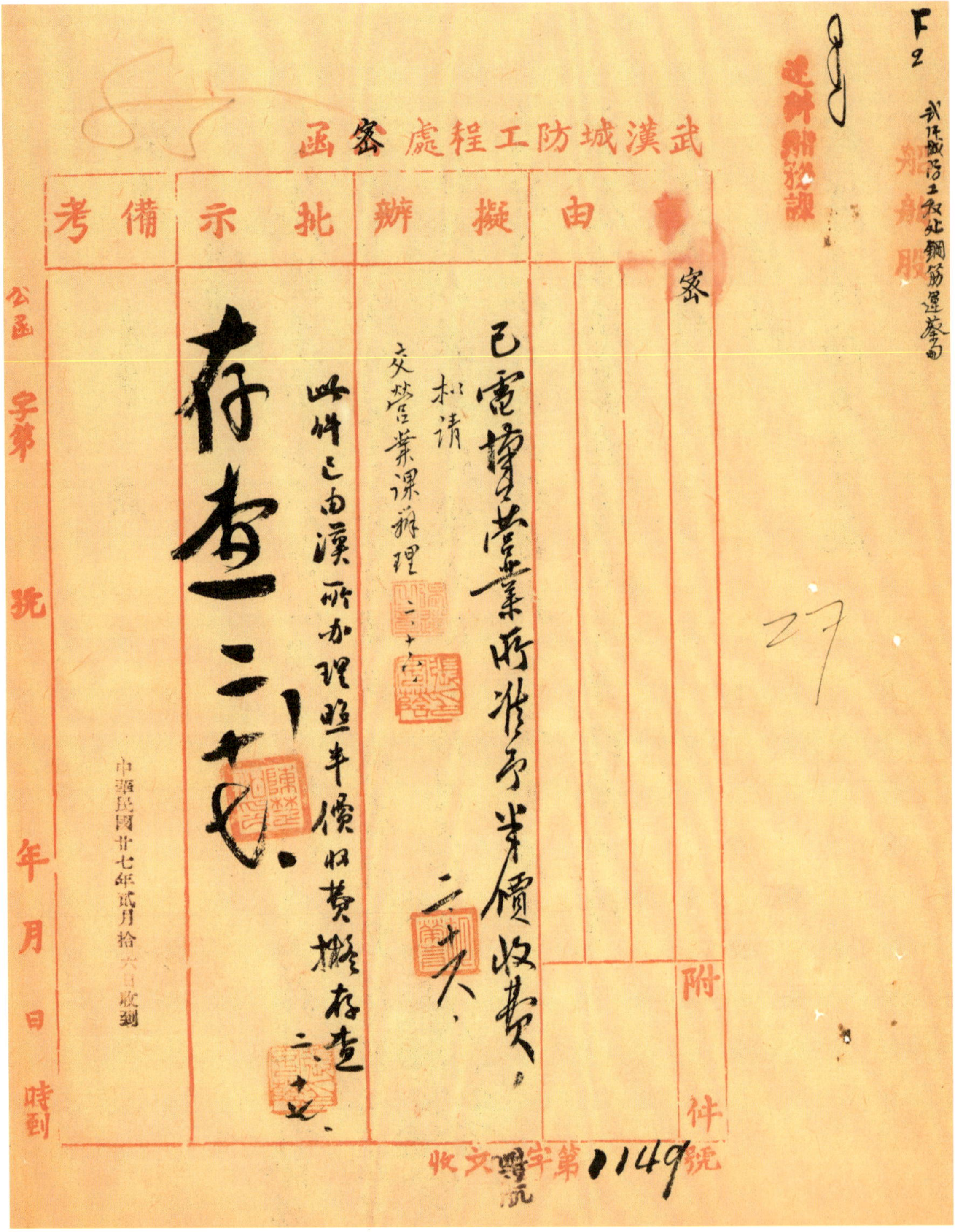
武漢城防工程處密函

| 事由 | 擬辦 | 批示 | 備考 |
| --- | --- | --- | --- |
| 密 已電博營業所准予半價收費。二十八、 | 擬請交營業課辦理 二十七 | 此件已由漢所辦理照半價收費擬存查 二十七、 存查 二十七、 | 中華民國廿七年貳月拾六日收到 |

收文 字第1149號

武漢城防工程處密函　舉字第536號

查本處現有四分鋼筋四十根亟待運往蔡甸應用業經裝就民
駁一艘擬煩
貴局開往蔡甸班輪代為拖帶事關急要軍工即希
查照辦理至紉公誼
此致
湖北省航業局

中華民國二十七年二月十六日

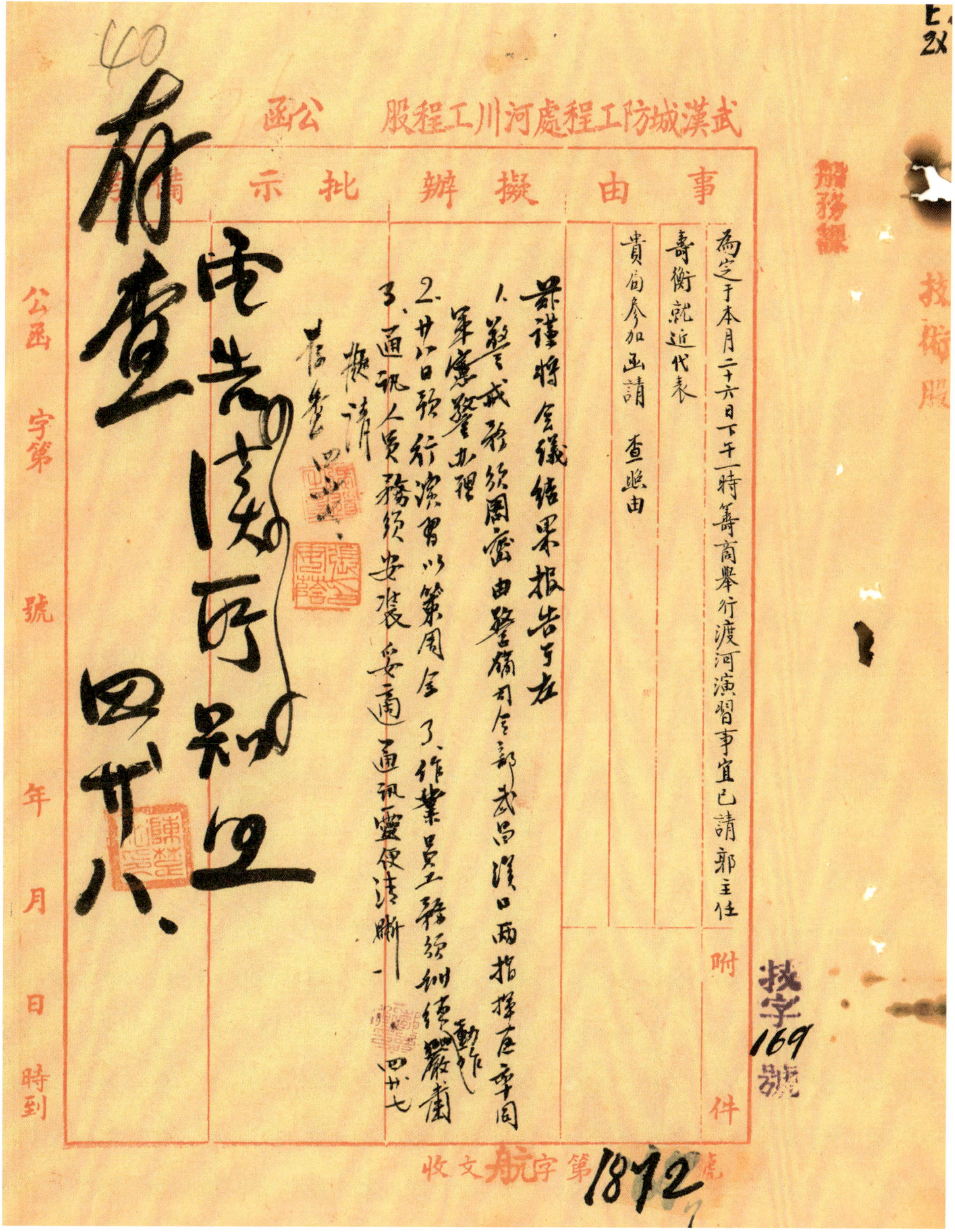

40

武漢城防工程處河川工程股公函

| 事由 | 為定于本月二十六日下午一時籌商舉行渡河演習事宜已請郭主任壽衡就近代表貴局參加函請查照由 |
|---|---|
| 附件 | |
| 擬辦 | 并謹將會議結果報告于左<br>1. 茲次武裝務須周密由警備司令部武昌漢口兩指揮庄率同軍憲警辦理<br>2. 廿八日預行演習以策周全<br>3. 作業員工務須細緻動作嚴肅<br>3. 通訊人員務須安裝妥當通訊靈便清晰<br>擬請存查 四廿七 |
| 批示 | 存查 電告漢陽知照 四廿八 |

公函 字第 號 年 月 日 時到

收文航字第1812號

總務課 技術股

技字169號

武汉城防工程处河川工程股关于派员参加筹商渡河演习事宜致湖北省航业局的公函（一九三八年四月二十五日）

武漢城防工程處河川工程股 公函 潛河字第209號

逕啓者本月二十二日奉

武漢衛戍總司令部戰字第一三一一號馬辰代電開：

「(一)茲定于本月三十日下午一時三十分在下新河至蘭陵路航綫内舉行渡河演習以備軍訓團將官研究班見學(二)着第一八五師派步兵一營迫擊砲一排砲兵第十六團派野砲一連爲渡河演習部隊兩岸及水上警戒由警備司令部及武漢兩市警察水上公安局分别派憲兵警察担任之演習時之通訊由通信指揮部担任(三)關于渡河演習應準備及有關事項着武漢城防工程處河川工程股負責

4

定期召集有關各機關籌商并將議定事項具報以上三項仰各遵

照為要！」

等因；奉此。應即遵照辦理，除定于本月二十六日下午一時召集各機關部隊

籌商并已請

貴局技術股郭主任壽衡就近代表

貴局參加外相應函達即希

查照為荷！

此致

航業局

股長

中華民國二十七年四月二十五日

## 军政部城塞局与湖北省航业局关于用汉鄂班客轮运移海炮的来往文书（一九三八年七月）

### 军政部城塞局致湖北省航业局的代电（一九三八年七月）

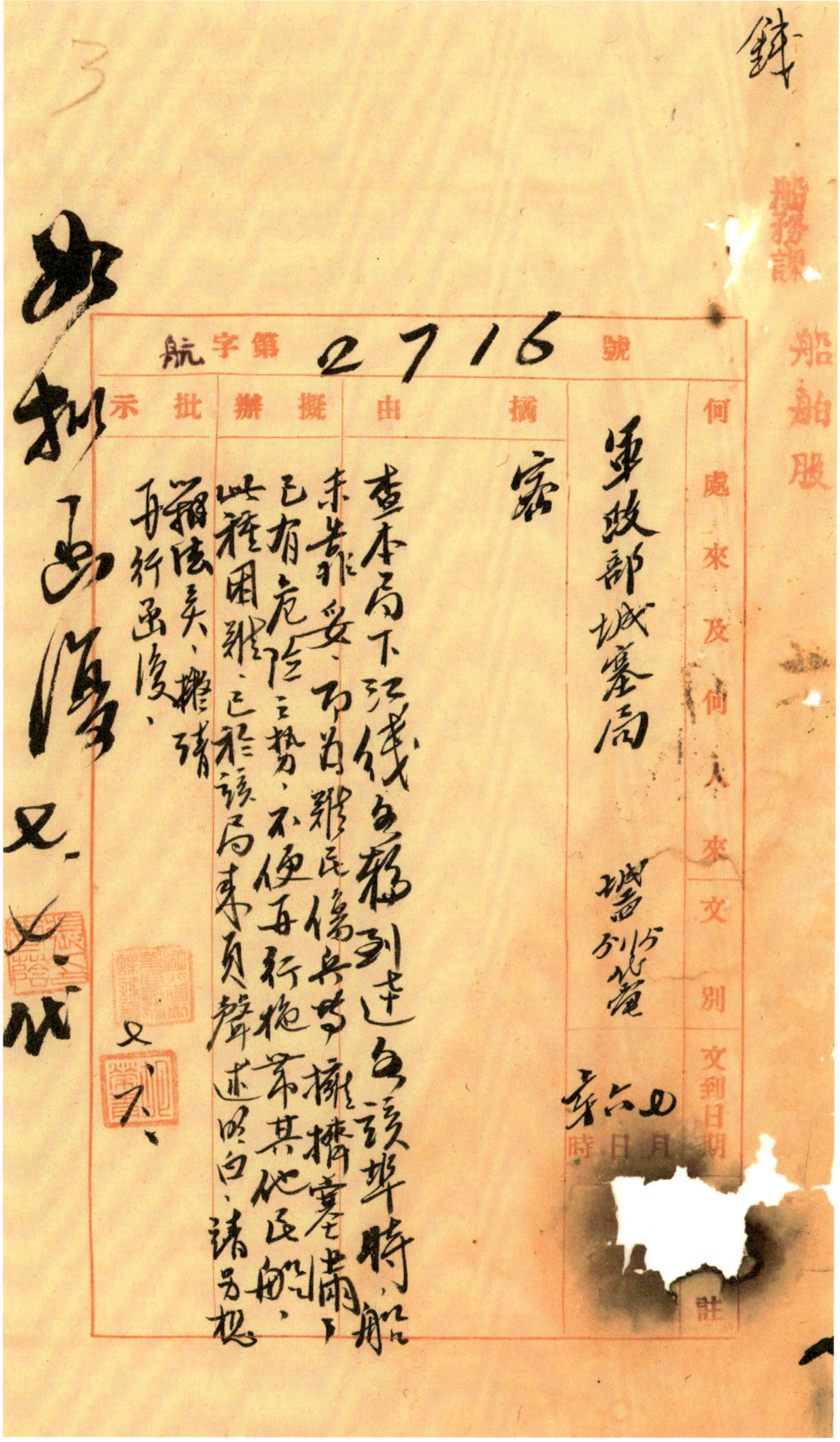
航字第2716號

何處來及何人來文別：軍政部城塞局

文到日期：月 日 時

摘由：密

擬辦：查本局下江綫兵輸到達該埠時，船來甚難，恐為難民傷兵等擁擠，已有危險之勢，不便再行裝卸其他兵船，此種困難，已經該局李員聲述明白，請另想辦法矣。擬請函復。

批示：如擬

附註

# 軍政部城塞局快郵代電

城五字第2384號 共 頁

頁一共

摘由：咨

湖北省政府航政局公鑒：密。本局奉令移運海砲現有裝砲民船一只（船户吴学議）已抵達鄂城因被炸受傷不能行駛該處現無差輪擬請貴局漢鄂班客輪即日拖帶来漢以免延誤茲派本局技佐李昌文前来洽辦即希查照迅行轉飭該處班輪辦理（并由本局派起重商唐連生隨輪前往為荷軍政部城塞局城工四印

5.15

中華民國二十七年七月 日發

住川廷道嶺5号

校對 萬鐘

監印 萬汝珍

湖北省航业局致军政部城塞局的公函（一九三八年七月）

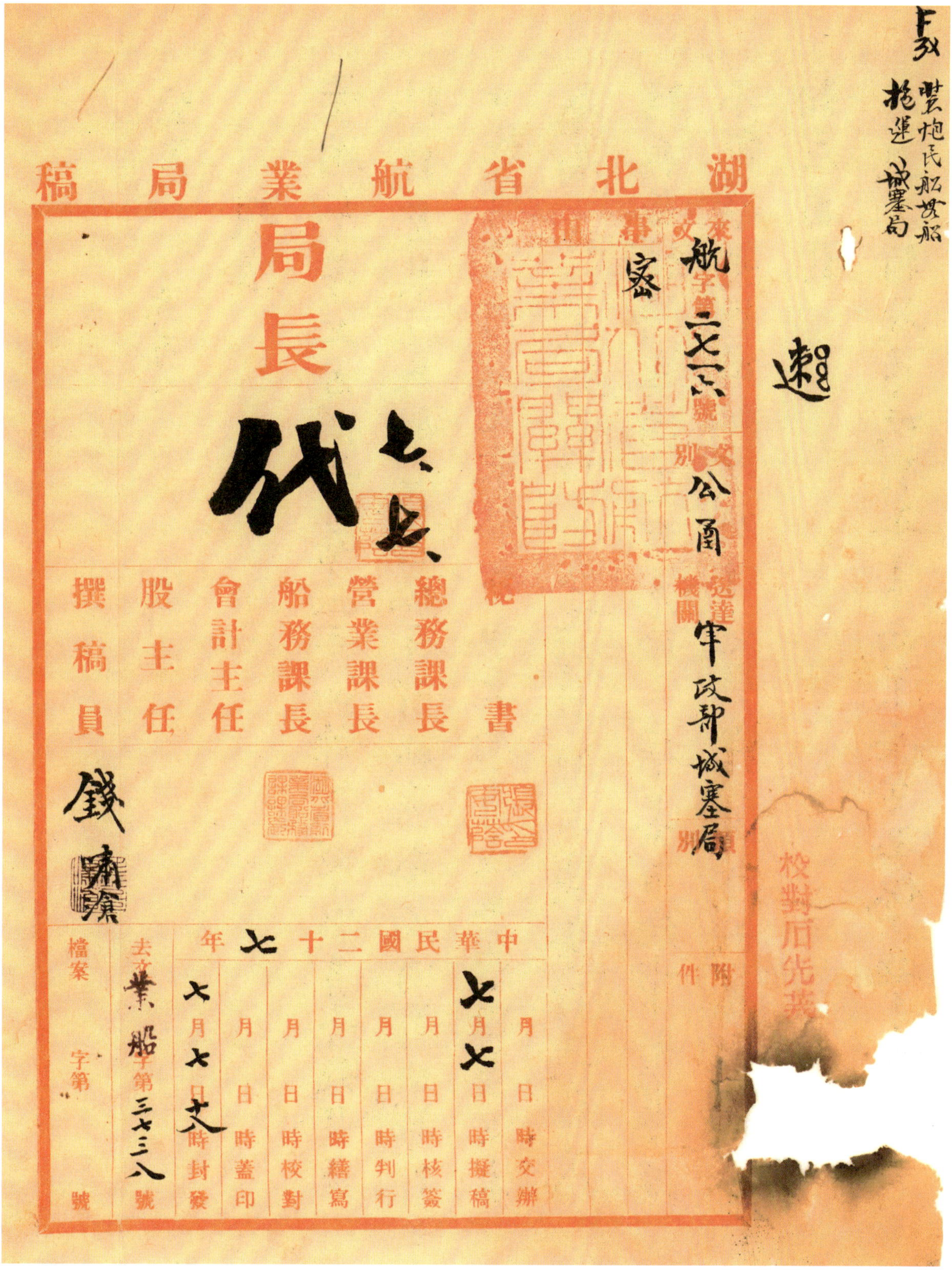
湖北省航業局稿

局長 代

秘書

總務課長

營業課長

船務課長

會計主任

股主任

撰稿員 錢

來文 航字第二七一六號

事由 密

文別 公函

送達機關 軍政部城塞局

附件

校對后先共

中華民國二十七年

七月七日時擬稿

月 日 時交辦

月 日 時核簽

月 日 時判行

月 日 時繕寫

月 日 時校對

月 日 時蓋印

七月七日 時封發

去文 業船字第三七三八號

檔案 字第 號

公函　　字第　　號

頃准

貴局本年七月城工字第二三八四號代電、以「本人擬運海砲、現有裝砲民船一只、已抵達鄂城、請本局漢鄂班輪、即日拖帶來漢、以免延誤」等由、到局、自應照辦、惟查近來本局下江各輪、到達各地碼頭、船未靠妥、即為難民傷兵等擁擠塞滿、已有危險之虞、若再拖帶船隻、力不能勝、更增困難、深恐中途發生意外事故、准電前由、

相應函請

查照、另行設法、以期妥善、而策安全、至紉公誼！一・二

此致

軍政部城塞局。

局長陳〇〇

中華民國廿七年七月日

# 六、战时通信

中央银行汉口分行关于报送设置无线电通讯情形致武汉防空筹备处的函（一九三六年十月十六日）

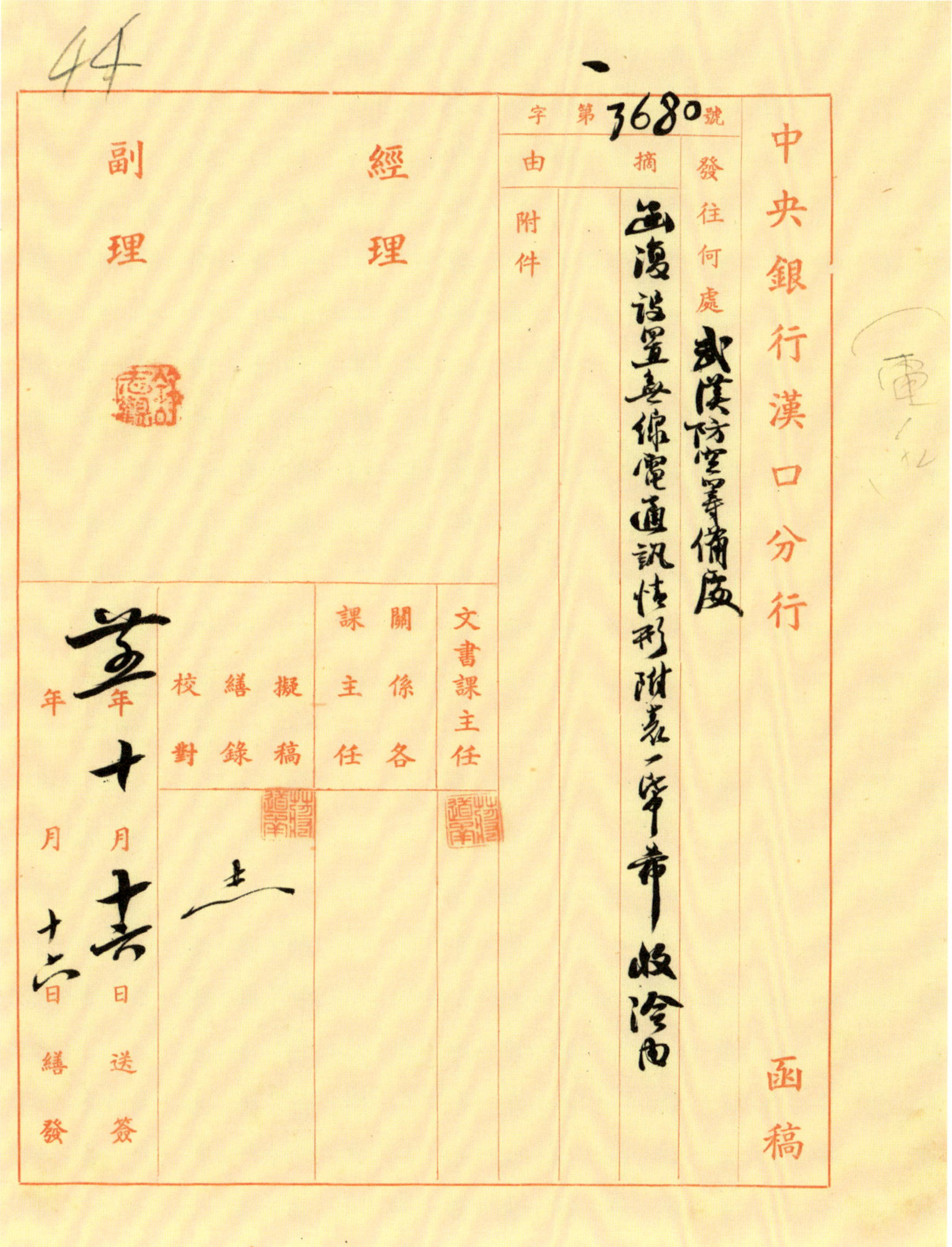

中央銀行漢口分行函稿

字第3680號

發往何處：武漢防空籌備處

摘由：函復設置無綫電通訊情形附表一帋希　收洽由

附件

經理

副理

文書課主任

關係各課主任

擬稿　繕錄　校對

廿五年十月十三日送簽

年十月十六日繕發

接准十月十四日
台函以調查各機關設置無線電通訊情形附調查表一份
囑填寄等因敬悉 敝處自當遵辦 兹特檢奉明細
表一紙即希
查照為荷 此致
附件
武漢防空籌備處第二科

附：中央银行汉口分行报送有关无线电通讯情况表

| | |
|---|---|
| 機関名稱 | 中央銀行漢口分台 |
| 地址 | 一德街本行内　電話 二六二三 |
| 主管人 姓名 | 葉谦德 |
| 主管人 出身 | 上海亞洲無線電專校高级班 |
| 機件種類 | M.O.P.A Set |
| 電力 | 二百瓦特 |
| 電源 | 由漢口電燈公司供給 |
| 波長 | 三十五米 四十六米及八十米三種 |
| 呼号 | XKg |
| 通信地点 | 直接通訊地点 上海，南京，九江，南昌，長沙，<br>由滬台代收轉發地点 重慶 成都 貴陽 青島 天津 北平 福州 厦門 |
| 工作人員 | 六人 |
| 備攷 | 通報时间每日自上午九時起至下午七時止 晚间九時至十時半止<br>星期及例假通報时间 上午十時至十一時 下午三时至四时 晚间十時至十時半 |

# 国民政府军事委员会委员长行营交通处驻鄂分处关于成立武汉警卫通信连及制发证章符号臂章并送式样致湖北省建设厅航政处的通报（一九三七年一月十九日）

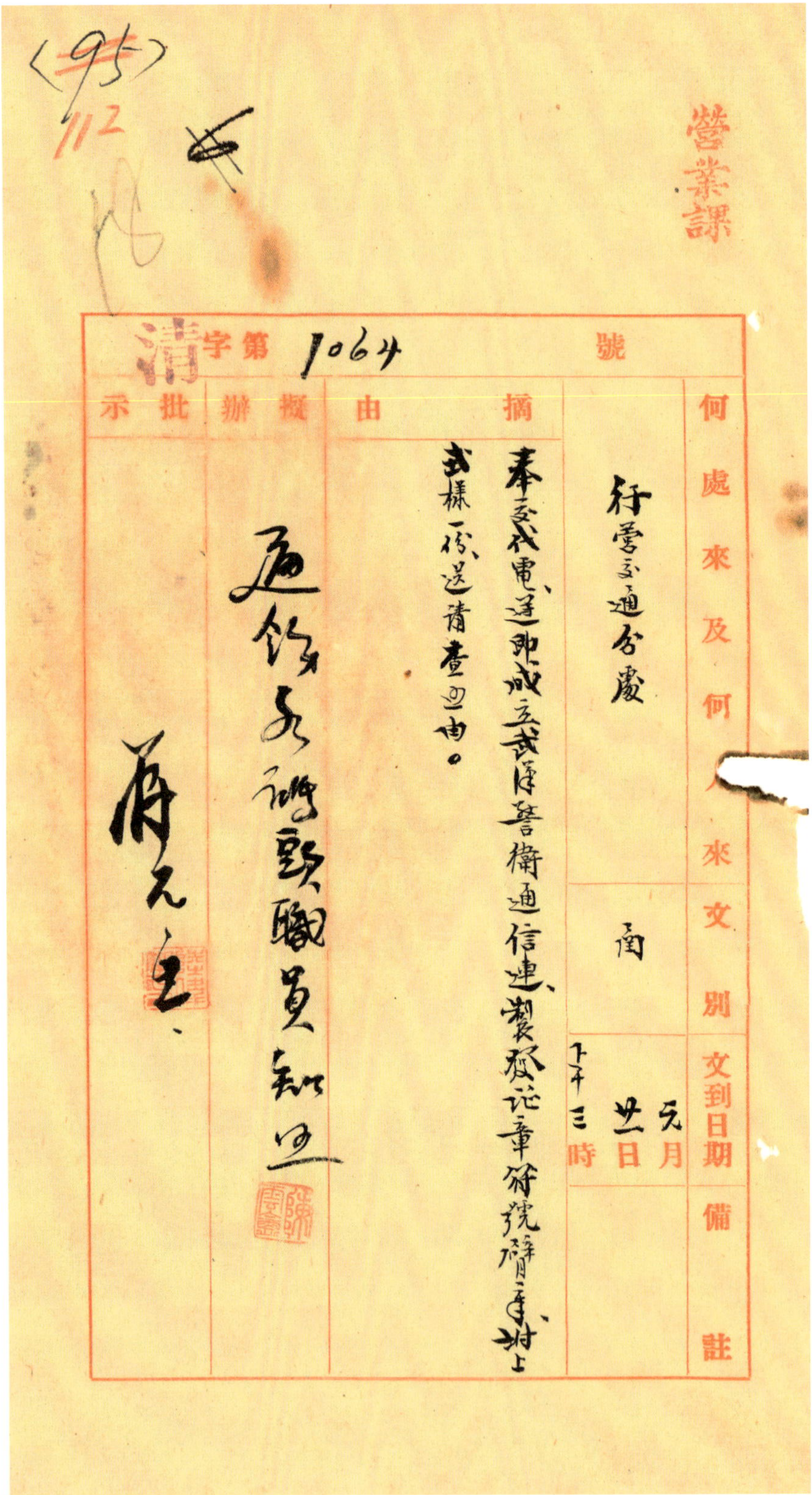

（95）
112

營業課

清字第1064號

| 何處來及何來文別 | 文到日期 | 摘由 | 擬辦 | 批示 |
| --- | --- | --- | --- | --- |
| 行營交通分處 函 | 元月 廿一日 下午三時 | 奉委代電，遵即成立武漢警衛通信連，製發證章符號臂章，附上式樣一份，送請查照由。 | 通飭各碼頭職員知照 | [illegible] |

通報

二十五年十一月十九日

通字第1862號

案奉

參謀長陳交下軍事委員會[illegible]二代電開着速將武漢警衛通信連先行成立并將成立日期呈冊支配詳情呈報備查等因并派史心如為該連連長負責籌辦奉此經本處遵擬定以二十五年十一月份為成立日期旋又奉

軍政部代電領發該連木質鈐記一顆文曰（武漢警衛通信連連長鈐記）

遵即轉發祇領啓用并暫覓定武昌銀元局街為該連辦公地址并製就官佐證章士兵符號暨臂章分發佩帶併分別呈報備案外相應檢

同該連證章符號臂章式樣一份送請

查照並希轉飭所屬知照為荷

此致

湖北建設廳航政處

附證章符號臂章式樣一份

附：武汉警卫通信连证章符号臂章式样图

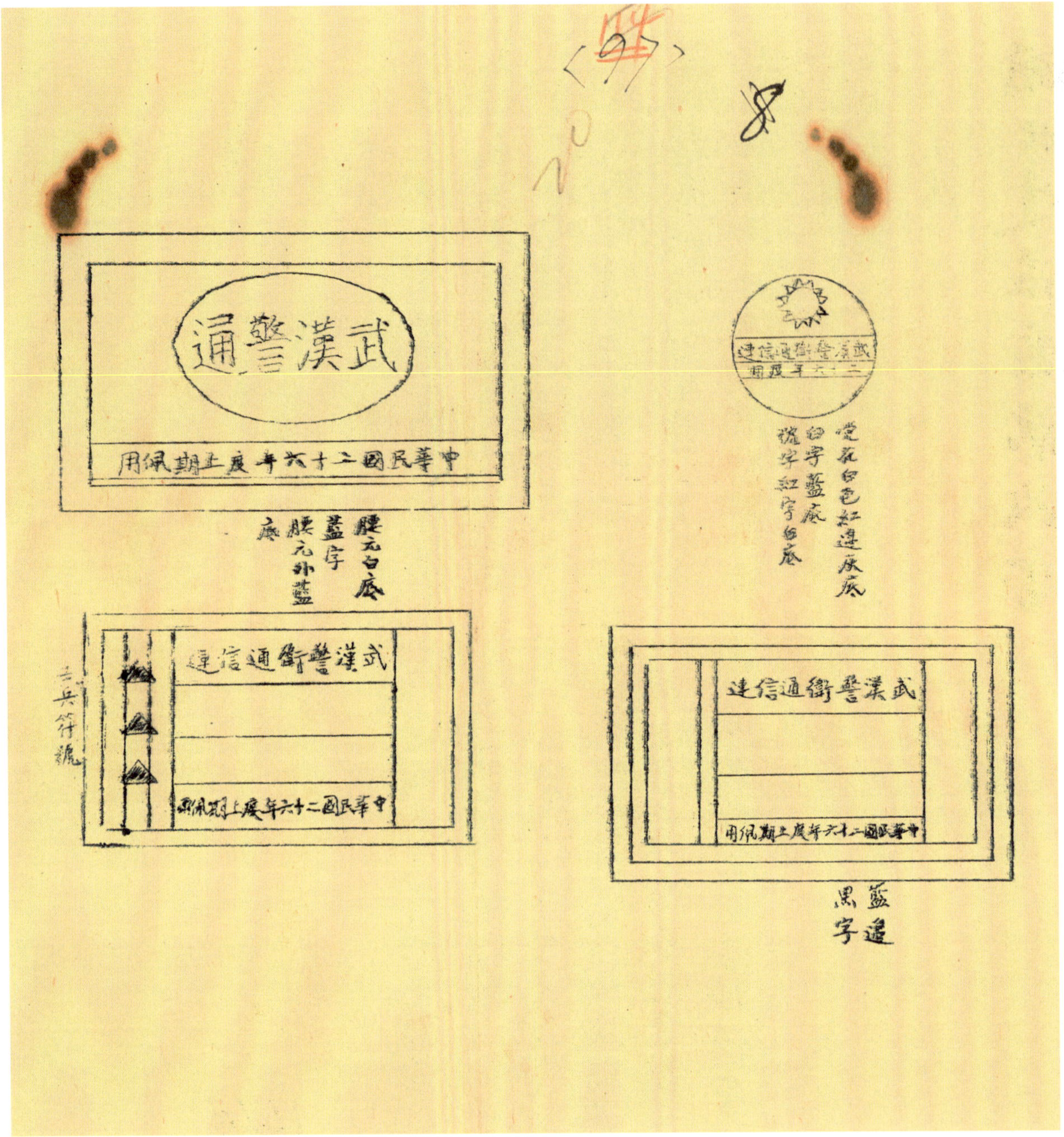

既济水电公司关于保证防空通信架设线路完成情况致武汉防空司令部的函（一九三七年二月二十五日）

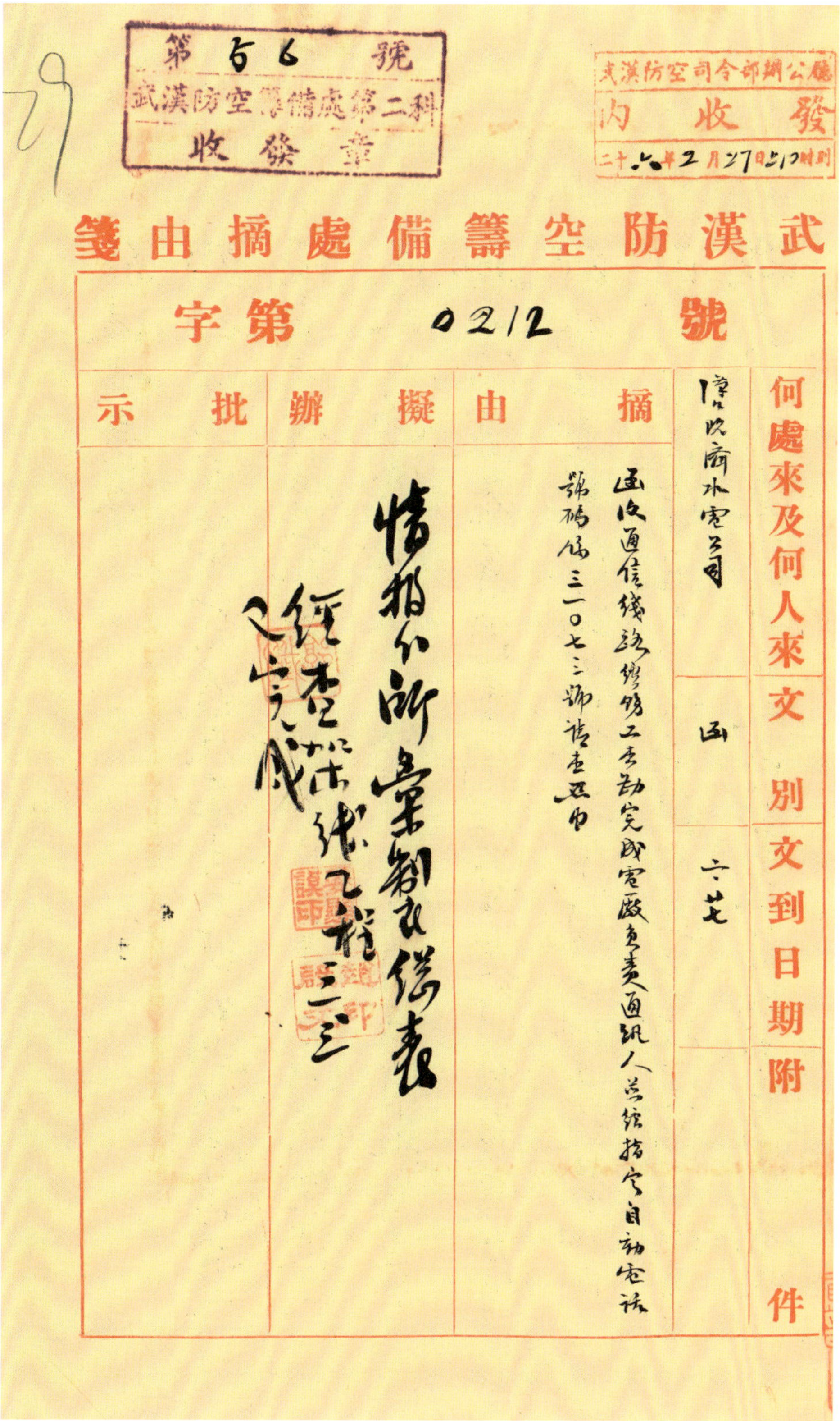
第56號
武漢防空籌備處第二科
收發章

武漢防空司令部辦公廳
收發 內
二十六年2月27日上午10時到

武漢防空籌備處摘由箋

字第0212號

| 何處來及何人來文 | 別文 | 到日期 | 摘由 | 擬辦 | 批示 |
| --- | --- | --- | --- | --- | --- |
| 漢口既濟水電公司 | 函 | 二.廿七 | 函復通信線路修竣工事勤完成，電廠方面通訊人員經指定自動電話號碼爲三一〇七三號，請查照由 | 情報所業製備表<br>經查採線工程已於二月二三日完成 | |

附件

30

辦漢鎮既濟水電股份有限公司用箋

第　頁

敬復者案奉
鈞部防二字第二七號及第三三號公函以管制燈火
須通信設備完善囑於本月二十八日以前架設完
成及如遇綫路發生故障不能通話時並應迅予
派工修復各等因事関防空要件自應遵办經
即飭工查勘綫路架設專線現正加工趕裝如期
即可完成電廠負責通訊人並經指定該廠現有
職工祁傳道張卅二人再電廠自動電話號碼係

中華民國　年　月　日

31

商辦漢鎮既濟水電股份有限公司用牋

三一〇七三號合併聲敘奉函前因相應先行函復

鈞部查照謹致

武漢防空司令部

商辦漢鎮既濟水電公司謹啓

中華民國廿六年二月廿五日

## 湖北省政府关于保护防空通信致武昌市政处水电厂、湖北省长途电话管理局等的密令、密函（一九三七年七月二十三日）

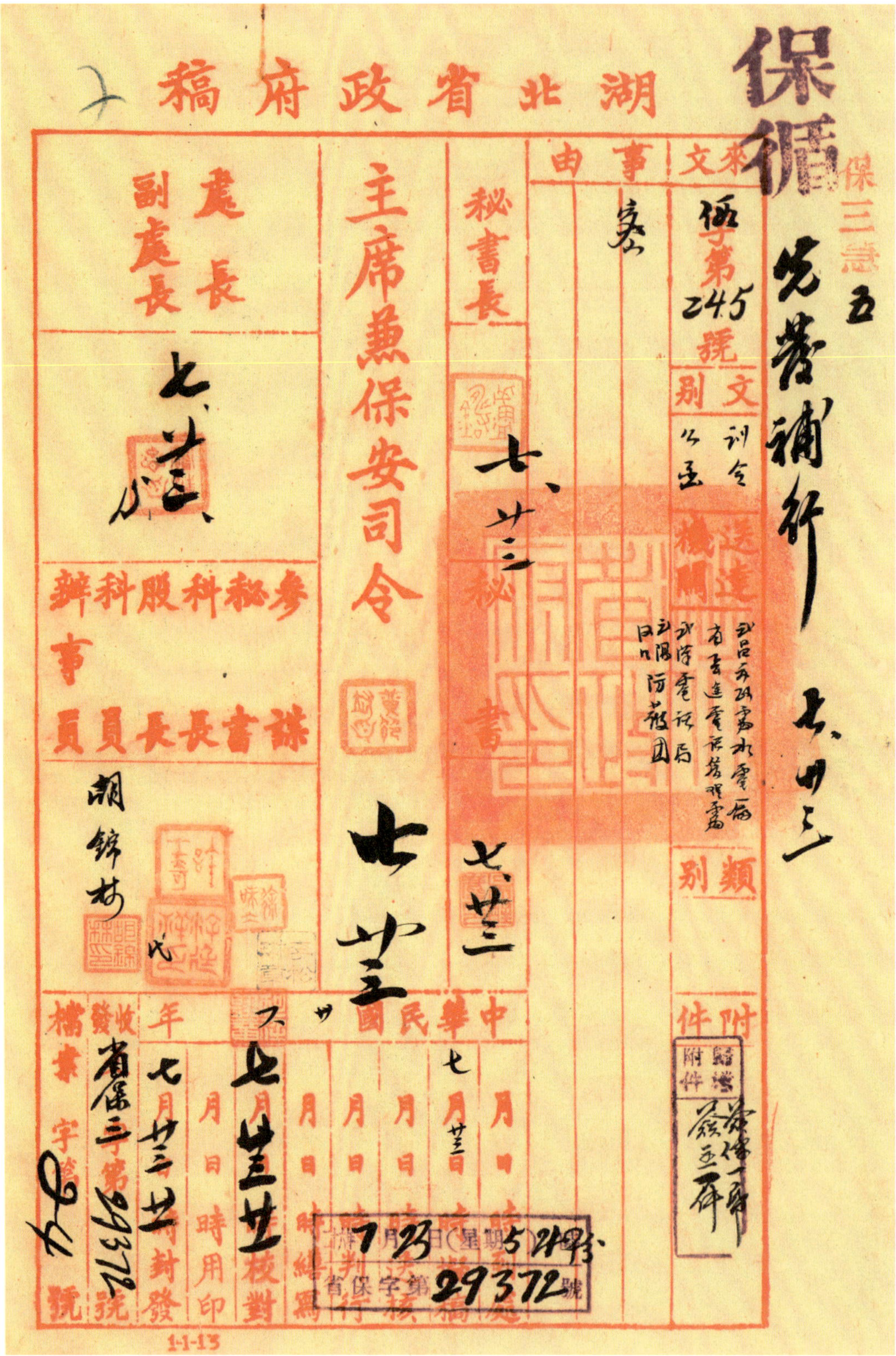

分繕

全銜　寥山令　有保字第　號
　　　參函

令　武昌市政府、水電廠
　　湖北省長途電話管理處

查防空通信，最貴迅速，不能令其稍有故障。本省武漢市區各防空通信線路，業經本府分別令飭架設，函宜妥為保護，倘有故障，應即隨時修復，以利通信。有各防護團請飭修復防空通信線路與機件時，務請應予協助，事關國防，不得延誤，除分令外，合行令仰該○遵照！相應函請查照為荷！

此令。

文

武漢電話局

寥山令

令武陽漢口防護團

查各防空通信線路與機件，須不時檢查，保護完善，倘有損壞或發生故障等情事，應立即迅予修復。關於該團所管區內防空通信線路與機件如有上項情事，可立時逕向武昌市政府水電廠、省長途電話管理處、武漢電話局請求派人修復，以利通信。除分別函令外，合行令仰該團遵照，並轉飭所屬遵照為要！

此令。

主席兼全省保安司令黄〇〇

保安處處長丁〇〇

1-1-16

校對周壽世

監印高元勳

## 交通部武汉电话局关于增加防空警报器所在地电话专线一事致湖北省政府的代电
（一九三七年七月三十一日）

快郵代電

交通部武漢電話局

密電字第2346號

湖北省政府公鑒：前准省保三字29612號密函囑配裝各警報器地點用電話專線九對，業經呈奉交通部艷業密電核示，鄂省府所需之專線九對應由該局轉請照章納費，所請借用一節未便照辦，仰遵照。茲又奉武漢行營鄂參勤字1621號令轉貴府艷省保三代電，迅予借用警報器地點用之專線二十對，飭即接裝各等因。除納費一節應另飭遵辦外，所有各警報器地點用之電話專線先後對數不符，相應電請查明統籌支配該項電話專線對數，即予派員到局面洽，以資敏捷而免紛岐，實為公便。武漢電話局世

中華民國廿六年七月 日

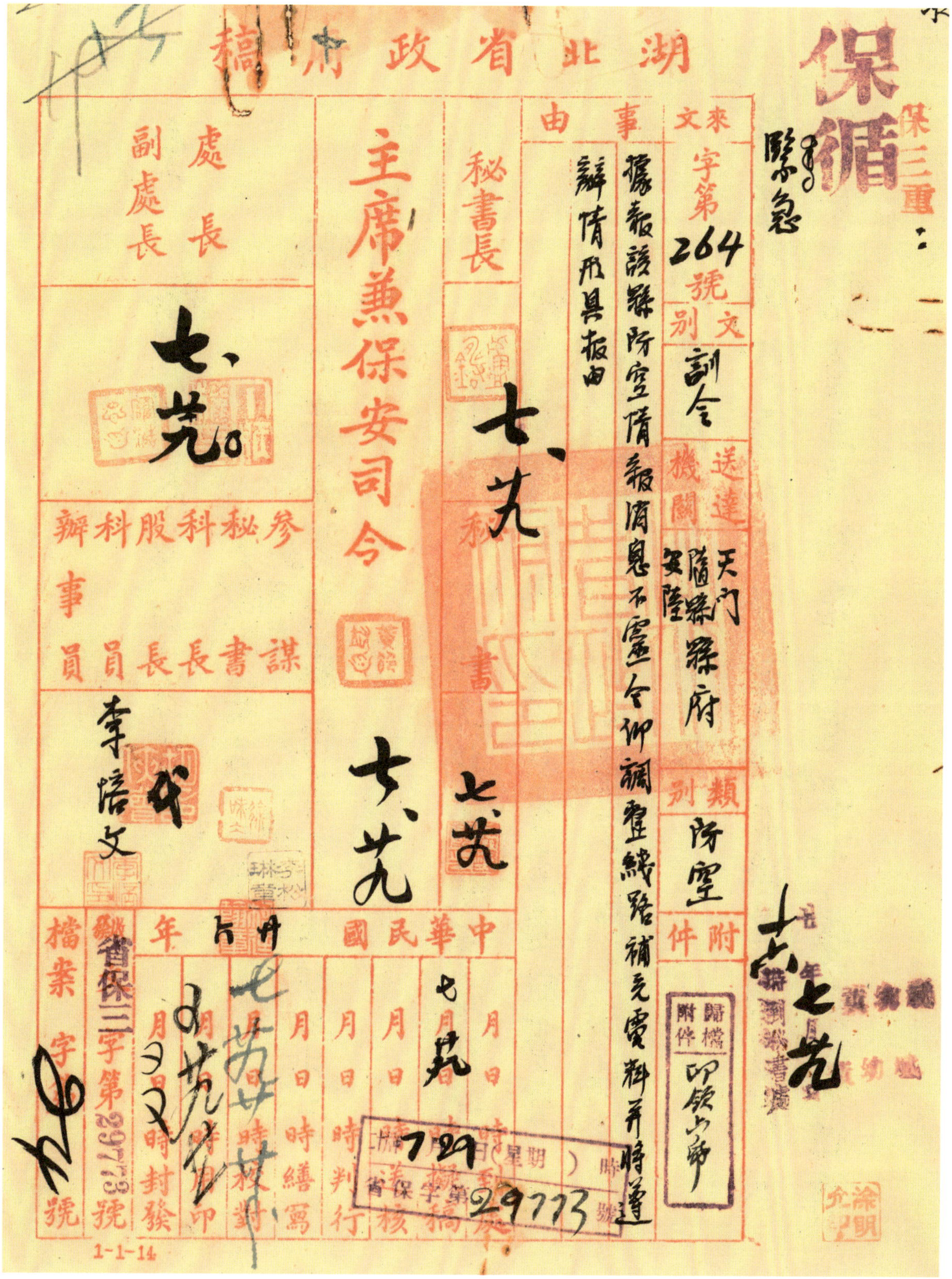
湖北省政府稿

保三重：緊急

來文 字第264號

文別：訓令

送達機關：天門、隨縣、安陸縣府

事由：據報該縣防空情報消息不靈令仰調整線路補充電料并將遵辦情形具報由

類別：防空

附件

主席兼保安司令

秘書長

處長 副處長

參謀 秘書 科長 股長 科員 辦事員

中華民國 年 七月 日

檔案 字 號

省保三字第29773號

湖北省政府关于因防空情报消息故障令仰调整线路补充电料致天门、随县、安陆县政府的训令（一九三七年七月）

# 全衛訓令 省保三字第　號

令天門、兼隨、代安陸縣長周郁文、石毓靈、黃真民

據保安處案呈，該處科員李復初七月二十八日報告稱：

「竊職奉令護送望遠鏡至各防空情報支部及監視隊哨并考查通訊事宜，適於本月十七日晨由處出發（已另抄送），誠恐有誤時機，理合報請鑒核」。

等情；據此。查防空情報，貴在迅速，值茲時局嚴重，應着立將綫路調整完好，價料購備齊

全，毋令發生絲毫故障，致滋貽誤！據呈前情，除分行外，合亟令仰該縣長遵照辦具報，毋稍玩忽為要！！

此令。

主席兼全省保安司令黃〇〇

保安處長丁〇〇

1-1-1-7

中華民國廿六年七月　日

繕寫

校對　周壽世

監印　高一元

湖北省保安团临时指挥部关于派兵协助巡逻汉郑长途电话杆线致湖北省政府的呈（一九三七年八月二十八日）

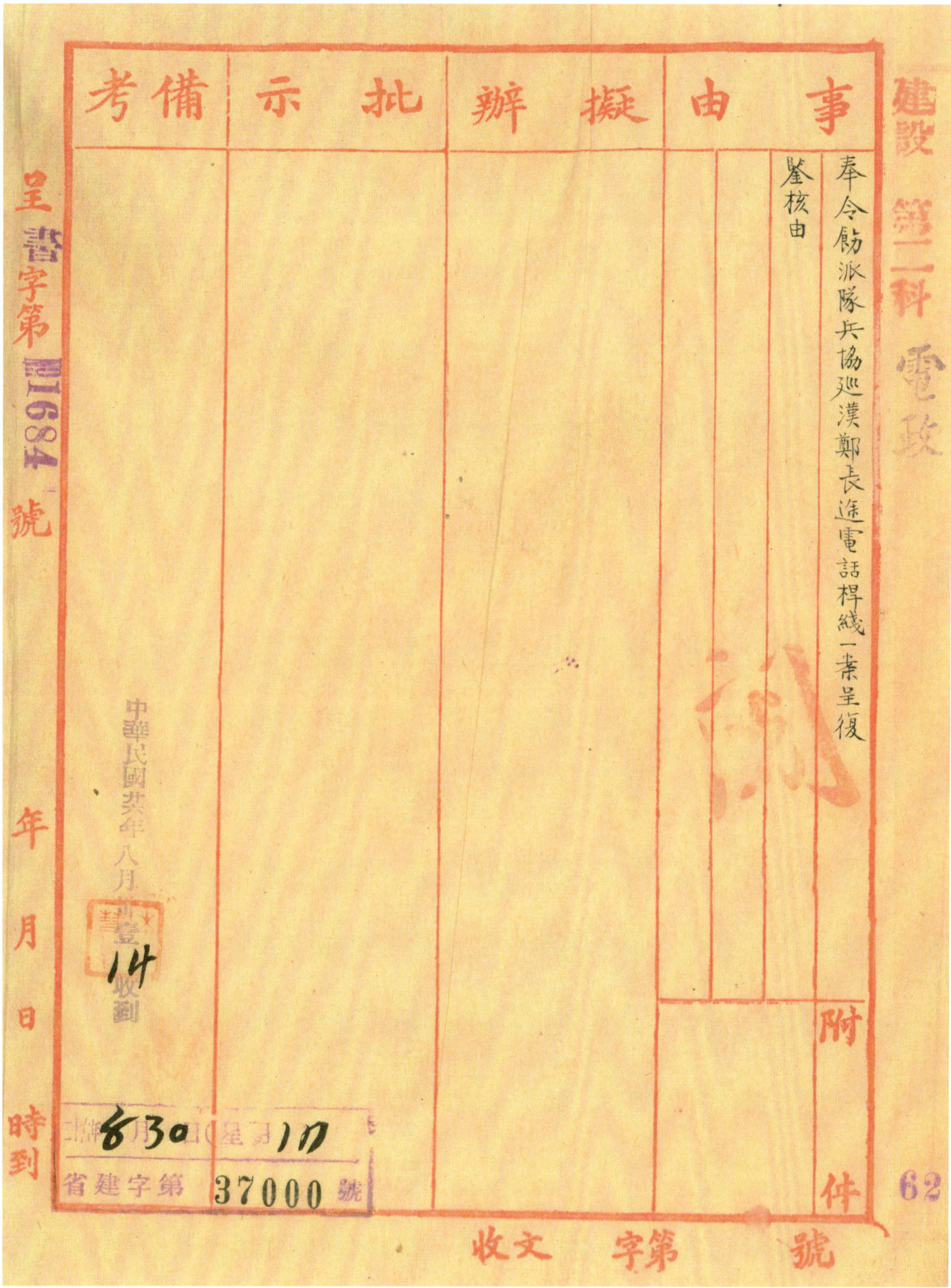

| 事由 | 擬辦 | 批示 | 備考 |
| --- | --- | --- | --- |
| 奉令飭派隊兵協巡漢鄭長途電話桿線一案呈復鑒核由 | | | |
| 附件 | | | |

建設 第二科 電政

呈 字第 1684 號 年 月 日 時到

中華民國廿六年八月 14 收到

830 17

省建字第 37000 號

62

收文 字第 號

案奉

鈞府省建二字第三五一七九號訓令：為據湖北電政管理局呈請飭派隊兵巡護漢鄭長途電話桿線一案，除原文有案，邀免照録外，尾開：

「……合行令仰該部仍遵前令轉派隊兵十名協助巡護並轉飭駐灄附近部隊隨時協助辦理為要！」

等因；奉此，自應遵辦，惟查本部所屬各團防地距灄甚遠，兵力異常零散，調派少數隊兵，亦非易易，擬懇轉飭該局，就近向現駐灄口部隊請求協助，奉令前因，理合呈請

鈞座鑒核！

謹呈

主席兼全省保安司令黃

775

中華民國二十六年八月　日

廿六年八月貳八日發

# 武昌市政处关于不得滥发电报及重要电报由无线电拍发致武昌水电厂的密令（一九三七年九月十三日）

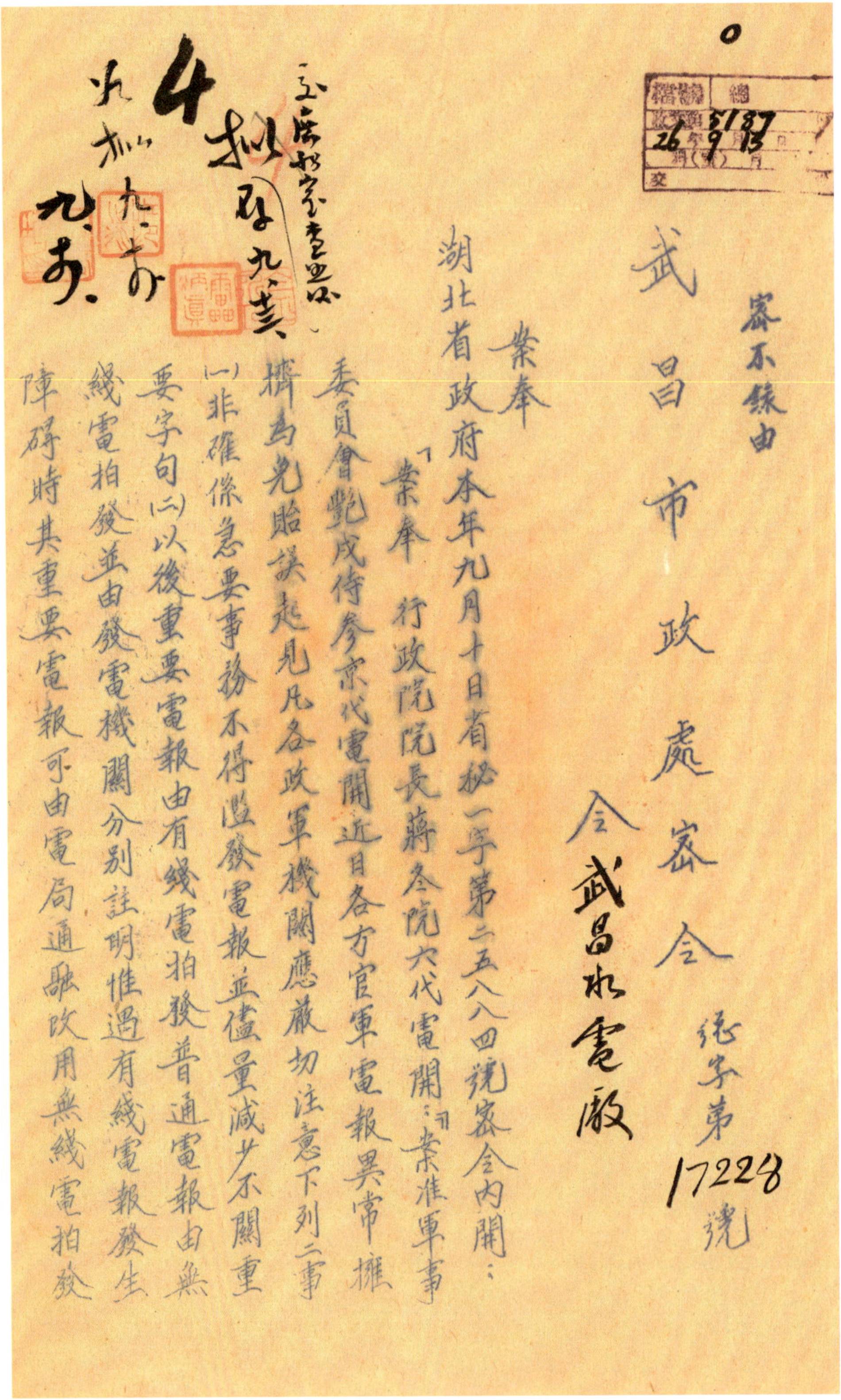

密不錄由

武昌市政處密令 總字第17228號

令武昌水電廠

案奉

湖北省政府本年九月十日省秘一字第二五八八四號密令內開：「案奉行政院院長蔣冬院六代電開：『案准軍事委員會艷戌侍參京代電開：近日各方官軍電報異常擁擠，為免貽誤起見，凡各政軍機關應嚴切注意下列二事：（一）非確係急要事務不得濫發電報，並儘量減少不關重要字句；（二）以後重要電報由有綫電拍發，普通電報由無綫電拍發，並由發電機關分別註明，惟遇有綫電報發生障礙時，其重要電報可由電局通融改用無綫電拍發以資補救。希轉行各院部會各省市政府飭屬一體遵照等由准此除分電外即希查照轉飭所屬嚴切注意等因奉此除分令外合行令仰遵照並飭屬切實遵照！此令。

等因；奉此，除分行外，合亟令仰該廠遵照！

此令。

中華民國　年九月十三日

廠長　楊錦昱

# 湖北省政府关于奉军政部令颁各部队战时通信注意事项致秘书处的训令（一九三七年九月十三日）

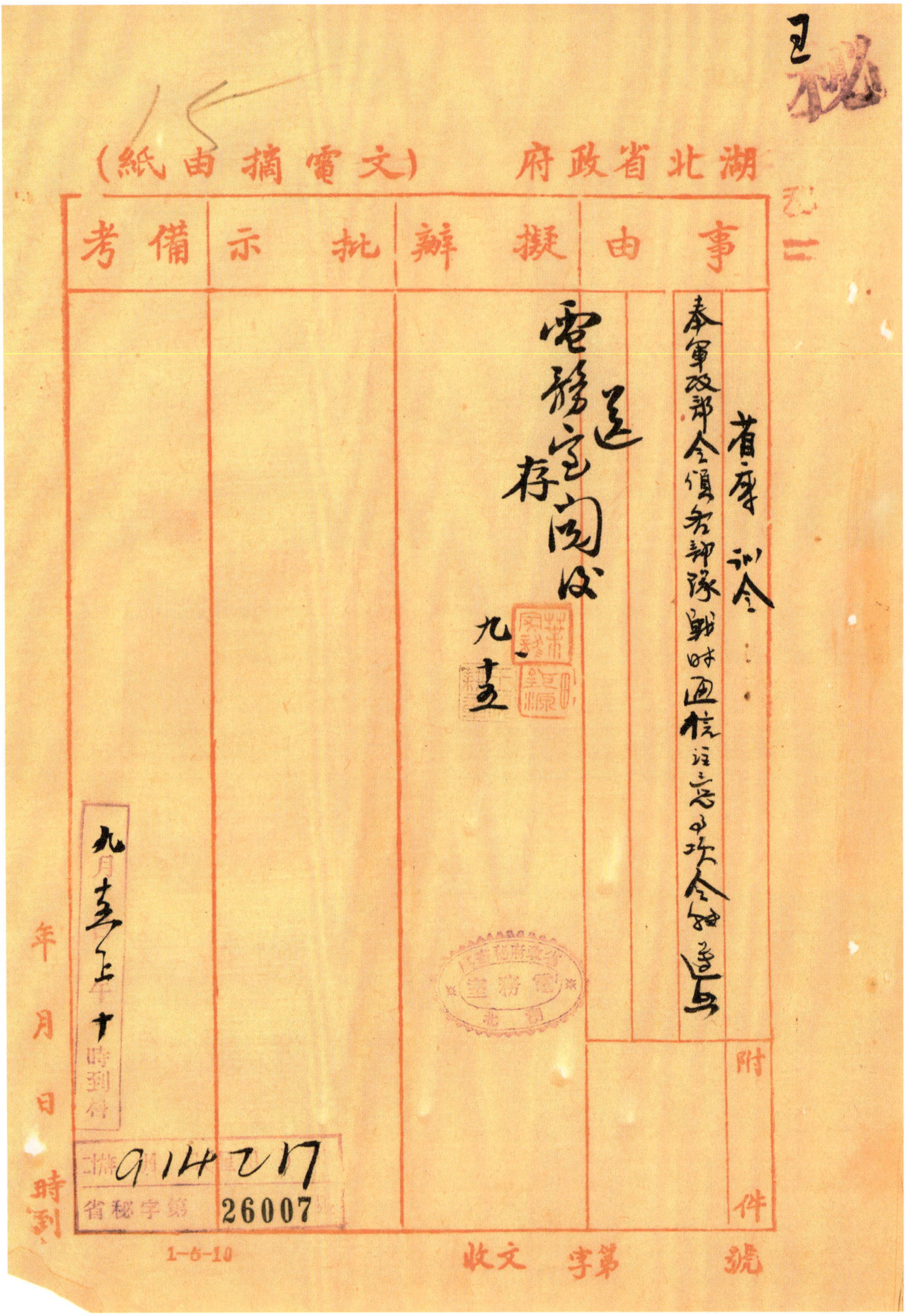
湖北省政府（文電摘由紙）

| 事由 | 擬辦 | 批示 | 備考 |
| --- | --- | --- | --- |
| 省府訓令<br>奉軍政部令頒各部隊戰時通信注意事項令仰遵照 | 送電務室存閱<br>九、十五 | | 九月十五上午十時到<br>9 14 2 17<br>省秘字第 26007 |

附件

年 月 日 時到

1-6-10

收文 字第 號

事由：奉軍政部令頒各部隊戰時通信注意事項仰遵照辦理等因令仰遵照由

# 湖北省政府訓令

行保二一字第 33073 號

令秘書處

案奉

軍政部交信（二六）字第四一四二號訓令開：

「查戰時通信關係重要，茲製定各部隊戰時通信注意事項隨令頒發，仰即切實遵照辦理為要。此令。」

等因，附發各部隊戰時通信注意事項一份，奉此，除分行外，合亟抄發原件，令仰切實遵照辦理為要！

此令。

附抄發各部隊戰時通信注意事項一份。

中華民國二十六年九月　日

主席兼全省保安司令黄紹竑

保安處長丁炳權

校對高篙培

拾叁

各部隊戰時通信注意事項

一、各部隊戰時通信，除照陣中勤務令規定實施外，應注意本件所列各條，切實遵照辦理

二、各司令部戰鬥部隊及後方机關應注意事項

1、重要情報及戰報之報告通告，須迅速確實簡明，務利用最快方法傳遞

2、發報時表示速度，向用「十萬火急」「限即刻到」等字樣，及各項符號，字碼過多，一律取銷，從新規定如下：

「特急」 對於戰鬥勝敗有極重大關係且有最急時間性之顧慮者用之

「急」 對於戰鬥勝敗較有關係並有時間性之顧慮者用之

以上規定，但求大概標準，實際仍宜斟酌情形，相機取捨，總使急電減少，以免延誤別項要電，並不得使用別種字樣

3、不十分緊要之電報，不得濫加速度符號，普通事務並不得用電報。

4、電稿文字務求簡明，繁文套語一律避免，如「鈞鑒」「案查」「為禱」以及報尾「職」「叩」等字樣，又報尾地名更宜避免，以免敵人由此推測我軍配備。

5、絶對禁止拍發私電

6、机密電話，須先譯成密碼，以免被人竊聽、（線路短近無此顧慮者，自不必費此手續）

7、通信部隊應使位置于交通便利隱蔽而無敵砲及空襲危險之所

三、各無線電台隊班應注意事項

1、拍發電報，須用規定之報頭報尾通用密碼按日輪換。

2、「特急」之電報儘先拍發，其次拍發「急」電，再次拍發普通軍電情形可能時，亦務求迅速，不得延擱。

3、如有「特急」電報，不能依照限定時間內發出時，應即報告所屬部隊長官，以便另謀通信方法或變更計劃。

4、各電台隊班位置移動後，在新駐地架設完畢時，無論有報無報應

即上機呼叫其應行聯絡之電台、隊班注意接收電報。

5、各電台隊、班值班人員，如無收發報時，亦應在机上守听不時拍發CQ注意接收電報

6、絶對禁止在机上談話

四、各部隊長官或通信部隊主官應注意事項

1、各部隊長官應知通信部隊在作戰上所負任務，甚為重要，在有線電不通時，無線電尤為重要，其因作戰関係，各無綫電台隊班位置有不適宜時，各部隊長官應即令其變換，各通信部隊主官亦應自作適當之處置，

2、應避免敵砲及空襲之危險，但以不妨碍通信業務為限，

3、無限電機器如有損壞各台、隊、班、主官，應立即設法修復，並報告

其直属或配属部队长官各部队长官接到此项报告，应谋适当补助通信方法。

4、各无线电台队班联络单位不宜过多，应力求联络确实。

5、所属各通信部队有业务过于繁劳或清闲者，应适宜调剂之。

6、各部队如无通信设备者，应自筹补助通信方法。

## 湖北省航业局关于非常时期交通消息只准由口头答复不可用公布方式致驻湘办事处的密令（一九三七年十月二日）

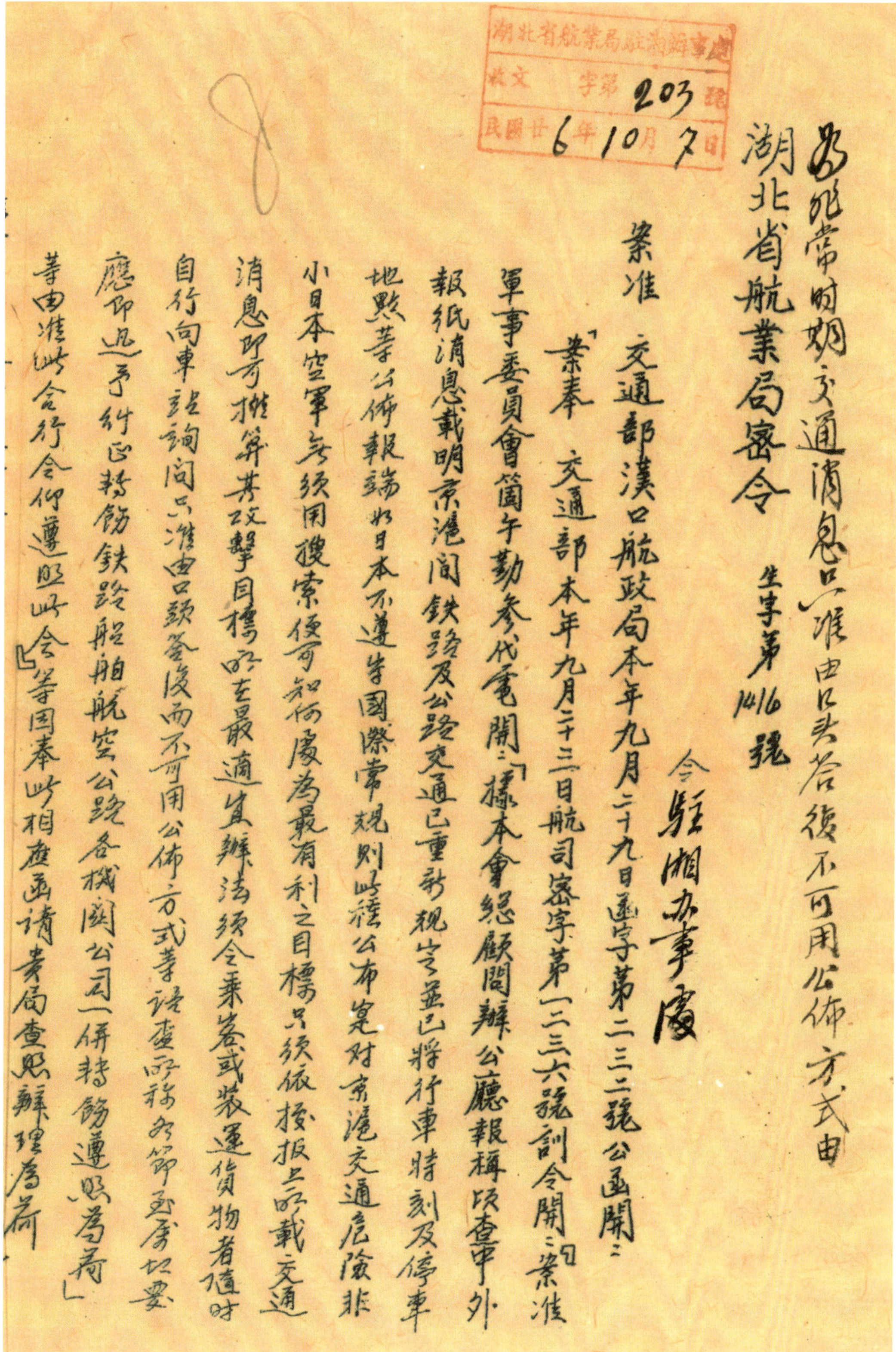
湖北省航業局駐湘辦事處 收文 字第203號 民國廿6年10月7日

為非常時期交通消息只准由口頭答復不可用公佈方式由

湖北省航業局密令 生字第1416號

令駐湘辦事處

案准

交通部漢口航政局本年九月二十九日函字第二三二號公函開：「案奉 交通部本年九月二十三日航司密字第一二三六號訓令開：『案准軍事委員會第二部參代電開：「據本會總顧問辦公廳報稱，頃查中外報紙消息載明京滬間鐵路及公路交通已重新規定，並已將行車時刻及停車地點等公佈報端，如日本不遵守國際常規，則此種公布實對京滬交通危險非小，日本空軍無須用搜索便可知何處為最有利之目標，只須依據報上所載交通消息即可推算其攻擊目標所在，最適宜辦法須令乘客或裝運貨物者隨時自行向車站詢問，只准由口頭答復，而不可用公佈方式等語，查所稱各節亟屬切要，應即迅予糾正，並轉飭鐵路、船舶、航空、公路各機關公司一併轉飭遵照為荷」等由，准此，合行令仰遵照。此令。』等因，奉此，相應函請貴局查照辦理為荷」

等由；准此，除分令外，合行令仰該處即便遵照辦理為要！

此令。

閲 十八

中華民國二十六年十月 二 日

局長洪雁賓

副局長陸桂祥

## 交通部湖北电政管理局关于抗战时期不得擅离职守致各局、处、台的代电（一九三七年十月二十一日）

010

交通部湖北電政管理局代電　鄂字第九三六一號

湖北各局處台均鑒：案奉交通部號人電開：「查值此抗戰期內，各局處電信重要，需人急切，在職各員工，除確因身患篤疾不能工作，得由主管人員負責查明酌給病假，假滿應仍返原職外，其餘一概不准給假，前經通電飭遵在案。乃查近來各局處員工，仍時有託故請假，或未經核准，擅自離職，或假滿未准續假不即銷假，及奉令調派，中途脫逃，或延不遵調等情事，似此罔顧職責，破壞紀律，實屬有負任用，如不嚴加懲罰，將何以儆來茲。嗣後各局處員工如犯有前項情事，不論時間久暫，一律革職不貸。仰各轉飭所屬凜遵毋違」等因，奉此，合亟通飭，仰各遵照為要。管總馬

中華民國廿六年十月　日

廿五日到

## 湖北省航业局关于航空无线电通讯训练班已筹备开始训练并发各机关考试保送学员办法致修船厂的训令（一九三七年十月二十八日）

湖北省航業局訓令 生字第1810號

令修船廠

案奉

湖北省政府建設廳二十六年十月二十三日省建二字第三九九九號訓令內開：

「案奉

省政府二十六年十月十九日建二字第三九六七三號訓令開：案准航空委員會本年十月八日經七訊（丁）字第一八八號公函開：案查本會無線電通訊員訓練班，業經籌備開始訓練，惟學員人數，因遠處消息梗塞或交通阻隔，不及投效，致一時尚未足額。在此國家需材之際，各方有志之士，願為國效用者，當不乏人。茲為普遍羅致起見，擬請貴

省政府轉飭所屬各縣政府，調查該處無線電通訊人員，儘量登記保送應攷，以免遺珠。其辦法如左：

學員資格：(一)中國國籍男子年在二十以上三十歲以下者
(二)高中畢業程度或具同等學力者
(三)無線電學校畢業持有證書者
(四)能判讀無綫電綫路者
(五)能收發國際電碼每分鐘在八十字以上者
(六)在通訊機關服務一年以上持有證件者

保送：自問適合上項條件者可由
(一)各省政府所屬機關保送
(二)各省立中等學校保送
(三)各級党部保送
其手續由保送機關填同被保人員出身及服務證件
最近二寸半身相片四張，正式備文送審本会
保送期限十月卅一日截止

考試辦法：經本會審查合格即通知赴最近航空站考試及檢驗體格

考試科目：党義　國文　英文　數學　物理　電學　無線電學
　　　　　電碼收發
待　　遇：錄取後訓練期間每月給予津貼四十元，畢業後試用三
　　　　　個月再按成績敘委
訓練期限：四個月
以上辦法，除分函外，相應函請查照，迅予轉飭所屬縣政府妥速辦理，
是紉公誼，并希見復為荷」等由；准此，除函復暨分行外，合亟令仰該
廳遵照，並轉飭所屬一体遵照」等因；奉此，合行令仰遵照！此令。」
等因；奉此，除分令外，合行令仰遵照！
此令。

中華民國二十六年十月廿八日

局　長洪雁賓

副局長陸桂祥

# 武汉防空司令部关于申请制定保护通信线路办法及奖惩规则致湖北省政府的代电

（一九三七年十一月二十七日）

123

湖北省政府文电摘由纸

| 事由 | 拟办 | 批示 | 备考 |
| --- | --- | --- | --- |
| 防空司令部 盛代电 请定保护线路办法并严奖惩 | | | |

第二科

中华民国　年十一月卅日 10 收

附件

76837

1123112

省建字第 42179 号

收文　字第　号

124

# 武漢防[illegible]郵代電

急武昌湖北省政府主席何鈞鑒：值茲全面抗戰、軍事緊張之際、寇機肆虐、出沒無常、防空情報、極關重要、欲求情報迅速確實、端賴通信靈活、始克有濟。本省防空監視區域內、徧佈各種防空通信綫路、設不保護周密、致生故障、或遭奸人破壞、整個空防、均失效用、危險何堪設想。查政府對於保護電報電話綫路、雖有規則可循、然值此非常時期、似已失其作用。本部以為此次抗戰關係民族存亡、民衆咸有服役義務、亟應發動沿綫民衆、組織經常巡查護綫班、分段保護、並本不吝重賞不惜重罰之旨、訂定單行辦法、在省市方面責成各警察局長督促負責辦理、各縣由縣長督促負責辦理、以收政府民衆上下合作之效。事關利用人民服役、敬電請大府詧照、迅賜詳定保護綫路辦法、嚴定獎懲、通飭施行、並祈賜復為禱！武漢防空司令部𡚁副司令丁炳權全巨堂感防二印

字第542號共　字第　頁(共　頁)

年　月　日到

NO.

# 交通部湖北电政管理局粮务课抄送交通部关于技术报务撤退人员相关规定电文的抄件（一九三七年十二月三十日）

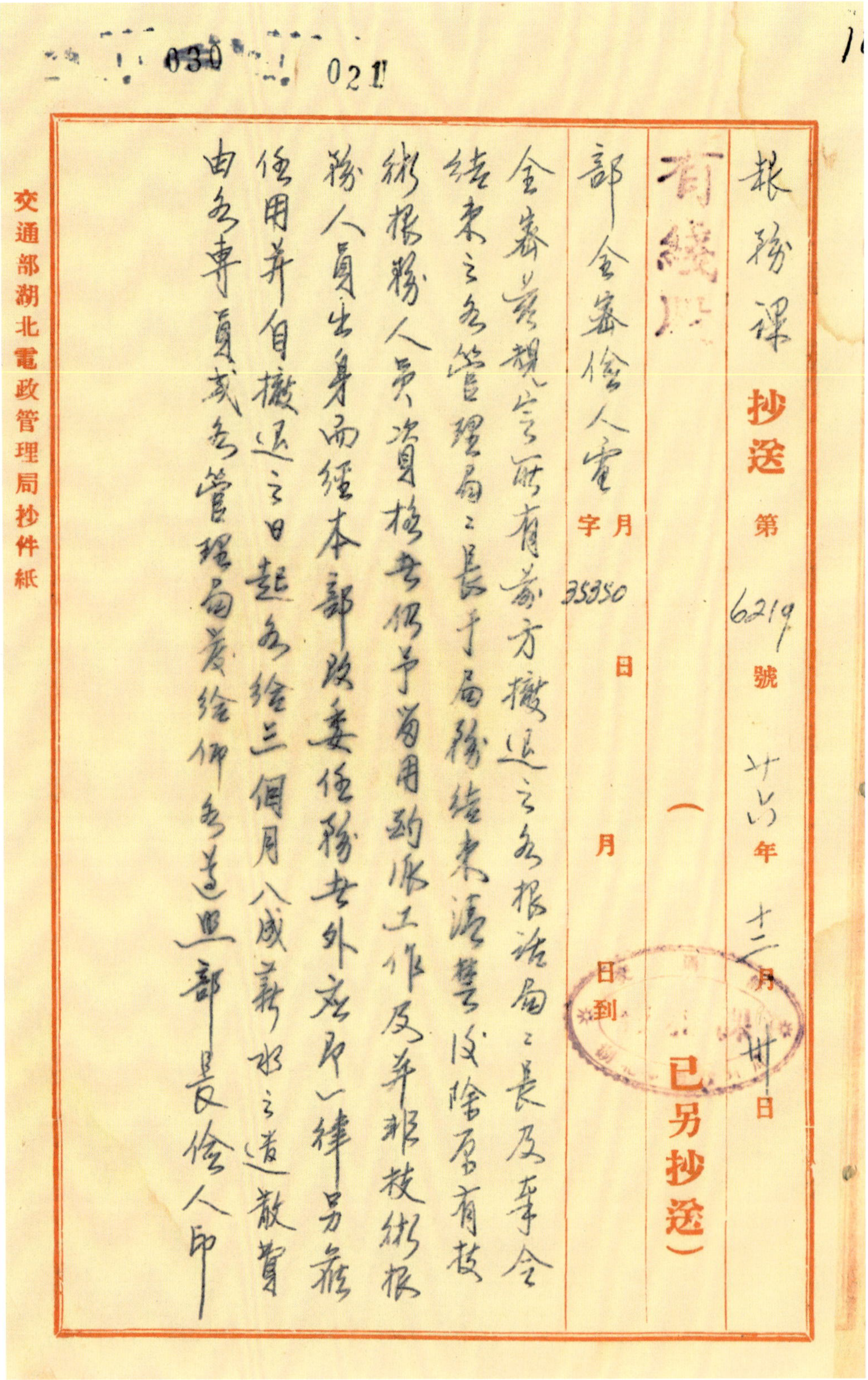
030 021

交通部湖北電政管理局抄件紙

粮務課抄送第6219號 廿六年十二月卅日

有線股

（已另抄送）

部全密俭人電 字35350 月 日 月 日到

全密。蒸。規定所有前方撤退之各報話局局長及奉令結束之各管理局局長於局務結束清楚後，除原有技術報務人員資格者仍予留用酌派工作及並非技術報務人員出身而經本部改委任務者外，應即一律另行任用，並自撤退之日起各給三個月八成薪水之遣散費，由各專員或各管理局發給。仰各遵照。部長俭人印

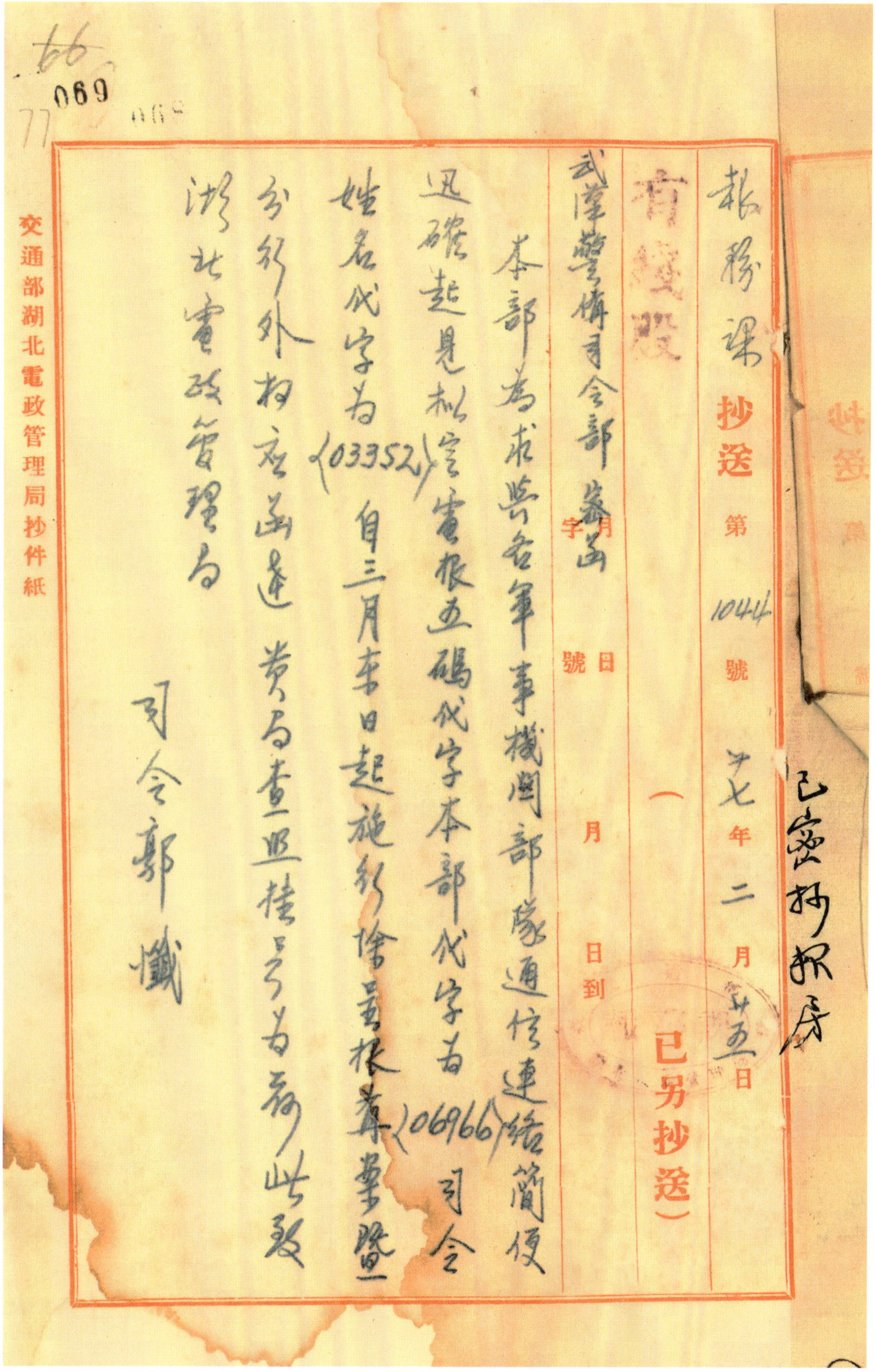
交通部湖北電政管理局抄件紙

報務課 抄送 第1044號 廿七年二月廿五日（已另抄送）

武漢警備司令部密函 字第 號 月 日到

本部為求與各軍事機關部隊通信連絡簡便迅確起見，特定電報五碼代字，本部代字為〈06966〉，司令姓名代字為〈03352〉，自三月一日起施行，除呈報並暨分行外，相應函達，貴局查照轉知為荷。此致
湖北電政管理局

司令 郭懺

# 湖北省长途电话管理处关于该处办理通讯计划情况致湖北省政府的呈（一九三八年七月二十七日）

第三科

電政

中華民國廿七年七月卅日 11收到

年 月 日收文 字第 號

7 29 512

省建字第 63555 號

106053

事由：奉代電抄發通信部所擬通訊計畫飭遵辦具報等因呈復鑒核由

擬辦

批示

附記

湖北省長途電話管理處呈

民國 七年七月二十七日 詳字第四〇一號 發

案奉

鈞府本年七月肴建三字第六二零五八號銑肴建三代電，附抄發武漢衛戍總部通訊指揮部所擬通訊計劃一份，飭遵照辦理具報，等因；奉此，茲將本處應行遵辦事項列舉於左：

「原通信計劃乙項有線電話(B)款湖北省長途電話線，計有鉄線與銅線兩種，以鉄線作為區間聯絡線，以銅線沿途開放，作為直達線一節，查本省祇有漢口至宜昌，襄陽至沙市兩段，有銅線鉄線各一對，早已將銅線作為直達線，鉄線作為區間線，其餘各段，則有銅線而無鉄線，或有鉄線而無銅線，難照辦理。

又(B)款1，將鄂東鄂北線加以確実修整并組織搶修班分駐沿線專司巡修一節，查本處組織巡修大隊，曾經擬具概算呈請 建廳核示，尚未奉准，一俟巡修隊成立，即可照辦。

(B)款2，武昌至陽新省銅線開放由武昌直達陽新一節，此案俟 武漢衛戍總部架設卓刀泉至陽新鉄話線一對撥歸本處改為區間線後，即可將銅線改為直達綫。

(B)款乃將漢口至宋埠銅綫改為直達綫、鉄綫改為區間綫一節、此既早經辦理。

(D)款省長途電話在鄂東鄂北各局所均與軍用通信所合併一節、依照通信所之部置附表、在已設有長話分處地点、自可照辦。

奉電前因、除通令有關各分處遵照外、理合具文呈復

鑒核備查！

謹呈

湖北省政府主席陳

湖北省長途電話管理處主任呂煥義

# 通信計劃

一、方針

本衛戍區遵照頒發豫鄂會戰計劃以武漢為中心而設置近郊東北兩正面及沿江兩岸之通信網以有线電為主以無线電為輔

二、設施要領

甲、有线電報

以交通部既設電報线路及局所為基礎加以調整增補之

(A)增加花園廣水信陽宋埠黃安潢川麻城商城羅田英山武穴黃梅宿松陽新各報局人員器材健全通信機構於七月中旬部署就緒

(B)武漢東北方向以宋埠為轉報中樞並由宋埠1、經倉子埠黃陂至

漢口之經麻城至商城均限七月二十日以前完成

（C）電交通部在經扶縣廣濟縣田家鎮三處設立電報局限六月底完成

（D）增强湖北省東北西部電報電話线路工程人員及组設沿线搶修班務使线路破壞後限三小時以内得恢復通信

（E）其他未設電局之處即以軍用電話傳遞電報

以上ABCD四項應即電請交通部迅予照办

乙、有线電話

以交通部九省長途電話湖北省長途電話及本部所設軍用話线為基礎加以统一管制隨時予以调整

(A)交通部九省長途話线由武昌至九江計有銅线三對由漢口至信陽一對長沙一對均統制作為直達幹线

(B)湖北省長途話线計有鉄线与銅线兩種以鉄线作為區間聯絡线以銅线沿途開放作為直達线

電湖北省政府令飭省長途話局1.將鄂東鄂北线加以確實修整並組織搶修班分駐沿线專司巡修2.武昌至陽新省銅线開放由武昌直達陽新3.將漢口至宋埠銅线改為直達线鉄线改為區間线

以上各項均限七月中旬完成

(C)以武漢原有城防軍用話线及本部新近架設之軍用長途話线作為近郊陣地通信幹线其野战陣地通信线路則由各軍師視其配

備情形自行臨時架設之
(四)首長邊電話在鄂東鄂北各局所均與軍用通信所合併通信所
之部置如附表
丙、無線電報
以軍政部軍用電台一專任與各戰區司令長官部及遠距離之聯絡以
三個無線電班專任三個兵團之聯絡
以兩個無線電班專任直屬部隊及游擊部隊之聯絡

武汉卫戍区电话通信所配备计划表（一九三八年）

# 武漢衛戍區電話通訊所配備計劃表

| 所別 |
| --- |
| 總司令部總機 |
| 長江右岸大圓渡口通訊所 |
| 卓刀泉通訊所 |
| 葛店通訊所 |
| 油坊嶺通訊所 |
| 鄂城查線所 |
| 大冶查線所 |
| 陽新通訊所 |

半壁山查线站
纸坊通讯站
贺胜桥通讯站
金口通讯站
保安通讯站
汗锡三重坡通讯站
蔡甸通讯站
大军山通讯站
黄陵矶通讯站
赵家条通讯站

礄口通訊站

新溝通訊站

戴家山通訊站

諶家磯通訊站

灄口通訊站

五通口通訊站

陽邏通訊站

長江左岸六個渡口

橫店通訊站

黃陂通訊站

夫子埠通訊站
孝感通訊站
花園通訊站
廣水通訊站
浠水通訊站
廣濟通訊站

# 后记

一、本书编纂工作在《抗日战争档案汇编》编纂出版工作领导小组和编纂委员会的具体领导下进行。

二、本书编者来自湖北省档案馆档案开发利用处，王平同志审阅了书稿，提出了重要修改意见。

三、本书在编纂、修改过程中，诚邀武汉市档案馆刘望云等一批专家学者，负责书稿编纂的咨询审议工作。五洲传播出版社对本书的编纂出版工作给予了鼎力支持。谨向上述单位和同志致以诚挚的感谢！

编者